Gymnasium Bayern

Deutschbuch

Arbeitsheft 10

Lösungen

Cornelsen

Informieren

Seite 4

1 **a + b** Markierungen: **Anlass:** Projekttag der Mittelstufe zum Thema Mediennutzung – **Thema:** „Shopping hinterlässt Spuren im Netz" – **vorgegebene inhaltliche Aspekte:** Ermittlung und Nutzung der Daten, positive und negative Auswirkungen für die Nutzer/-innen, Möglichkeiten, Spuren von Verbraucher/-innen im Netz zu verhindern – **Adressaten:** Mitschüler/-innen – **Textsorte:** zusammenhängender, sachlicher Informationstext

c Der Anlass für das Verfassen des Textes ist ein **Projekttag zum Thema Mediennutzung.** In dem Text soll erklärt werden, wie man **beim Shoppen Spuren im Netz hinterlässt.** Außerdem soll erläutert werden, welche Folgen das **für die Internetnutzerinnen und -nutzer** hat. Am Schluss soll ich erklären, wie User/-innen vermeiden können, dass sie **beim Shoppen im Netz Spuren hinterlassen. Der informierende Text** sollte **sachlich** formuliert sein. Weil der Text sich an meine **Mitschülerinnen und Mitschüler** richtet, sollte ich **Fachbegriffe gut erklären.**

Seite 5

2 Material 1: Verbraucherschutz, Ermittlung und Nutzung der Daten – Material 2: Verbraucherschutz, Ermittlung und Nutzung von Daten – Material 3: Verbraucherschutz – Material 4: Ermittlung und Nutzung der Daten – Material 5: positive und negative Auswirkungen für Nutzerinnen und Nutzer

Seite 7

3 **a** Mögliche Begriffe: „Cookie" (Artikel von Matthias Eberl, Z. 2): Textinformation, die über das Surfverhalten der Userin / des Users übermittelt wird – „pseudonym" (Artikel von Matthias Eberl, Z. 13): unter einem nicht realen Namen verfasst – „maßgeschneidert" (Artikel von Matthias Eberl, Z. 30): genau auf eine Person passend – „Werbebanner" (Artikel von Matthias Eberl, Z. 4): Felder und Animationen, die auf die Webseite eines beworbenen Produkts verlinken – „Server" (Artikel von Matthias Eberl, Z. 20): Rechner innerhalb eines Netzwerks, der für andere angeschlossene Rechner Funktionen übernimmt – „explizit" (Artikel von Matthias Eberl, Z. 18): ausdrücklich

b + c Mögliche Markierungen:
M 1: „Cookies" (Z. 4 – Ermittlung der Daten); „*Re-Targeting*" (Z. 5–8 – Ermittlung der Daten); „pseudonyme Profile" (Z. 12–14 – Nutzung der Daten); „Real Time Bidding" (Z. 18–20 – Nutzung der Daten); „Der beste Schutz" (Z. 29 f. – mögliche Schutzmaßnahmen)
M 2: „Cookies" (Z. 4 f. – Ermittlung der Daten); „Session Replay" (Z. 5–8 – Ermittlung der Daten); „sensible Informationen" (Z. 17–20 – negative Auswirkungen); „nur fahrlässig verschlüsseln" (Z. 20–21 – negative Auswirkungen)

4 Neue Informationen: Ad-Blocker als möglicher Schutz gegen Werbung und Tracking
Doppelungen: Surfverhalten der User/-innen wird über Web-Tracker und Cookies nachverfolgt

5 **a** Die Grafik zeigt, dass Informationen über das Surfverhalten von Cookies gespeichert und über sie an fremde Webserver übermittelt werden. Der Webserver generiert daraufhin eine personalisierte Webseite, wie z. B. passende, personalisierte Werbebanner.

b Rund 60 % aller Internetnutzer/-innen gaben an, dass sie sich durch personalisierte Werbung gestört oder beobachtet fühlen. Ebenso viele der Befragten sagten, dass die beworbenen Produkte für sie uninteressant seien. Rund 40 % der Nutzer/-innen begrüßen es, dass die Werbung auf ihre Interessen abgestimmt werde; 30 % betrachten diese Konsumförderung aber auch als negativ. Die große Mehrheit der befragten User/-innen – etwa 80 % – sorgte sich zudem, dass ihre Daten in die falschen Hände geraten könnten. Circa 35 % geben an, dass sie durch personalisierte Werbung für sie Neues entdeckt haben, etwa 25 % lassen sich von personalisierter Werbung nicht beeinflussen. Ungefähr 50 % fühlen sich von personalisierter Werbung nicht gestört, solange sie in ihrem Surfverhalten nicht weiter eingeschränkt werden.

Seite 8

6 **a + b** Möglicher Schreibplan:

Einleitung Einführung: Spuren im Netz beim Shoppen	Cookies und mehr oder weniger passende Werbung auf Schritt und Tritt im Netz; was ist störender: Datennutzung verbieten oder personalisierte Werbung ertragen
Hauptteil Ermittlung von Daten positive und negative Auswirkungen auf die Nutzer/-innen Session-Replay-Tools	Cookies: sammeln Daten und leiten sie an Webserver weiter (vgl. Grafik zu Funktionsweise von Cookies); Re-Targeting und Real Time Bidding (vgl. Artikel von Matthias Eberl); Werbung wird webseitenübergreifend auf Bannern dargestellt (vgl. Artikel von Ralf Pauli); Werbeplätze werden beim Seitenaufbau in Sekundenbruchteilen versteigert (vgl. Artikel von Matthias Eberl); je nach Surfverhalten des Users unterschiedlich teuer; Webseiten können jede Mausbewegung und jeden Tastenklick nachvollziehen; ermöglichen ausführliches User-Profil (welche Produkte sind für User/-innen interessant; was wird übersehen; was verwirrt); teils geringe Datensicherheit; Daten können personalisiert gespeichert werden (vgl. dpa-News)
Schluss	Nutzer können: Cookies ablehnen, Ad-Blocker installieren

Seite 9

7 **a–e** Möglicher Informationstext: Tracker, Cookies, Datenschlepper – Warum wir „Ablehnen“ klicken sollten

Sicher habt ihr auch schon einmal erlebt, dass ihr auf der einen Webseite nach einem Produkt gesucht habt und später, vielleicht sogar Tage danach, euch auf einer anderen Webseite Werbung für genau dieses oder ein ähnliches Produkt angezeigt wurde. Wenn die Werbung auf das Surfverhalten des Users abgestimmt wird, spricht man von personalisierter Werbung. Aber wie gelingt dies den Unternehmen? Im Folgenden werde ich ein paar der dahinterstehenden Prinzipien beleuchten, ihre positiven und negativen Auswirkungen auf die Nutzer/-innen herausstellen und zeigen, mit welchen Mitteln du dich gegen diese Werbung schützen kannst.

Unternehmen nutzen deine Spuren im Netz, da sie leicht nachverfolgbar sind und einfach ausgewertet werden können. Hauptwerkzeug dabei sind Cookies – Textinformationen, die mittels des Webbrowsers über dein Surfverhalten gesammelt und an die Webserver von Werbefirmen übermittelt werden (Grafik zur Funktionsweise von Cookies). Sie erlauben es, dir auch auf fremden Webseiten Produkte anzupreisen, über die du dich bereits informiert hast, oder auch solche, die zur selben Produktgruppe gehören. Das Handy, über das du dir vorgestern bei einem Online-Händler Bewertungen durchgelesen hast, bekommst du heute auf der Webseite eines Online-Wörterbuchs angeboten – oder auch dazu passende Kopfhörer. Die Anwendung deiner Daten ist dabei durchaus komplex, denn sie geschieht oftmals als Real Time Bidding (vgl. Artikel von Matthias Eberl). Das bedeutet, dass in den Sekundenbruchteilen, in denen du darauf wartest, dass sich eine Webseite aufbaut, per automatischem Bietverfahren ermittelt wird, welche Firma dir Werbung anzeigen darf.

Ebenso ausgefeilt stellen sich Session-Replay-Tools dar (vgl. Artikel von Ralf Pauli). Sie erlauben es Firmen, all deine Mausbewegungen, Klicks und Tastatureingaben auf ihrer Webseite nachzuverfolgen. Dabei stellen sie fest, was dich interessiert hat, was du übersehen hast und was dich vielleicht hat zögern lassen.

Natürlich kann personalisierte Werbung ihre Vorteile haben, wenn man einmal das Erscheinen eines ganz bestimmten Produkts erwartet. So geben etwa 35 % aller Nutzer/-innen an, durch personalisierte Werbung zu für sie interessanten Produkten gefunden zu haben. Für die meisten User/-innen stellt sie jedoch eine lästige Notwendigkeit dar. Laut einer Umfrage haben 60 % der Internetnutzer/-innen das Gefühl, dass personalisierte Werbung ihnen etwas aufdrängt, das sie gar nicht interessiert. Ebenso viele haben das Gefühl, ständig beobachtet zu werden, und 80 % aller Nutzer/-innen fürchten, dass ihre Daten in die falschen Hände geraten könnten (vgl. Grafik zur Funktionsweise von Cookies).

Letzteres ist gerade deshalb so heikel, weil Ad-Tracking-Software mittlerweile die Daten über dein Surfverhalten auch mit Informationen über Adresse, Kontodaten und Gesundheitszustand verknüpfen kann. Solche Informationen sind natürlich ein gefundenes Fressen für Hacker sowie Werbefirmen. Doch du bist der Datensammelei nicht schutzlos ausgeliefert. Wie Matteo Cagnazzo vom Institut für Internet-Sicherheit erklärt, lassen sich mit Ad-Blockern nicht nur Werbebanner unterdrücken, sondern auch ein Großteil der Web-Tracker ausschalten (vgl. dpa-News). Zudem sollte man sich natürlich jedes Mal die Zeit nehmen und alle außer technisch notwendigen Cookies ablehnen. Werde zum Cookie-Monster!

8 wichtigen / ~~alle – für den Text verwendet~~ / weggelassen – ~~unterhaltsam und erheiternd~~ / nachvollziehbar und verständlich – an der Struktur der Aufgabenstellung / ~~an der Themenstellung~~ – ~~nah am Text~~ / in eigenen Worten – ~~das Präteritum~~ / das Präsens – ~~als direktes Zitat~~ / in der indirekten Rede – Verknüpfungen und Überleitungen / ~~Satzreihen~~

Argumentieren

Seite 10

1 Die Einschätzung der eigenen Vorliebe hilft bei der Positionsfindung für die Erörterung.

2 Lies am besten immer mit einem Stift in der Hand und unterstreiche Auffälliges und Unklares.

Seite 11

3 Richtig ist Streitfrage **B**.

4 **a** Mögliche Unterstreichungen: (These, Begründungen, Beispiele/Belege):

CamEp: --- (nur Darstellung des Problems bzw. der Streitfrage)

Eddy#2: Auch Ego-Shooter können ohne Einschränkung als Sport angesehen werden, weil man dabei ja niemandem schaden will (und kann). Ich spiele selbst und weiß, wie viel Präzision, Konzentration und Disziplin dazugehören. Weil körperliche Fitness sehr wichtig ist, muss man wie im Leistungssport hart trainieren, wenn man spitze sein will. Immerhin dauern die größeren Turniere bis zu vier Tage. In vielen Ländern sind Ego-Shooter bereits als E-Sport anerkannt. Sie zählen sogar zu den beliebtesten Spielgenres, weil die Gewinner der größeren Turniere wie in anderen Sportarten auch hohe Gewinnsummen erhalten, teilweise sogar in Millionenhöhe.

Egbert: Gerade wenn man „Zocken“ tatsächlich als Sport verstanden wissen will: Eine Sportart darf Gewalt nicht verherrlichen oder gar verursachen! Ego-Shooter müssen darum im E-Sport verboten werden, da die Spieler innerhalb der Spiele sehr wohl zu Gewalthandlungen gezwungen werden. Möchte man erfolgreich sein, so muss man möglichst viele Gegenspieler virtuell erschießen – das wirkt sich auch auf das echte Leben aus.

Dani: Dass Gewaltdarstellungen gezeigt werden, kann man kritisieren. Ego-Shooter sollte man dennoch zulassen, weil es sich in der Regel um Spiele handelt, die erst ab 16 Jahren gespielt werden dürfen. Die älteren Jugendlichen und Erwachsenen – so ist meine Erfahrung – können gerade im E-Sport-Bereich sehr gut einschätzen, dass die Darstellungen eben nichts mit der Realität zu tun haben. Der Redakteur Michael Schmitz hat das selbst getestet und bestätigt: „Warum sollte mich ein

Spiel dazu bringen, Leute umzulegen?" Die professionellen Spieler schaffen sich übrigens stets einen Ausgleich, spielen Fußball oder andere Sportarten.

Heidi_19: Ego-Shooter als Sport zu verstehen, das leuchtet mir gar nicht ein! Das muss verboten werden. Im Sport geht es um einen fairen Wettbewerb, aber sicher nicht ums „Killen" des Gegners. Jeder Wettkampf zeigt: Wer als Spieler/-in Erfolg haben will, muss viel trainieren. Diese Art von „sportlichem" Ehrgeiz ist gerade für Jugendliche gefährlich, denn sie hat Suchtpotenzial. Beim Sport steht die Bewegung im Vordergrund. Aber schon heute sitzen laut einer Studie viele Jugendliche länger als sechs Stunden am Rechner oder an der Konsole.

b **pro** = Eddy#2, Dani – **kontra** = Egbert, Heidi_19

5 **a** Mögliche Argumente für eine Stoffsammlung pro „Ego-Shooter als E-Sport zulassen". Eine Kontra-Argumentation würde zu einer gespiegelten Anordnung der Argumente führen.

These: Ego-Shooter sollten als E-Sportart verboten werden. (pro)

Pro-Argumente (verbieten)	Kontra-Argumente (zulassen)
– Ego-Shooter verherrlichen Gewalt, bauen Aggressionsschwellen im Leben ab – Suchtpotenzial führt zu zu langer Nutzungsdauer – fehlende Bewegung schadet der Gesundheit	– Ego-Shooter schulen Präzision, Konzentration und Taktik – Spiele unterliegen der FSK (sind folglich keine Gefahr für Jugendliche) – es gibt große Turniere wie im Leistungssport

b Ego-Shooter als E-Sportart zu verbieten, ist unsinnig, solang Sportarten wie Biathlon und Boxen noch olympisch sind.

6 A + 3 – B + 1 – C + 4 – D + 2

Seite 12

7 A + 4 – B + 2 – C + 5 – D + 3

8 Mögliche Fortsetzung der Einleitung **A**:
Ego-Shooter als E-Sport? Es handelt sich bei Ego-Shootern um Computerspiele, bei denen die Spieler aus der Ich-Perspektive eine Spielwelt erschließen. Dabei agieren die Spielfiguren mit einer Schusswaffe und bekämpfen andere Spieler. Im Folgenden möchte ich erörtern, ob es sich bei diesen Spielen um eine Sportart handeln kann oder ob man sie im Rahmen des E-Sports nicht doch besser verbieten sollte.

Seite 13

9 **a** Richtig ist Gliederung **A**, die Argumentation beginnt mit der Gegenthese und drei Argumenten (+ Beispielen), die die Gegenposition stützen.

b „damit", Z. 11; „zudem", Z. 12; „ebenfalls", Z. 14; „Da", Z. 16

c Die Anordnung der Argumente ist abhängig davon, ob du für oder gegen ein Verbot von Ego-Shootern als E-Sport bist. Der folgende Schreibplan zeigt einen argumentierenden Text, der sich gegen ein Verbot ausspricht:

- Einleitung: Allgemeine Bedeutung des Themas (E-Sport und Ego-Shooter haben Millionen von Fans weltweit, dabei sind v. a. Ego-Shooter wegen möglicher negativer Folgen sehr umstritten)
  Themenfrage: Sollten Ego-Shooter als E-Sportart verboten werden oder nicht?
- Hauptteil:
  - Pro-Argumente (Ja, Ego-Shooter sollten als E-Sportart verboten werden.)
    - Suchtpotential von Computerspielen, daher lange Nutzungsdauer
    - Ego-Shooter, anders als andere Sportarten, nicht körperlich anstrengend, also kein wirklicher Sport, fehlende Bewegung schadet Gesundheit
    - Ego-Shooter sind gewaltverherrlichend
  - Kontra-Argumente (Nein, Ego-Shooter sollten als E-Sportart nicht verboten werden.)
    - Ego-Shooter schulen Präzision und Konzentration
    - Spiele unterliegen der FSK
    - Turniere sind durchaus Leistungssport (ähnlich dem Schachspiel)
  - Fazit: Nein, Ego-Shooter sollten nicht verboten, aber ihre Altersfreigabe vielleicht besser überprüft werden.
- Schluss:
  - Abrundung: Auch Brettspiele können aggressiv machen.

d Mögliche Erörterung:
Befürwortende eines Verbots von Ego-Shootern im E-Sport vertreten zum einen die Position, dass diese Spiele die Gefahr bieten, dass für Gamer/-innen die Grenze zwischen der virtuellen Welt und der Realität aufgeweicht wird. Kritisch zu betrachten ist dies gerade mit Hinweis auf das Suchtpotenzial eines solchen Zeitvertreibs, das nicht selten zu einem vielstündigen Konsum führt, wodurch der/die Spielende unter Umständen einen Großteil der Freizeit in diesen feindlichgesinnten Parallelwelten verbringt. Hinzu kommt, dass sich die Interaktionen innerhalb dieser Spiele zumeist auf das Töten beschränken und somit Gewalt verherrlichen. Darüber hinaus kann auch darauf hingewiesen werden, dass Ego-Shooter keinerlei Notwendigkeit zur körperlichen Betätigung mit sich bringen. Dies ist aber Teil der Definition von Sport. Kritiker/-innen einer solchen Einschränkung geben jedoch zu bedenken, dass durchaus eine Anstrengung stattfindet und ein sportlicher Ehrgeiz geweckt wird: Ego-Shooter würden eine schnelle Hand-Auge-Koordination, Teamfähigkeit und taktisches Denken fordern und fördern, wie es auch bei vielen Sportarten der Fall ist. Zudem könnten auch Brettspiele

nicht als körperliche Aktivität gewertet werden und dennoch gilt Schach gemeinhin als Sport. Daher kann auch die Anstrengung am Computer zum E-Sport erklärt werden. .

10 Mögliches Fazit: Obwohl man bedenken muss, dass Kinder und Jugendliche noch keine Ego-Shooter spielen sollten, bin ich dennoch der Meinung, dass es eine interessante und reizvolle Sportart für ältere Spieler darstellen kann, die diese auch ausüben können, ohne zu verrohen. Ich würde mich daher dafür aussprechen, dass Ego-Shooter als E-Sportart zugelassen bleiben.

11 Ein sinnvoller Kompromiss könnte sein, dass man noch strenger kontrolliert und gerade bei größeren E-Sport-Veranstaltungen den Jugendlichen unter 16 Jahren den Zutritt verwehrt.

12 Mögliche antithetische Erörterung (Position: Ego-Shooter sind nicht an Spielende unter 18 Jahren zu verkaufen.):
(Einleitung) Über zwei Stunden spielen Jugendliche im Schnitt täglich mit dem PC oder an Konsolen, viele entwickeln dabei gerade bei den bekannten Ego-Shooter-Spielen einen regelrecht sportlichen Ehrgeiz. Diese Ego-Shooter sind Computerspiele, bei denen die/der Spielende aus der Ich-Perspektive eine Spielwelt erschließt und dabei, in der Regel mit einer Schusswaffe ausgestattet, andere Spielfiguren bekämpfen soll. Die Frage, ob Ego-Shooter aber für Spielende unter 18 Jahren verboten werden sollten, wird kontrovers diskutiert. Was spricht eigentlich für und was gegen ein Verbot Ego-Shootern?
(Hauptteil – Pro und Kontra im Block) Ein Argument, das Kritiker/-innen solcher Ego-Shooter hervorheben, ist der Hinweis auf das Suchtpotenzial eines solchen Zeitvertreibs, das nicht selten zu einem vielstündigen Konsum führt, wodurch der/die Spielende unter Umständen einen Großteil der Freizeit in diesen feindlich-gesinnten Parallelwelten verbringt. Hinzu kommt, dass sich die Interaktionen innerhalb dieser Spiele zumeist auf das Töten beschränken und somit ein völlig einseitiges Bild des Erlebens und Lösens von Konflikten reproduziert wird. Entsprechend kann auch darauf hingewiesen werden, dass Ego-Shooter nachweislich die Hemmschwelle zur aggressiven Handlung senken. Unterstrichen werden solche Forschungsergebnisse von der Tatsache, dass derartige Spiele von verschiedenen Militärs zur Rekrutenanwerbung und zum Training genutzt werden. Dies halten manche für ausreichend, um ein Verbot dieser Games für Minderjährige zu fordern.
Befürworter/-innen eines Verkaufs an Spielende unter 18 Jahren geben jedoch zu bedenken, dass sich bisher kein wissenschaftlich fundierter Nachweis für eine Korrelation zwischen Gewalttaten und dem Konsum von Ego-Shootern aufzeigen lässt. Sie verweisen darauf, dass geistlose Aggressivität dem Spielerfolg sogar entgegensteht. Vielmehr würden Ego-Shooter eine schnelle Hand-Auge-Koordination, Teamfähigkeit und taktisches Denken fordern und fördern und seien weit von geistlosem ‚Herumgeballere' entfernt. Zudem könnten auch Brettspiele und sportliche Aktivitäten zu Aggression führen, wenn der Erfolg ausbliebe. Kritiker stellen zudem die Frage, ob Darstellungen realer Gewalt in Nachrichtensendungen und Reportagen nicht eine deutlich verrohendere Wirkung haben als fiktive Gewalt, wenngleich diese auch passiv konsumiert werden mag. Schlussendlich lässt sich aber vor allem darauf hinweisen, dass ein derartiges Verbot schlichtweg kaum durchsetzbar ist, da sich auf rein praktischer Ebene nicht sicherstellen ließe, dass Minderjährige nicht über Freundinnen und Freunde oder sogar Eltern Zugang zuententsprechenden Titeln bekämen.
(Fazit) Meine Ansicht ist, dass Ego-Shooter keine Spiele sind, die man an Spielende unter 18 Jahren verkaufen sollte. Natürlich können Erwachsene privat solche Spiele spielen, aber sie frei verkäuflich für Jüngere anzubieten halte ich für verantwortungslos.
(Schluss) Wenn man bedenkt, dass man bei Ego-Shooter-Spielen aus der Ich-Perspektive in einer Spieltwelt andere Spielende erschießt, würde ich empfehlen, dass diese Art von Computerspielen nicht an Spielende unter 18 Jahren verkauft wird.

Seite 14

1 **a** Alltagskultur: Unter „Alltagskultur" versteht man die Gesamtheit der während einer bestimmten Epoche von einer bestimmten Gemeinschaft geschaffenen charakteristischen Dinge bzw. die Gegebenheiten des täglichen Lebens dieser Zeit.
b Mögliche Ergänzungen der Mind-Map: Ernährung, Gesundheit, Tagesabläufe, Lebensgestaltung, Kommunikationsmöglichkeiten, Konsum, Bildungssystem, soziales Miteinander, Rechtssystem, Glaube

2 Weitere Ergänzungen: Technik, Freizeitgestaltung, Unterhaltung

Seite 15

3 **a** These: Videospiele wie Ego-Shooter sind untrennbar mit unserer Gesellschaft und unserem Menschsein verwoben.
Einleitung (Z. 1–26): Beschreibung der Gamescom; eigene Gamer-Biografie; These
Hauptteil (Z. 27–74):
1. Argument (Z. 27–39): Allgegenwärtigkeit von Videospielen
2. Argument (Z. 40–55): Bedeutung spielerischer Verhaltensweisen
3. Argument (Z. 56–74): Popularität und Diversität der Gamerszene

Schluss (Z. 74–92): Probleme und Chancen von Videospielen

b Behauptungen: „Denn Computerspiele, sogar Ego-Shooter, sind ein elementarer Bestandteil unserer Kultur geworden – ob wir wollen oder nicht." (Z. 24 ff.); „Computerspiele sind mehr als nur Kommerz." (Z. 40); „Games gehören deshalb zu unserer Kultur" (Z. 61); „Es gibt aber auch die andere Seite, diejenigen, die Computerspiele komplett verteufeln. Das ist nicht mehr zeitgemäß." (Z. 83 ff.)
Begründungen: „Computerspiele haben in unserer Gesellschaft überall Wurzeln geschlagen." (Z. 27 f.); „Genauso wie analoge Spiele haben sie großen Einfluss auf unsere Gesellschaft, auch wenn es uns nicht bewusst sein mag." (Z. 40 ff.); „Die Lust am Spiel bleibt gleich, nur die Form hat sich verändert." (Z. 59 f.); „Denn es gibt einen immer größer werdenden Markt an Indie-Gamern, die Spiele entwickeln, die kulturell wertvoll sind." (Z. 85 ff.)

Belege/Beispiele: „Wir löschen die Game-Apps von unseren Smartphones [...] Mathematik lernen können." (Z. 30–38); „Seit jeher entwickeln wir damit unsere Fähigkeiten weiter. Wenn mehrere zusammen spielen, dann festigt das eine Gesellschaft – und die Spieler feilen die Gesellschaft weiter aus." (Z.48–51); „Nicht jeder Film oder jedes Game sind unbedingt kulturell und pädagogisch wertvoll. Das gilt aber für alle Kulturbereiche, sogar für die Literatur [...]" (Z. 67–70); „weil sie uns zeigen, wie es einem Krebspatienten im Endstadium geht oder wie wir einen neuen Planeten besiedeln könnten und trotzdem dabei die Umwelt schützen." (Z. 88–91).

c Computerspiele und Ego-Shooter gehören mittlerweile zu unserer Kultur – Pro-Argument: Faktenargument; sie sind mehr als nur Kommerz – Pro-Argument: Autoritätsargument; Games gehören zu unserer Kultur – Pro-Argument: Wertargument; nicht alle Computerspiele sollten verteufelt werden – Einräumung, dass es trotzdem Menschen gibt, die das Spielen übertreiben: Vergleich mit Ähnlichem

Seite 16

4 Mögliche Beantwortung:
- Die Überschrift stellt bereits eine These dar.
- Im Text werden Jugend- und Umgangssprache verwendet: „uralte" (Z. 8), „Overkill" (Z. 20), „die Spieler feilen die Gesellschaft weiter aus" (Z. 51), „zocken" (Z. 81). Die Autorin wendet sich damit eher an eine jüngere Leserschaft, für die Videospiele mehr oder weniger zum Alltag gehören.
- Der Text bildet sich vor allem aus einfachen Sätzen und Satzreihen. Eingeschobene Ergänzungen oder Erläuterungen werden durch Doppelpunkte oder Gedankenstriche abgegrenzt (Z. 1 f., 21 f., 24 ff., 28–31).
- Leserlenkend fällt besonders ein „Gedankenexperiment", das die Vorstellungskraft der Lesenden anregt (Z. 28–38), sowie eine rhetorische Frage (Z. 70–72) ins Auge.
- Es werden rhetorische Fragen („Ist ‚Fifty Shades of Grey' keine Kultur, nur weil ich das Buch nicht mag?", Z. 70–72) gestellt, die die Leserin bzw. den Leser stärker in den Gedankenprozess einbinden.
- Leser/-innen werden nicht direkt angesprochen, aber es wird ein Wir-Gefühl erzeugt, indem „wir"/„unser(e)" häufige Verwendung finden (z. B. Z. 2, 25, 28) und die Autorin aus ihrer eigenen Biografie erzählt (vgl. Z. 14–19), mit der sich etwa gleichaltrige Leser/-innen identifizieren können.

5 Die Autorin plädiert dafür, Ego-Shooter als Bestandteil der Alltagskultur nicht nur zu akzeptieren, sondern sich mit diesen und anderen Computerspielen differenziert und kritisch auseinanderzusetzen. Schließlich seien manche Computerspiele sogar von Nutzen für die Gesellschaft.

6 a Der Anteil der Kindern und Jugendlichen zwischen 10 und 19 Jahren ist deutlich höher als der anderer Altersgruppen. **trifft nicht zu**
22 % der Videospiele sind Shooter. Sie stellen also nicht den Großteil der Computerspiele dar. **trifft voll zu**
Shooter- und Kampfspiele werden eindeutig am häufigsten gespielt. **trifft nicht zu**
Lernspiele nehmen einen wesentlichen Marktanteil ein. **trifft nicht zu**
Bei der Aufgliederung der Altersgruppen lassen sich keine signifikanten (bemerkenswerten) Unterschiede feststellen. **trifft zu**

b Mögliche Ergänzungen: Ego-Shooter werden tatsächlich selten gespielt; viele der Gamer sind bereits erwachsen; Strategiespiele werden am häufigsten gespielt: diese fördern wichtige Kompetenzen; es gibt sinnvolle Spiele wie Lernspiele

Seite 17

7 Mögliche Fortsetzung:
In ihrem Kommentar „Ego-Shooter gehören zur Alltagskultur", der anlässlich der Gamescom-Messe 2015 auf der Homepage der Deutschen Welle (DW) veröffentlicht wurde, beschäftigt sich Ananda Bräuning mit der Thematik der umstrittenen Computerspiele. Dabei kommt sie zu dem Ergebnis, dass diese Spiele ein wichtiger Bestandteil einer kulturell wertvollen Beschäftigung sind.
Zunächst nennt Bräuning Beispiele aus der Geschichte, in denen ebenfalls gespielt wurde. Es folgen eine Beschreibung der Gamescom, der Autorin und ihrem Verhältnis zu Computerspielen sowie ein kurzer Abriss der Spielebranche, bevor sie viele positive Aspekte der Computerspiele und Apps aufzählt. Durch ein Gedankenexperiment macht sie deutlich, was ohne diese Technik geschehen würde. Allerdings ist und bleibt es wichtig, sich mit dieser Szene auseinanderzusetzen, um ihr entsprechend zu begegnen, denn auch hier lauern nach Bräuning mögliche Gefahren.

Seite 18

9 **a+b** „Schon die ungeheuer [...] auseinandersetzen müssen." (Z. 6–10; zitiert) → Z. 24–26
„Einen ersten Hinweis [...] zu Hause." (Z. 10–14, in eigenen Worten) → Z. 26–39
„Dem in der Folge [...] entwickelt hätten." (Z. 15–20, in eigenen Worten) → Z. 40–55
„Wenn aber [...] zugetan seien. (Z. 20–23, zitiert) → Z. 56 f.
„Zweifelsohne [...] Menschen förderten." (Z. 24–26, in eigenen Worten) → Z. 67–69
„Mit dem Verweis [...] auch diese." (Z. 26 f. , in eigenen Worten) → Z. 69–74
„Die Verantwortung [...] dämonisieren dürften." (Z. 27–30, in eigenen Worten) → Z. 77–84
„Vielmehr sieht [...] nutzen sollten." (Z. 30–33, in eigenen Worten) → Z. 85–92

10 Der Text richtet sich vorrangig an eine jüngere Leserschaft. Dies wird nicht nur durch den dargestellten Lebenslauf der Autorin deutlich, mit dem sich eine entsprechende Klientel identifizieren können wird, sondern auch durch den stark jugend- und umgangssprachlichen Charakter des Textes. So finden sich im Text beispielsweise Begrifflichkeiten wie „uralte" (Z. 8), „Overkill" (Z. 21) und „zocken" (Z. 83). Damit verbunden ist eine einfache, lesefreundliche Syntax. Zudem ist der Satzbau des Textes geprägt von einfachen Satzkonstruktionen und Satzreihen (z. B. 1 f., 17–19, 33–39). Mithilfe dieser einfachen Aussagesätze gelingt der Autorin ein gut strukturierter, leicht verfolgbarer Text. Häufig benutzt sie zudem die 1. Person Singular oder Plural, wodurch sie die Bindung zu ihrer Leserschaft stärkt. Aus demselben Grund leitet die Autorin wiederholt wichtige, kurze Aussagen mit „Und" ein (z. B. Z. 45, 78, 93). Die Sätze werden damit als selbstverständlicher wahrgenommen und ihre Aussage leicht akzeptiert. Zu guter Letzt werden pointierte Aussagen des Öfteren in Parenthesen gesetzt oder als nachgestellte Zusätze formuliert, die mithilfe von Gedankenstrichen oder Doppelpunkten abgesetzt werden (z. B. 1 f., 20 f., 22 f., 25–27). Damit gelingt es der Autorin spezifische Informationen zu akzentuieren.

11 **a** These: Ego-Shooter sollten als Teil der Alltagskultur akzeptiert werden.
Argument 1: Videospiele sind ein elementarer Bestandteil unserer Kultur. (Z. 25 f.)
Gegenargument 1: Popularität ist unabhängig von kulturellem Wert.
Argument 2: Gewalttätige Filme haben das gleiche Potenzial, Konsumierende gewalttätig zu machen, wie Videospiele.
Gegenargument 2: Filme werden lediglich passiv konsumiert; Videospiele involvieren die spielende Person aktiv.
Argument 3: Videospiele sind nicht zu verteufeln, denn sie haben bedeutsamen Nutzen für die Gesellschaft.
Gegenargument 3: Die hilfreiche Anwendbarkeit einiger Videospiele sollte nicht als Daseinsrechtfertigung für völlig andersartige Videospiele herhalten.

b Ananda Bräuning hebt in ihrem Text mehrfach hervor, dass Ego-Shooter als Spiele ein elementarer Bestandteil unserer Kultur sind. Dabei verweist sie auf die zahlreiche (Z. 59–61) und vielfältige (Z. 22 f.) Gamerszene sowie die allgegenwärtige Präsenz von virtuellen Spielen. Zu bedenken ist bei diesem Argument jedoch, dass Omnipräsenz beziehungsweise Popularität einer Sache nicht notwendigerweise gleichzustellen sind mit kultureller Werthaftigkeit. Auch Alkohol in all seinen verschiedenen Formen zum Beispiel erfreut sich derartig breitgestreuter Beliebtheit, zu vielen verschiedenen Anlässen und für Menschen unterschiedlichster Prägung. Ob sein kultureller Wert jedoch tatsächlich bedeutsam ist, lässt sich bestreiten, zumal der mit ihm verbundene gesellschaftliche Schaden nicht zu leugnen ist.

Bräuning behauptet zudem, dass spannungsgeladene Filme des Action- und Horrorgenres ein ebenso hohes Potenzial haben, ihr Publikum zu Aggression und Gewalttätigkeit zu verführen, wie Videospiele. Diese Aussage blendet aus, dass Filme lediglich passiv konsumiert werden, Videospiele jedoch die Spielenden aktiv involvieren. Zudem ist auch einzuwenden, dass letztere – und besonders Ego-Shooter – durch den ihnen spezifischen Blickwinkel umso stärker die Rolle einer oder eines Handelnden vermitteln.

Schließlich führt Bräunings Text an, dass Videospiele – und unter Ihnen Ego-Shooter – nicht verteufelt werden sollten, da sie schlussendlich einen bedeutsamen Nutzen für die Gesellschaft aufweisen, zum Beispiel indem sie aktuelle Krisenthemen wie den Klimawandel aufgreifen. Diese Aussage erscheint zwar richtig, blendet jedoch aus, dass die hilfreiche Anwendbarkeit einiger Videospiele nicht als Daseinsrechtfertigung für völlig andersartige Videospiele herhalten kann. Die angeführten Beispiele mögen Gamern neue Blickwinkel ermöglichen und ihren Horizont erweitern; ob dies auch für Ego-Shooter gilt, ist äußerst fragwürdig.

Seite 19

12 Die Frage, ob Ego-Shooter als Teil der Alltagskultur akzeptiert werden sollen, stellt sich meiner Meinung nach nur bedingt. Faktisch betrachtet existiert eine große Subkultur, für die solche Spiele völlig alltäglich geworden sind. Allerdings ist der Titel von Bräunings Text irreleitend, da zwar digitale Spiele in unserer Welt allgegenwärtig sind, Ego-Shooter darin aber nur einen viel geringeren Prozentsatz ausmachen. Ein Großteil von Bräunings Ausführungen und Rechtfertigungen geht somit am eigentlichen Thema – der Akzeptanzwürdigkeit von Ego-Shootern – vorbei. Dies gilt jedoch auch für die vermeintlichen negativen Auswirkungen dieser Spielekategorie. Meines Erachtens wäre es daher erstrebenswert, die tatsächlichen Ursachen der zunehmenden Gewaltbereitschaft in unserer Gesellschaft anderswo ausfindig zu machen und dieser Subkultur ihre – bereits regulierte – Freude zu lassen.

13 Mögliche Abrundung: A Gewalt in Spielen mag bedenklich sein, bedenklicher jedoch ist die tatsächliche Gewalt, über die täglich in den Nachrichten berichtet wird, wie etwa Kriege oder Einzeltaten. Der Blick auf den eigenen Spielekonsum und den Umgang mit Gewalt in der Realität sollten daher gegeben sein, um einzuschätzen, inwieweit der Spielekonsum sich auf die Realität auswirkt und Aggressivität möglicherweise in die Realität überträgt.

14 Machst du Angaben zur Textvorlage? Führst du in das Thema des Textes ein?
Hast du die Kerngedanken, Thesen und Argumente zusammengefasst?
Hast du die sprachlichen Gestaltungsmittel analysiert?
Hast du dich mit den Argumenten der Textvorlage kritisch auseinandergesetzt?
Hast du deine Position durch überzeugende Argumente und Beispiele/Belege gestützt?
Hast du die Zusammenhänge sprachlich durch sinnvolle Verknüpfungen deutlich gemacht?
Hast du deinen eigenen Standpunkt gut zusammengefasst?
Trennen Absätze Einleitung, Hauptteil und Schluss voneinander?
Formulierst du im Präsens?
Verwendest du die indirekte Rede für Textwiedergaben und zitierst du korrekt?

Seite 23

1 a Mögliche Notizen in der Randspalte: Grund des Gelabers, Vorhersage / Befürchtung, Definition „Gelaber" (Z. 1–16), Rolle der sozialen Medien, Zusammenhang zwischen Gelaber und Krisen / der Coronakrise, mögliche Angstbewältigung durch Gelaber, Formierung und Wandlung des Krisenbegriffs durch Gelaber (Z. 17–32), Krisenbewältigung durch z. T. vermeintlich wissenschaftliches Gelaber (Z. 33–50), Ernsthaftigkeit / hohe Informationsbereitschaft als positive Beobachtung im Gerede über Corona (Z. 51–58), Versuch der Redenden, sich aktuelles Wissen anzueignen, Bereitschaft, Wissen zu überdenken / anzupassen / zu erweitern als positive Entwicklung (Z. 59–74)

b 1. Abschnitt (Z. 1–16): Beschreibung des Begriffs „Gelaber"
2. Abschnitt (Z. 17–25): Gelaber als allgemein beobachtbares Phänomen in Krisenlagen
3. Abschnitt (Z. 26–34): Bedeutung und Wandel des Krisenbegriffs
4. Abschnitt (Z. 35–53): Die Coronakrise als Anlass für Gelaber
5. Abschnitt (Z. 54–62): Gelaber als Form der Krisenbewältigung
6. Abschnitt (Z. 63–71): Notwendigkeit der intensiven Beschäftigung mit Corona
7. Abschnitt (Z. 72–78): Vorteile des „multifunktionalen Gelabers"

c „Kalte Krise" (Z. 35) = für den Großteil der Menschen ist eine ständige Bedrohung vorhanden; „Spike-Proteinen" (Z. 59) = Protein, das das Virus nutzt, um an eine Zelle anzudocken, „Aerosolverbreitungsschemata" (Z. 59 f.) = Konzept über die Verbreitung von festen oder flüssigen Schwebeteilchen in der Luft; „mRNA-Vakzinen" (Z.60) = Prinzip, bei dem im Impfstoff nicht das Antigen geimpft wird, sondern dessen Bauplan

d Z. 35: „Kalte Krise" = Alliteration; Z. 5: „schwafelsaures" = Wortspiel; Z. 11: „Gelaberologe" = Neologismus; Z. 17 „fast niemand" / Z. 18: „fast alle" = Antithese zur Verstärkung der Behauptung, es werde viel gelabert; Z. 12–16 / Z. 76 ff.: Zitate = Vorstellung einer wissenschaftlichen Position zur Steigerung der Glaubwürdigkeit und der Überzeugungskraft des Autors; Z. 53: „Pfeifen im Walde" = Metapher, bildliche Veranschaulichung zur Verstärkung der Behauptung, Gelaber helfe in der Krise gegen Angst; Z. 35: „die große Mehrheit" = Doppelung, Übertreibung, Verstärkung der Betroffenheit vieler Menschen

2 Mögliche Ergänzungen der Mind-Map:
Was versteht man unter dem neuen, multifunktionalen Gelaber? – Gelaber, das auch einlenkt und das getätigt werden muss
Wann labere ich? – wenn ich keine genaue Ahnung habe
Worüber labert mein Umfeld? – über allgemeine Themen (Klimakrise, Tagespolitik, Gendern, Ernährung u. a.)
Wie stehe ich zu dem Begriff „Gelaber"? – mag es nicht, tue es aber selbst auch ab und an
Wo wird viel Unsinn / Gelaber verbreitet? – in größeren Gruppen (Schulhof, Kneipe ...), bei Familientreffen; im Internet
Wie viel Gelaber / unsinniges Gerede wird im Netz verbreitet? – sehr viel, da sich jeder überall zu jeder Zeit zu Wort melden kann

Seite 24

3 a Überschrift (Erstentwurf): Wann stört mich Gelaber?

b Mögliche Lösung:

Meine Gedanken:
- Gelaber ist völlig unnötig und störend.
- Jede/-r hat ständig irgendetwas zu sagen, was alles zusammen einfach zu viel ist.
- Dadurch wird nicht zu einer Problemlösung beigetragen, weil jeder einfach nur etwas sagen möchte – ob es nun Gehalt hat oder nicht.
- Des Weiteren kann man an der Situation möglicherweise sowieso durch Reden nichts ändern.

andere Sichtweisen / Positionen:
- Jede/-r hat ein Recht auf seine eigene Meinung hat und darauf, sie zu verbreiten.
- Der Austausch kann auch dazu führen, dass andere Blickwinkel betrachtet werden.

Fragen / Reflexion / Vorschläge für den Umgang mit dem Thema in der Gesellschaft / Blick in die Zukunft:
- Die Gesellschaft muss handeln, statt zu labern.
- Man kann mit Worten Mut machen und unterstützen und vielleicht bewegt es Menschen dazu, sich zum Handeln zu entschließen.

Seite 25

4 Mögliche Entscheidung: Der Text soll unterhalten, daher sollte der Einstieg über einen witzigen Spruch erfolgen.

5 Mögliche Lösung:

[x] – mit der Schilderung einer **persönlichen Erfahrung** beginnen

b Jeder von euch saß schon einmal mit einer Gruppe von Freunden zusammen und es ergab sich dabei eine angeregte Gesprächssituation. Und dann waren da plötzlich unzählige Professor/-innen oder Wissenschaftler/-innen, Genies und die, die das tolle Gerät, um das es geht, eigentlich selbst erfunden haben – zumindest die Idee dazu hatten sie schon seit Jahren! Ganz schnell wurde also aus einer angeregten Gesprächssituation einfach nur ein riesiger Ballon heißer Luft und die wichtigen Fakten haben den Raum irgendwie heimlich verlassen.

Seite 26

6 a + b Stilistisches Gestaltungsmittel: Übertreibung.
„schwarz und weiß gepinselt" (Z. 1, Metapher), „so eingekocht werden können" (Z. 2, Metapher), „Hau-drauf-Rhetorik" (Z. 3, Neologismus), „Willst du da nicht auch [...] dabei sein [...] wenn du redest?" (Z. 5 f., rhetorische Frage, Leseransprache), „Jeder wird zugeben [...] ist in allen Lebensbereichen" (Z. 6 f., Hyperbel), „Ich will [...]" (Z. 9, Ich-Perspektive) u. a.

7 a + b Gelaber gibt es heutzutage gefühlt an jedem Ort. Nein, nicht nur gefühlt, denn da es hauptsächlich im Internet herumschwirrt, gibt es Gelaber tatsächlich überall. Es ist selbstredend unnötig und störend und dadurch, dass wirklich jede/-r etwas zu sagen hat, ist es auch noch völlig unüberschaubar geworden und einfach viel zu viel.

8 a + b Trotzdem sollten wir dankbar sein, dass uns kein „Maulkorb" verpasst wird: Jede/-r hat ein Recht darauf, seine eigene Meinung zu haben. Und wichtiger noch: Jede/-r hat ein Recht darauf, diese Meinung auch zu vertreten und zu äußern – ohne Angst vor Verfolgung haben zu müssen.

9/10 Erste Essay-Versuche können zu vielen Themen formuliert werden. Es muss nicht zwingend das Thema „Corona-Gelaber" sein – auch „Fußball-Gelaber" kennen sicherlich viele.
„Mit Müller wäre das nicht passiert.", „Thomas Müller hätte das Tor geschossen.", „Der Trainer – die personifizierte Inkompetenz – hätte ganz anders aufstellen müssen, schon von Anfang an. Da wundert einen nichts mehr." – Wenn man an einem Bundesligawochenende zufällig in die Nähe einer – meist männlichen – Expertenrunde in Sachen Fußball gerät, dann wundert einen nach ein paar Minuten aber meist etwas: dass nicht mindestens die Hälfte der aufgeregt diskutierenden Fußballprofis schon längst einen Trainerposten bei Bayern München oder Borussia Dortmund übernommen hat. Also: zu übernehmen gebeten worden ist. Oder so ähnlich. Ich persönlich frage mich allerdings, ob Julian Nagelsmann, der nach abgeschlossener Ausbildung vom DFB seine Trainerlizenz erhalten hat, die Mannschaft des FC Bayern tatsächlich so wenig kennt, dass ihm bei der Aufstellung der Spieler ständig so schwerwiegende Fehler unterlaufen. Und denken Sie nicht auch, dass ein Edin Terzić, der schon als Spieler die Jugendmannschaften bei Borussia Dortmund betreute und als Scout den mittlerweile zum mehrmaligen Weltfußballer avancierten Robert Lewandowski für Dortmund verpflichtete, schon weiß, was er tut? Angesichts der Nachbesprechung von Spielen im Freundeskreis überlege ich oft, ob die Top-Trainer der europäischen Fußballligen tatsächlich absichtlich auf sichere Tore verzichten, indem sie bewusst das aus Zuschauersicht Falsche tun.
Laut DFB ist ein Trainer für drei Aspekte zuständig: den Trainingsbetrieb sowie den Spielbetrieb und für zusätzliche Aufgaben. Neben der umfassenden Betreuung seiner Spieler während des Trainings und der Spiele hat er allgemeine Verpflichtungen, wie etwa die Unterstützung des Vereins bei der Suche nach neuen Talenten oder die Besprechung wichtiger Entscheidungen im Team. Daher ist es wirklich schwierig zu verstehen, weshalb sich überhaupt während oder spätestens nach jedem Spiel eine solch hitzige Diskussion um die Entscheidung geschulter Trainerteams entwickelt. Meiner Meinung nach fehlt hier insbesondere die Gelassenheit, mit der man ein Spiel im Nachgang ja auch besprechen könnte.
Hinzu kommt, dass sich kaum einer dieser selbsternannten Experten die abendlichen Sport-Talk-Runden im Fernsehen entgehen lässt, um dort echten Fußball-Experten zuzuhören, wie diese beispielsweise in der Sendung „Das aktuelle Sportstudio" des ZDF noch einmal alle Top-Spiele Revue passieren lassen. Nicht selten sind dann viele genervt von den Analysen auf den Bildschirmen und tun diese als Gelaber ab, haben aber selbst schon den ganzen Tag unfundiert geredet und geredet und geredet. Am nächsten Tag geht es dann weiter, indem die Aussagen der Experten aus den Talkrunden analysiert werden. Egal, was Legenden wie Oliver Kahn, Bastian Schweinsteiger, Per Mertesacker & Co. als erfahrene ehemalige Nationalspieler an Analysen abgeben – ihre Einschätzung wird von den Hobbyexperten im Detail totgelabert.
Irgendwann, so wünscht man sich dann, muss doch das alles dann auch mal Ende haben. Bla, bla, bla – eigentlich wiederholt sich diese Fußballleier doch Wochenende für Wochenende. Außenstehende sind es leid. Einmischen ist schwierig. Mitreden ist nämlich nicht erwünscht, nicht, dass da ein noch größerer Experte – oder gar eine Expertin – das Wissen der Hobbykommentatoren in Frage stellt. Denn eines ist für alle klar: Auch wenn man sich in der internen Fußballexpertenrunde uneins ist, so gilt doch die eiserne Regel gegenüber externen Mithörerinnen und Mithörern, diese keinesfalls mitreden zu lassen. Schließlich will man die Ernsthaftigkeit, inhaltliche Stärke und vor allem Richtigkeit nicht gefährden.
Und ich? Soll ich Gelaber also aushalten? Oder nicht als solches definieren? Einfach erkennen, dass sich hier wahre Experten unterhalten und selbst staunend lauschen? Den philosophischen Charakter der Unterhaltung schätzen lernen? Humor entwickeln und drüberstehen? Worüber? Über bloßes Gelaber, unnützes Geschwätz?
Egal, wie man sich entscheidet: Verhindern lassen sich die Privatanalysen der Bundesligaspiele dadurch nicht. Verhindern lässt sich eh wenig im Leben. Gut, ein Müller-Tor, das schon. Siehe Anfang. Aber vielleicht verhindern die Gesprächsrunden sogar Schlimmeres, denn wer über Fußball spricht – und das als Experte –, gibt nicht noch zusätzlich zu anderen Themen seinen Senf dazu. Erspart man sich somit schlussendlich vielleicht sogar weitaus sinnloseres Gelaber? Eine Frage, über die man lange reden könnte. Oder labern. Oder philosophieren ...

Einen argumentativen Sachtext analysieren

Seite 27

2 Mögliche Notizen in der Randspalte: Überlastung der Pflegekräfte in vielen Bereichen: Pflege, Versorgung, Gespräche etc. mit Patient/-innen (vgl. Z. 1–15), komplexe Aufgabenbereiche, individuelle Ansprüche der Patient/-innen, zwischenmenschliche Bedürfnisse (vgl. Z. 16–37), unterschiedliche Ausführungen von pflegeunterstützender Robotik, besondere Wichtigkeit: sympathisches Aussehen (vgl. Z. 38–44), hohe Herstellungs- und damit verbunden hohe Anschaffungskosten, Problem der Finanzierung: Krankenkassen / privat?, Bund: Förderung von Pilotprojekten (vgl. Z. 45–64), weit entwickelte KI bietet noch keinen vollwertigen Ersatz für alle zwischenmenschlichen Ansprüche, Angst beim Pflegepersonal vor Verlust des Arbeitsplatzes: Robotik als vollwertiger Ersatz für Menschen? (vgl. Z. 78–88), Blick in die Zukunft: Notwendigkeit der ethischen Diskussion um fortschreitende Robotik-Technologien und deren Einsatz in der Pflege (vgl. Z. 89–95)

Seite 30

3 a Mögliche wichtige Textstellen:
„Pflegekräfte in Deutschland sind völlig überlastet" (Z. 1 f.); „Roboter können aber Verschiedenes leisten und könnten die Pflegekräfte entlasten" (Z. 20 f.); „auch die komplexen Abläufe sind für die Roboter kein Problem" (Z. 26); „sich den zwischenmenschlichen Bedürfnissen zu widmen und auch einmal etwas länger zuzuhören, wäre gegeben, wenn ein unterstützender Roboter in den Alltag eingebunden wäre" (Z. 34–36); „sind die probeweise eingesetzten Roboter in der Praxis bisher sehr beliebt" (Z. 39 f.); „Nicht nur die Kosten der Herstellung der komplexen Technik-Wunder sind hoch" (Z. 50 f.); „Die Krankenkassen springen hier jedenfalls nicht ein" (Z. 56 f.); „das Zwischenmenschliche kann nicht technisch ersetzt werden" (Z. 77 f.); „könnte es dann wie in der Industriellen Revolution zu massenweise Entlassungen des Pflegepersonals kommen" (Z. 81–83); „dass die Forschung und Entwicklung auf diesem Gebiet weiter voranschreiten wird" (Z. 94 f.); Fremdwörter: siehe Lösungen zu Aufgabe 4 a.

b In dem Text wird der mögliche Einsatz von Pflegerobotern im Alltag der Pflegeheime diskutiert, indem Vor- und Nachteile aufgeführt werden.

4 a A komplex – d vielschichtig; B Enthusiasmus – f Begeisterung; C sensibel – g empfindlich; D Sensoren – c Messfühler; E rentabel – e lohnend; F Clou – b Kernpunkt, springender Punkt; G KI – a Künstliche Intelligenz

b komplexe Fernsteuerung (Z. 54 f.): komplizierte Steuerung über einen gewissen Abstand, etwa über das Internet; taktile Internetverbindung (Z. 54): für den Menschen kaum wahrnehmbare Reaktionszeit einer Anwendung, die durch das Internet gesteuert wird.

5 Position: Die Pflegekräfte in Deutschland sind überlastet: „die Pflegekräfte in Deutschland sind völlig überlastet" (Z. 1 f.)
These: Pflegeroboter können Pflegekräfte unterstützen: „Es soll sie geben, diese Entlastung. In Form eines Roboters." (Z. 16)
Pro-Argumente und Belege: „Roboter können aber Verschiedenes leisten und könnten die Pflegekräfte entlasten, gerade da, wo es an die körperliche Kraft geht" (Z. 20 f.), Beleg: „Ein Roboter kann einem Patienten helfen, aus dem Bett aufzustehen und beispielsweise ins Bad oder zur Toilette zu gelangen" (Z. 21–23); „Doch auch die komplexen Abläufe sind für die Roboter kein Problem" (Z. 26), Beleg: „dass sie in all der Hektik, die gerade zu den Stoßzeiten wie dem Aufstehen, den Essenszeiten oder zur Schlafenszeit herrschen, nichts vergessen" (Z. 29–31); „sind die probeweise eingesetzten Roboter in der Praxis bisher sehr beliebt" (Z. 39 f.), Beleg: „Es gibt sie in verschiedenen Ausführungen: kleiner und größer, als Schmusetier, humanoid mit Kopf, Rumpf und Armen, aber ohne Beine, damit sie stabiler stehen. Hauptsache ist jedoch, dass sie sympathisch aussehen." (Z. 41–43); Kontra-Argumente und Belege: „Nicht nur die Kosten der Herstellung der komplexen Technik-Wunder sind hoch" (Z. 50 f.), Erklärung: „Die Krankenkassen springen hier jedenfalls nicht ein" (Z. 56); „Kritiker sind sich einig: Auch wenn eine KI schon einiges leisten kann – das Zwischenmenschliche kann nicht technisch ersetzt werden" (Z. 77 f.), Beleg: „Wer möchte denn bitte sehr morgens von einer metallischen Stimme geweckt werden? Steife, kalte Metallfinger ziehen die Decke weg. Man stützt sich auf eine glatte, kalte, Fläche auf, um aus dem Bett zu steigen" (Z. 66–68); „Sollten die Roboter keine Pilotprojekte mehr sein und in einem Hightech-Land tatsächlich kostengünstig hergestellt und eingesetzt werden können, könnte es dann wie in der Industriellen Revolution zu massenweise Entlassungen des Pflegepersonals kommen?" (Z. 79–82), Beleg: „Schließlich wird ein Roboter nicht müde oder krank, er wird keine körperlichen Schäden von seiner harten Arbeit davontragen" (Z. 82 f.)

6 Die Autorin lässt in der Überschrift noch nicht zum Vorschein kommen, ob sie gegenüber dem Einsatz von Robotern in Pflegeheimen positiv oder negativ eingestellt ist. Die Überschrift deutet lediglich an, dass sich der folgende Text mit sämtlichen Folgen beschäftigt.

7 These: Das Pflegepersonal ist überlastet und benötigt dringend Unterstützung
Pro-Argumente: Roboter entlasten die Pflegekräfte, sie sind zuverlässig und lernfähig, die Pilot-Roboter sind sehr beliebt
Kontra-Argumente: die Kosten sind sehr hoch, das Zwischenmenschliche kann ein Roboter nicht leisten, hohe Zahl an Kündigen der Pflegekräfte droht

Seite 31

8 Vermeiden sollte man die Formulierung B, da hier die Rede von einem Roboter ist und die Vorstellung eines Roboters vielen Menschen Angst macht. Ebenso sollte die Formulierung C vermieden werden, da die „Robotertechnologie" sehr weit gefasst ist und man sich darunter nichts Konkretes vorstellen kann. Formulierung A kann verwendet werden, da die „Robotik" eine Wissenschaft ist, über die man sich informieren kann.

Befürworter/-innen des Einsatzes von **ferngesteuerten** Robotern in der Pflege führen die **Überlastung** des Pflegepersonals an. Wenn ihnen ein Roboter die **körperlich harte** Arbeit abnimmt, hätten sie mehr Zeit für die **zwischenmenschlichen** Begegnungen mit den Patientinnen und Patienten.
Die Roboter sind gut bei wiederkehrenden **Abläufen** einsetzbar und können Neues **hinzulernen**. Noch sind sie als Pilotprojekt vereinzelt im Einsatz, denn die Krankenkassen übernehmen die Kosten **nicht**. Aber die Technik wird sich weiterentwickeln, damit irgendwann die Menschen möglichst **lange** in den eigenen vier Wänden wohnen können.

9 A Der Text arbeitet mit bildhaften Beschreibungen, weil sich die Leser/-innen dadurch komplizierte Ideen einfacher vorstellen können.
B Forscher/-innen und Wissenschaftler/-innen werden als Autorität zitiert, weil auf eine fundierte Meinung Wert gelegt und dadurch Seriosität erzielt wird.
C Der Text enthält an mehreren Stellen Aufzählungen (Z. 21–23, 30), weil sich die Leser/-innen anhand mehrerer Beispiele den Nutzen des Pflegeroboters besser vorstellen können.
D Der Titel „Wenn die Robotik Einzug in die Pflege erhält" möchte verdeutlichen, dass der Einsatz von Robotern Auswirkungen auf die Pflege haben wird.

10 Wenn die Roboter in der Pflege eingesetzt werden, werden die Patientinnen und Patienten oder Bewohner/-innen der Einrichtung wie Gegenstände am Fließband abgefertigt. Denn die Roboter können sich nicht emotional auf die Menschen einlassen. Es ist für einen Roboter z. B. nicht möglich, emotional darauf zu reagieren, wenn ein/-e Patient/-in verbalisiert, dass sie/er die Familie vermisse.
Das Zwischenmenschliche geht völlig verloren und die Menschen werden vereinsamen und/oder depressiv. Denn wenn man keine Menschen mehr um sich hat, sondern nur noch Maschinen, fühlt man sich einsam. Man hört z. B. kein tröstendes Wort mehr, man führt keinen Smalltalk mehr oder wird nicht mehr zum Lachen gebracht.

Seite 32

11 Im Sachtext „Wenn die Robotik Einzug in die Pflege erhält" von Maria Stubbe wird aufgezeigt, wie die Herausforderungen und die oftmals vorhandene Überlastung von Pflegekräften durch robotergestützte Technologien bewältigt werden können. Die Autorin spricht dabei auch Probleme beim Einsatz von Robotik in der Pflege an und gibt einen Ausblick auf zukünftige Entwicklungen.

12 a Die Autorin steigt in das Thema ein, indem sie auf die angespannte Personalsituation in der Pflege verweist. Ausgehend von der Coronakrise, die eine völlige Überlastung des Pflegepersonals in Deutschland bewirkte, informiert die Autorin über die zahlreichen Bedürfnisse der Patient/-innen in Alten- und Pflegeheimen, denen man als Pflegekraft gerecht werden muss. Dadurch unterstreicht die Autorin die Forderung nach einer sinnvollen Unterstützung für das Pflegepersonal und stellt im Anschluss die robotergestützte Entlastung als Möglichkeit vor, die in Zukunft bei vielen Arbeitsabläufen unterstützend eingesetzt werden kann. An dieser Stelle arbeitet die Autorin mit zahlreichen bildhaften Beschreibungen, um der Leserschaft einen hilfreichen Einblick in die Funktionen eines die Pflegekräfte unterstützenden Roboters zu geben und die daraus resultierende Erleichterung für Pflegende und Patient/-innen zu betonen. Dabei hebt sie die zentrale Idee hervor, dass es nicht darum gehe, Ersatz für menschliches Pflegepersonal zu entwickeln, sondern eine technische Assistenz für Pflegende zu finden. Sie verweist auf die Bedingungen für die Akzeptanz bei den Senioren, indem sie verdeutlicht, dass ein Pflegeroboter ein möglichst sympathisches Aussehen haben müsse. In einem weiteren Abschnitt greift die Autorin das Problem der Finanzierung auf und führt die Notwendigkeit an, diese durch die Krankenkassen anzustreben, da gerade im privaten Bereich, für den die Robotik in der Pflege auch einmal eine Rolle spielen könnte, der Einsatz dieser Technologien ohne die finanzielle Unterstützung durch eine Krankenkasse nicht denkbar sei. Bevor die Autorin mit einem Ausblick in die Zukunft schließt, in dem sie von einer Weiterentwicklung der Pflegerobotik ausgeht, geht sie auf die in ihren Augen berechtigte Befürchtung des Pflegepersonals ein, in einigen Jahren durch High-Tech-Geräte ersetzt zu werden. Sie gibt zu bedenken, dass ein kostengünstiger Pflegeroboter in der Branche willkommen wäre und dies zu Entlassungen von menschlichem Pflegepersonal führen könnte.
b Um ihre Intention zu verstärken, über den Einsatz von Robotik in der Pflege zu informieren, greift die Autorin auf verschiedene sprachliche Gestaltungsmittel zurück. In Zeile 5 bis 12 zählt sie die zahlreichen Bedürfnisse der Patient/-innen in Pflegeheimen auf. Im Vergleich zum Aufgreifen einzelner Beispiele wirkt dies weitaus überzeugender, da die Leser/-innen hier die Belastung des Pflegepersonals stärker nachvollziehen können. Die Aufzählungen gehen sogar über den ersten Absatz hinaus, was die Wirkung noch verstärkt. Es wird sehr klar, dass die Pflegekräfte überlastet sind und dringend Unterstützung notwendig ist. Es folgen zwei rhetorische Fragen (Z. 13–15), deren Antwort durch die vorangehenden Aufzählungen schon vorgegeben ist. Sie drücken den dringenden Wunsch nach Entlastung aller aus, die sich mit den Problemen im Bereich der Pflege beschäftigen und verstärken den Aspekt der Notwendigkeit des Zeitgewinns für zwischenmenschliche Begegnungen, den die Autorin dringend fordert. Mit weiteren rhetorischen Fragen an die Leserschaft (z. B. Z. 70–75: „Und wenn man an diesem Morgen Schmerzen hat? Zerrt der Roboter dann trotzdem an einem? [...] oder heute ein schlechter Tag ist?" soll diese dazu angeregt werden, sich eine eigene Meinung zum Thema zu bilden. Durch viele bildhafte Beschreibungen werden mögliche Szenarien verdeutlicht, die Lesenden sollen sich dadurch szenisch vorstellen können, wie ein möglicher Einsatz von Pflegerobotik im Alltag eines Altenheims tatsächlich aussehen könnte (Z. 66–69). Damit wirkt die Autorin möglichen Gegenargumenten und Szenarien entgegen, die sich beim Lesen ihres Artikels in den Köpfen eher skeptischer Leser/-innen abspielen könnten. Dies hilft, einer überaus negativen Haltung der Gesellschaft gegenüber robotischer Pflegeassistenz entgegenzuwirken und Vorurteile zu entkräften.

13 Der Einsatz von Pflegerobotern klingt erst einmal verführerisch, wenn man bedenkt, dass die körperlichen Grenzen von Pflegekräften deutlich höher liegen als die von Robotern. Trotzdem macht gerade das Zwischenmenschliche in der Pflege viel aus: Vertrauen, Verständnis, Respekt. Diese Punkte kann ein Roboter nicht erfüllen und daher stehe ich dem Einsatz solcher Roboter sehr skeptisch gegenüber. Die hohen Kosten für diese Assistenten wären besser angelegt, wenn dafür Menschen eingestellt würden.

Einen Novellenauszug analysieren

Seite 33

1 Eine Frau namens Hannelore Linstow ist allein in der großen Altbauwohnung, die sie gemeinsam mit ihrem Mann Dennis bewohnt, der gerade verreist ist. Das Paar scheint sich gut zu verstehen, sie wohnen noch nicht lange in der frisch renovierten Wohnung. Allerdings fühlt sie sich dort ein wenig unwohl wegen der Fenster zum unansehnlichen Lichthof und versteht nicht, weshalb ihr Mann nicht längst etwas gegen den Blick auf diesen Lichthof getan hat.

Seite 34

2 a Positive Aspekte: geborgene und geschützte Wohnung (vgl. Z. 10 f.); mit eleganten Schnitzereien verziert (vgl. Z. 14 f.); hochwertig ausgestattet mit Parkett, hohen Decken und Stuck (vgl. Z. 16–19); frisch renoviert (vgl. Z. 21); komfortable Küche (vgl. Z. 37); Einrichtung, die dem Ehepaar gefällt (Z. 40–42)
Negative Aspekte: hinter den Fenstern im Bad sieht man den unzugänglichen Lichthof, in dem der Putz von den Wänden abbröckelt (vgl. Z. 43–46, Z. 65)

b Mögliche Anstreichungen: „man sah, wie sie sich zögernd und als wäre sie von der Schönheit der Räume eingeschüchtert, auf die äußerste Kante eines Sofas setzte" (Z. 2–4); „Jedes Mal, wenn sie das Bad betrat, war sie bemüht, das, was sie störte, möglichst nicht zu beachten" (Z. 58 f.); „Zwei Gardinen vor den Fenstern hätten genügt, um sich beim An- und Auskleiden, beim Duschen oder Haarewaschen nicht beobachtet zu fühlen" (Z. 50 ff.)

3 Hannelore und Dennis scheinen schon einige Jahre verheiratet zu sein. Sie gehen vertraut miteinander um (vgl. Z. 29) und kennen einander gut, daher ist die Wohnung schnell eingerichtet (vgl. Z. 31). Hannelore scheint sich aber einsam zu fühlen, da ihr Mann in ihren Augen zu häufig verreist ist (vgl. Z. 1) und es ist ihr unerklärlich, dass ihr Mann sich nicht darum kümmert, den unansehnlichen Ausblick im Bad zu verhindern, der ihr Unwohlsein auslöst (vgl. Z. 53–57).

4 Für Hannelore stellt der heruntergekommene Lichthof eine Bedrohung dar. Diese ist nicht eindeutig greifbar, aber Hannelore vermeidet den Blick aus dem Fenster, wann es nur geht, und fühlt sich beobachtet. Der Lichthof scheint sie also in große Unruhe zu versetzen. Sie kämpft dagegen an, ist aber gleichzeitig davon enttäuscht, dass Dennis dies nicht bemerkt oder als nicht so wichtig erachtet.

Seite 36

1 a Wiedergabe Hannelores Gedanken und Gefühle: Hannelore schreckt nachts aus dem Schlaf hoch (vgl. Z. 8); unsicher, da eine Stuckverzierung verschwunden scheint (vgl. Z. 11 f.); glaubt, einen Luftzug aus dem Bad zu verspüren (vgl. Z. 14 f.); Stuckverzierung wieder da, Hannelore glaubt, sie habe sich auch vom Luftzug täuschen lassen (vgl. Z. 16–22); Hannelore meint, dass sie nun ausgeschlafen alles richtig sieht (vgl. Z. 24 ff.); beim Schließen des Fensters im Bad blickt Hannelore in den Lichthof und sieht sich darin bestätigt, dass dieser Anblick verdeckt ist (vgl. Z. 30–33); sie ärgert sich über den schmutzigen Hinterhof und den verwirrenden Blickwinkel (vgl. Z. 34–38)
Kommentare und Bewertungen des Geschehens: „Und tatsächlich" (Z. 27); „Drei Wochen später geschah etwas, womit niemand rechnen konnte." (Z. 43 f.); „hier war das Parken erlaubt" (Z. 47 f.); „wer ihr entgegentrat, war jemand, den sie nicht kannte" (Z. 51 f.)

b In Auszug 2 herrscht zunächst überwiegend die interne Fokalisierung, da die Leser/-innen über die Gedanken der Protagonistin Hannelore informiert werden: „Sie schaltete das Licht ein, dabei sah sie zur Decke glaubte zu bemerken [...] verschwunden war" (Z. 10–13); „Aber wer ihr entgegentrat, war jemand, den sie nicht kannte" (Z. 51 f.)

2 Vorenthalten wird den Leser/-innen, wie Hannelore sich fühlt, als sie den Brief liest, ob sie es hat kommen sehen, ob sie zusammenbricht, ob sie die Sachen tatsächlich zusammensucht oder ob sie Herrn Mangold einfach aus der Wohnung wirft.

3 Man erfährt nur die Gedanken von Hannelore, nicht aber von Dennis. Daher wissen die Leser/-innen auch nicht, weshalb er so viel verreist ist. Die Leserin / Der Leser identifiziert sich ausschließlich mit Hannelore, da sie/er keinen anderen Bezugspunkt hat. Die Gefühlswelt Dennis' und seine Beweggründe werden völlig ausgelassen. Unklar bleibt auch, ob ihm seine Entscheidung schwergefallen ist und wie Hannelore mit ihr umgehen wird. Rätselhaft ist auch, weshalb der Lichthof eine so wichtige Rolle für Hannelore einnimmt und ob dieses Symbol im Zusammenhang mit der Trennung steht. Die Erzählerin / Der Erzähler verwendet eine wenig gefühlsbetonte Darstellung der Trennung, wodurch die Lesenden erst einmal im Unklaren über die Hintergründe gelassen werden.

Seite 37

1 Hannelores psychische Befindlichkeit spiegelt sich metaphorisch in der Raumgestaltung wider, da sie zunehmend versucht, sich zurückzuziehen. Die Weitläufigkeit der Wohnung macht ihr nach Dennis' Auszug Angst, weshalb sie sich in das Zimmer zurückzieht, in dem sie sich seit jeher auch in Dennis' Abwesenheit geborgen fühlt. Dennoch kommt auch hier wieder Unbehagen auf.

2 a Auszug 1, Z. 43–49: Der Lichthof wird zunächst beschrieben als lediglich unansehnlich; Sie fühlt sich von draußen beobachtet (vgl. Z. 52); der Lichthof ist finster (vgl. Z. 65).
Auszug 2, Z. 14 f. und 27–36: Die Existenz des Lichthofs scheint Hannelore zunehmend zu beschäftigen und zu verunsichern.
Auszug 3, Z. 14 f.: Hannelore wirkt besessen vom Lichthof, denn sie bildet sich mittlerweile einen Luftzug ein; Z. 22–26: Hannelore stellt sich ihrer Angst; Z. 33–39: Das bedrohliche Bild und die Unzugänglichkeit des Lichthofs werden beschrieben.

b Hannelore wird zunehmend vom Lichthof eingenommen; zunächst findet sie ihn unansehnlich, dann rückt er mehr in ihren Fokus, letztlich richtet sich ihr Verhalten nach ihm aus; Dennis scheint den Lichthof nicht so wahrzunehmen; trotz Hannelores Bitten unternimmt er nichts gegen den Anblick

c Der Lichthof als Dingsymbol verdeutlicht die Verdrängung der Eheprobleme von Hannelore und Dennis wie auch den zerrütteten Zustand ihrer Beziehung. Dennis ist sich der Eheprobleme bewusst; entsprechend stört ihn der Anblick des Lichthofs nicht. Hannelore andererseits verdrängt ihre Eheprobleme und verschließt ihre Augen davor; entsprechend hat sie einen Vorhang vor den beängstigenden Lichthof gehangen. Erst am Ende der Novelle reißt sie den Stoff herunter und betrachtet den Lichthof in seiner ganzen Schäbigkeit. Ihr impulsives Handeln deutet darauf hin, dass sie sich nicht nur den Rest ihrer Wohnung, sondern auch die Kontrolle über ihr Leben wieder zurückerobern will.

Seite 38

3 mögliche Diskussionsgrundlage:

- In der Novelle „Der Lichthof" wird gezeigt, wie sich zwei Ehepartner auseinanderleben und ihre Ehe schließlich zerbricht.
  → entspricht eher einer Inhaltsangabe und nicht einer Kernaussage
- Die Novelle „Der Lichthof" verdeutlicht, welche negativen Folgen es haben kann, wenn sich eine Frau in der heutigen Gesellschaft zu stark auf ihren Mann fixiert.
  → nicht das Hauptthema
- Die Novelle „Der Lichthof" lässt die gestörte Kommunikation zwischen zwei Ehepartnern deutlich werden.
  → Die Eheleute sprechen nicht über ihre Beziehungsprobleme, sondern verschweigen diese so lange, bis ein endgültiger Bruch nicht mehr abzuwenden ist.
- In der Novelle „Der Lichthof" wird gezeigt, dass manche Menschen Probleme so lange verdrängen, bis eine Katastrophe nicht mehr abzuwenden ist.
  → Der Wunsch nach Verdecken des hässlichen Lichthofs kann als Bestreben Hannelores gedeutet werden, ihre Beziehungsprobleme zu verdrängen. Dies führt letzten Endes dazu, dass es keine Gelegenheit gibt, über ihr Auseinanderleben mit Dennis zu sprechen und dieses möglicherweise abzuwenden.
- Die Novelle „Der Lichthof" verdeutlicht, dass das Verdrängen zwischenmenschlicher Probleme ein häufiges gesellschaftliches Problem ist.
  → In der Novelle geht es um ein exemplarisches Beispiel, welches jedoch nicht als allgemeines gesellschaftliches Problem herausgestellt wird.

→ Als geeignete Deutungshypothesen wären Nr. 3 und 4 gut zu begründen.

4 Bereits zu Beginn der Novelle lässt sich erahnen, dass die Beziehung der Eheleute nicht spannungsfrei ist. Hannelores Gedanke „Dennis ist schon wieder verreist" (Z. 1) verdeutlicht gleich im ersten Satz der Novelle ihre Unzufriedenheit über diesen Zustand.

5 Offensichtlich scheint Hannelore die vorhandenen Beziehungsprobleme verdrängen zu wollen **(vgl. Auszug 1, Z. 53–57)**. Welche Bedeutung Dennis der Ehe beimisst, ist nicht klar ersichtlich. Seine häufigen Dienstreisen verdeutlichen auf jeden Fall, dass ihm die Nähe zu seiner Ehefrau nicht besonders wichtig erscheint **(vgl. Auszug 1, Z. 1)**. Letzten Endes wagt er es nicht einmal, seiner Frau gegenüberzutreten und ihr seinen Entschluss, die Beziehung zu beenden, persönlich mitzuteilen **(vgl. Auszug 2, Z. 51–62)**.

6 Mögliche Lösung:
Der erste Auszug beginnt damit, dass Hannelore allein in der gemeinsamen Wohnung von ihr und ihrem Ehemann Dennis ist, der wieder einmal verreist ist (vgl. Z. 1–4). Es handelt sich um eine elegante, große Wohnung (vgl. Z. 5 f.). Ein kurzer Rückblick beschreibt, wie das vertraute Ehepaar diese neue Wohnung anschaut und überlegt, wie sie am schönsten eingerichtet werden kann (vgl. Z. 25–42). Etwas trübt die Ästhetik der hübschen Altbauwohnung in Hannelores Augen allerdings: der Lichterhof. Er ist vom Bad aus zu sehen, heruntergekommen und übt auf sie scheinbar eine gewisse Bedrohung aus. Sie schafft es nicht, ihn aus ihrem Blickfeld verschwinden zu lassen, obwohl sie es versucht (vgl. Z. 42–49).
Im zweiten Auszug glaubt Hannelore zu Beginn einen Luftzug zu spüren (vgl. Z. 9 f.). Sie erkennt die Stuckverzierung an der Decke nicht mehr und glaubt, den Zug aus dem Bad zu spüren (vgl. Z. 11–15). Als sie die Stuckverzierung wieder erkennen kann, ist sie beruhigt, bemerkt aber, dass das Fenster im Bad tatsächlich offensteht. Sie schließt es schnell und sieht sich darin bestätigt, wie gut es war, den Anblick des Lichterhofs durch das Fenster mit einem Vorhang zu verdecken (vgl. Z. 16–33). In diesem Moment klingelt das Telefon, es ist Dennis und er zeigt sich um Hannelore besorgt (vgl. Z. 36–42). Später beobachtet Hannelore zufällig, wie Dennis' Limousine vorfährt aber ein Fremder aussteigt. Er übergibt Hannelore einen Brief, in dem Dennis sich von ihr trennt, da er sich in eine andere Frau verliebt hat und mit ihr leben möchte. Die meisten Habseligkeiten sollen bei Hannelore bleiben, aber ein paar wenige Dinge soll sie bitte zusammensuchen und dem fremden Herrn mitgeben (vgl. Z. 45–63).

Im dritten Auszug überlegt Hannelore, wie sie die Wohnung verändern soll. Doch der Raum, in dem sie während Dennis' Abwesenheit schlief, soll unverändert bleiben. Da spürt sie wieder einen Luftzug. Im Bad reißt sie den Vorhang vom Fenster und blickt in den Hof (vgl. Z. 5–15).
Durch die gewählte Erzähltechnik werden die Gedanken von Hannelore beschrieben, nicht aber die von Dennis. Eine Passage mit externer Fokalisierung beschreibt das Paar und das Haus (vgl. Auszug 1, Z. 25–42). Hannelores Unsicherheit wird durch ihre Gedanken und Gefühle deutlich. Dennis' Trennung und seine Beweggründe hingegen bleiben rätselhaft. Somit wissen die Leser/-innen nicht mehr als die handelnden Figuren, da die Handlung neutral-beobachtend geschildert wird.
Über Hannelore und Dennis erfährt man lediglich die Namen, nicht aber das Alter. Hannelore scheint nicht berufstätig zu sein, über Dennis' Figur erfährt man nur, dass er häufig geschäftlich auf Reisen geht (vgl. Auszug 1, Z. 1).
Die Figur der Hannelore wird äußerlich nicht beschrieben. Sie wirkt unsicher, verängstigt und von Dennis abhängig. Sie wird von der Trennung völlig überrascht, hat es nicht kommen sehen (vgl. Auszug 2, Z. 43 f.). Nach der Trennung möchte sie umräumen, aber es wirkt, als brauche sie ihren „Schutzraum", denn dieser ist der einzige Raum, den sie nicht umgestalten möchte (vgl. Auszug 3, Z. 5–15). Letztlich stellt sie sich dem Lichthof, nachdem sie wieder einen Luftzug zu spüren glaubt (vgl. Auszug 3, Z. 24 ff.).
Auch die Figur Dennis wird äußerlich nicht beschrieben. Er scheint nicht an der Ehe interessiert zu sein. Er ist viel unterwegs und tut nichts gegen Hannelores Angst, denn er hat keine Firma beauftragt, um etwas am Blick auf den Lichthof zu ändern (vgl. Auszug 1, Z. 53–57). Man kennt seine Beweggründe nicht. Er wirkt sogar ein bisschen feige, da er die Ehe nur durch einen Brief beendet und jemanden schickt, um seine Sachen abzuholen (vgl. Auszug 1, Z. 51–63). Dies steht allerdings in einem Widerspruch zu seinem Anruf: er scheint um Hannelore besorgt und ist damit einverstanden, einen Vorhang im Bad anzubringen (vgl. Auszug 2, Z. 39–42). Dennoch möchte er die Trennung. Allerdings soll alles bei ihr bleiben. Er stellt Hannelore seine Hilfe in Aussicht und auch, die neue Frau kennenzulernen (vgl. Auszug 3, Z. 1–4). Denn dies könnte sowohl für ein schlechtes Gewissen sprechen als auch dafür, dass er Hannelore nicht verletzen möchte, weil er sie mag.

Ein Gedicht erschließen und deuten

Seite 39

1 Das Gedicht malt ein sehr düsteres Bild vom Krieg und der hilflosen Angst, die man verspürt, wenn man dieser Situation ausgesetzt ist.
Weitere Auffälligkeiten:
- eine einzelne Strophe mit 10 Versen; kein Reim → keine Ordnung im Gedicht wie im Krieg
- durch Enjambements kein Zeilenstil
- Enjambement (V. 2 f.), Ellipsen (V. 5), Parataxe mit sehr kurzen HS mit max. 4 Wörtern (V. 3–7) → wirkt sehr unruhig; betont brutalen Inhalt
- Gegensätze („frierst" und „heiß", V. 4; „Krieg" und „Frieden", V. 1)
- Personifikationen („Trompeten kreischen", V. 2; „Äcker röcheln", V. 5) → verdeutlicht Grausamkeit und Leiden
- Assonanzen („Nächte brennen", V. 3; „Horizont [...] Kanonendonner", V. 8; „platzen die Granaten", V. 10)

Seite 40

2 **A** Es wird eine bedrohliche Situation des Krieges beschrieben, mit allen Sinneseindrücken, über die man den Krieg wahrnehmen kann: sehen, hören, fühlen.
B Angesprochen werden Aspekte wie die Nöte, die man erleidet, wie etwa der Hunger (vgl. V. 4), die Zerstörung (vgl. V. 6) oder der Krach (vgl. V. 8).
C Der Titel des Gedichts weist darauf hin, dass ein Krieg ausbrechen wird.

3 Nach einer **Feststellung der Unausweichlichkeit des Kriegs** steht in den ersten Versen **das vom Krieg verursachte Leid der Menschen** im Mittelpunkt. **Sinneswahrnehmungen und Gefühle** bringen dies zum Ausdruck. Anschließend wird das **Kriegsgeschehen mit seiner sichtbaren Zerstörung** und Gewalt dargestellt. Ein **Entkommen scheint unmöglich**.

4 In dem Gedicht tritt ein/-e Sprecher/-in durch Personalpronomen nicht ~~/ direkt~~ in Erscheinung. Mit den Pronomen „Du" und „Dir" ~~/ „Ihr"~~ wird jedoch ein Gegenüber unmittelbar ~~/ indirekt~~ angesprochen, was besonders eindringlich ~~/ distanziert~~ wirkt (vgl. V. 3/4). Die/Der Sprechende, die ihre bzw. der seine Wahrnehmungen ~~genau /~~ in drastischen Bildern schildert, äußerst zunächst insbesondere ~~Gedanken /~~ Sinneswahrnehmungen. Dies verändert sich ab ~~Vers 4 /~~ Vers 6. Von da an konzentriert sich die Darstellung auf das Kriegsgeschehen ~~/ die Gefühlswelt~~. Die Stimmung wirkt verzweifelt ~~/ hoffnungsvoll~~.

5 **a**

Anzahl der Strophen und Verse	1 Strophe, 10 Verse
Reimschema	nicht wiederkehrend
Metrum	vorrangig Jambus; besonders in V. 5–6 aufgebrochen: „Kirchtürme stürzen" (V. 6) > Ausbruch aus dem Metrum verdeutlicht ganz konkret die Zerstörung (Daktylus)

b A + C

Seite 41

6 a/b

Textbeleg (mit Vers)	**sprachliche Mittel**	**Wirkung / Deutung**
„Krieg [...] Frieden“ (V. 1); „Du frierst [...] Dir ist heiß“ (V. 4)	Antithese	verdeutlicht die extremen Gegensätze, auch in den Empfindungen, die ein Krieg auslösen kann (bspw. von Verwundeten im Lazarett)
„Zu lange war schon Frieden“ (V. 1)	Tempuswechsel	ist als eine Vorausdeutung zu lesen; es sagt voraus, was geschehen wird, wenn der Krieg ausbrechen wird
„Trompeten kreischen / Dir tief ins Herz“ (V. 2 f.)	Enjambement	Vorstellung von Fanfaren, verdeutlicht wie tief der Krieg vordringt, welche Angst er auslöst
„Dann ist der Spaß vorbei. Trompeten kreischen / Dir tief ins Herz. Und alle Nächte brennen. / Du frierst in Zelten. Dir ist heiß. Du hungerst.“ (V. 3–7)	Parataxe	wirkt sehr unruhig, betont brutalen Inhalt
„Nächte brennen“ (V. 3), „Horizont [...] Kanonendonner“ (V. 8), „platzen die Granaten“ (V. 10)	Assonanzen	veranschaulicht, was der Krieg auslösen wird, und steht für die Feuersbrunst, die ein Krieg durch die Kämpfe, Granaten und Bomben mit sich bringt; verdeutlichen Grausamkeit und Leiden; Vorstellung von auf dem Kriegsfeld sterbenden Menschen
„Trompeten kreischen (V. 2); „Nächte brennen“ (V. 3); „Äcker röchlen“ (V. 5)	Personifikation	
„Ertrinkst. Zerknallst. Verblutest.“ (V. 5)	Ellipse	verdeutlicht die zahlreichen Qualen, die durch den Krieg ausgelöst werden bzw. mögliche Todesursachen im Kampf

7 Im Kern des Gedichtes geht es um den bevorstehenden Ersten Weltkrieg. Der lyrische Sprecher führt den Lesenden anhand drastischer Beispiele ein grausames und schreckliches Kriegsszenario vor Augen.

Seite 42

1 **Alfred Lichtenstein** verfasste das Gedicht **„Doch kommt ein Krieg“** am 9./10. Juli 1914 und somit kurz vor dem Ersten Weltkrieg. Er thematisiert **darin die Grausamkeiten des Kriegs, der in seinen Augen auf jeden Fall kommen wird.**

2 a-c Durch die Wahl ausdrucksstarker und eindringlicher Verben werden die bedrohlichen und beängstigenden Eindrücke des Kriegsgeschehens für die Lesenden vorstellbar. Insbesondere werden visuelle und auditive Sinneswahrnehmungen vermittelt. Beispielsweise kreischen Trompeten (vgl. V. 2) dem lyrischen Du „tief ins Herz“ (V. 3). Diese Verse rufen ein Bild von Kriegsfanfaren hervor, die den Krieg ankündigen und das lyrische Du im Innersten treffen. Gleichzeitig weckt das Kreischen der Trompeten auch die Vorstellung von kreischenden Menschen, die qualvolle Schmerzen erleiden. Durch die Formulierungen „alle Nächte brennen“ (V. 3) und „Städte krachen“ (V. 7) werden den Lesenden durch Feuer zerstörte Landstriche und zertrümmerte Städte nachdrücklich vor Augen geführt. Sie leuchten hell in der Nacht und stehen so im Gegensatz zur friedlichen Ruhe, die nachts eigentlich herrschen sollte.

Doch nicht nur Städte, Dörfer und Landstriche fallen dem Krieg zum Opfer: Die Personifikation „Äcker röcheln“ (V. 5) steht für die auf dem Schlachtfeld sterbenden Menschen. Die Art und Weisen, wie sie ums Leben kommen, zeigt Vers 5: „Ertrinkst. Zerknallst. Verblutest.“ Es ist davon auszugehen, dass mit „Ertrinkst“ das Ertrinken im eigenen Blut gemeint ist, oder im Schlamm im Schützengraben. Besonders deutlich ist hier der Neologismus „[z]erknallst“, der die Grausamkeit der im Ersten Weltkrieg verwendeten Waffen herausstellt. Auch die Granaten zerreißen die Menschen auf dem Schlachtfeld brutal: „Und dir zu Häupten platzen die Granaten“ (V. 10). Ganz eindeutig ist hier die Rede von einer großen Zahl an durch Granaten Getöteten.

Die, die überleben und verwundet werden, finden sich im Lazarett wieder und leiden dort heftige Qualen, was in Vers 4 dargestellt ist: „Du frierst in Zelten. Dir ist heiß. Du hungerst“.

Doch nicht nur auf dem Schlachtfeld erleben die Menschen die erschütternden Geräusche des Kriegs: Das Enjambement „Tod. Trompeten kreischen / Dir tief ins Herz“ in Vers 2 f. beschreibt Fanfaren, die den Krieg ankündigen und das Du im Innersten treffen.

Auffällig ist auch die häufige Kombination von Verben und Nomen, die nicht zusammenpassen. Diese verwendet Lichtenstein deshalb, weil die Subjekt-Objekt-Relation vertauscht ist, wie etwa „Winde zucken“ (V. 7). Auch beschwören ungewöhnliche Textstellen wie in Vers 6, „Fernen sind in Flammen“, ein sehr lebendiges Bild der Grausamkeiten des Kriegs herauf.

3 Im Jahr 1914 herrschen starke Spannungen unter den Ländern in Europa, sodass diese mit einer aggressiven Aufrüstung beginnen. Die national aufgeheizte Stimmung gipfelt schließlich im Ausbruch des Ersten Weltkriegs. Alfred Lichtenstein veröffentlichte sein Gedicht „Doch kommt ein Krieg“ als Ahnung einer Weltkatastrophe. Er beschreibt darin mit zahlreichen sprachlichen Mitteln die Grausamkeit des Kriegs, der nicht nur Dörfer, Städte und Landstriche zerbombt und ausbrennt, sondern auch zahlreiche Menschen das Leben kostet – sei es auf dem Schlachtfeld selbst, in den Trümmern der Städte oder nach qualvollem Leiden im Lazarett. Kurz nach Beginn des Ersten Weltkriegs findet Alfred Lichtenstein am 25.09.1914 den Tod als Soldat an der Westfront in Frankreich.

Eine Dramenszene analysieren und interpretieren

Seite 43

1 Der Textauszug beinhaltet ein Gespräch der Männer des örtlichen Turnvereins. Dabei geht es zunächst um das Verhältnis Fabians zu einer bestimmten Frau, dem Zeck näher auf die Spur kommen will. Im weiteren Verlauf sprechen die Figuren Zeck, Fabian und Bibrich dann über den schlechten Zustand des Schwimmbades. Sie beschließen, den Pionieren das Holz, das diese für den Brückenbau zur Verfügung haben, für einen neuen Steg zu stehlen.

Seite 45

2 Zeck ist der ältere Freund Fabians und scheint damit über ihm zu stehen: „Frechwerden steht dir noch nicht zu" (Z. 7). Außerdem stammt von ihm die Idee, den Pionieren das Holz für die Brücke zu stehlen (vgl. Z. 81 f.), was Bibrich mit Unruhe erfüllt: „Der Pionier ist im Land!" (Z. 89). Da er einem Diebstahl zunächst skeptisch gegenübersteht, sich aber anscheinend umentscheidet („Das ist nicht mehr wie gerecht", Z. 95), steht er vermutlich auch unter Zeck.

3 a **B** Eine Frau gilt als Trophäe des Mannes. Textbeleg: „Wie weit bist du mit deiner Bestimmten?" (Z. 3 f.)
C Erst wer sexuellen Kontakt zu einer Frau hatte, gilt als Mann etwas. Textbeleg: „Nur wenn du uns ihren persönlichen Unterrock bringst." (Z. 19 f.)

b Fabian möchte sich dazu nicht äußern (Z. 5 f.: „Ich frage dich auch nicht nach deiner Bestimmten") und möchte auch nicht, dass er damit aufgezogen wird, dass er eine Frau mag (Z. 11: „Ihr sollt mich nicht aufziehn"). Außerdem möchte er in dieser Hinsicht ernst genommen werden (Z. 17 f.: „Ich kann verlangen, daß man mich ernst nimmt").

4 Mögliche Lösung:
schlechter Zustand des Stegs: „Der ganze Sausteg ist eine Falle" (Z. 28)
Unmut gegenüber dem Turnverein und seiner Untätigkeit: „Der Verein bringt keinen Steg auf die Welt. [...] Für uns hat er nichts. Das sind doch Hirschen" (Z. 29 f.), „Der Verein soll sich rühren, verdammt" (Z. 34)
Unmut gegenüber der Stadt/Politik: „Der Verein hat schon viermal bei der Stadt einen Vorstoß gemacht für einen Steg. Auf dem Ohr hört die Stadt nicht" (Z. 36–38)
Schlechte Zukunftsaussichten des Vereins: „Der Schwimmer, der ist der Dumme" (Z. 39), „Man kann nicht einmal ein Schauspringen organisieren, wenn man nichts hat, worauf man den Zuschauer stellt. Ohne Schauspringen kein Eintritt" (Z. 40 ff.)
Unhaltbarer Zustand der gesamten Einrichtung: „Das war ein Verteidigungsgraben. Für Sport und Schau ist das nicht gemacht. Wir haben genommen, was da war" (Z. 45 ff.), „Die hängen und noch ein Schild hin: Zutritt verboten. Wir sitzen da und haben nicht einmal einen baufälligen Steg und haben kein Bad" (Z. 65–68)
Benachteiligung im Verhältnis zu anderen Gruppen/Vereinen: „Nur die Fußballer ziehen das Geld an" (Z. 51), „Wir haben überhaupt keine Aussicht" (Z. 54)

Seite 46

5 a Dialektaler Sprachgebrauch („ein Holz", Z. 81; „Das ist nicht mehr wie gerecht", Z. 95): Ausdruck der lokalen Zugehörigkeit
„Der Pionier ist im Land!", Z. 89 = Exklamatio (Ausruf): hier ein Ausdruck der Zustimmung
„Der Pionier baut eine Brücke. Die Brücke gibt er der Stadt. Von der Stadt bekommt er das Holz.", Z. 90 f. = Chiasmus: Kreuzweise Anordnung von Satzgliedern
„Weil ihm das Wasser bis zum Hals steht.", Z. 96;
„Der Steg ist nicht einmal ein kleiner Wald. Einen kleinen Wald muß die Stadt sich eben leisten.", Z. 99 = Parataktische Sätze / Ellipsen: dienen dazu, die Entwicklung des Plans/Gedankengangs zu veranschaulichen; am Ende wird das eigene Tun als „gerecht" und „verhältnismäßig" vorgestellt

b Der vorliegende Sprachstil ist: umgangssprachlich.

c Marieluise Fleißer verwendet den Dialekt als Gestaltungsmittel, da die Figuren dadurch authentischer und lebendig wirken. Dass Bibrich aufgebracht ist, zeigt sich bspw. in seiner Aussage: „Das ist nicht mehr wie gerecht" (Z. 8).

6 Das 3. Bild „Schwimmbad Männerturnverein" aus Marieluise Fleißers modernem Drama „Pioniere in Ingolstadt" zeigt ein emotionales Gespräch von Mitgliedern des Männerturnvereins. Es mündet letztlich in dem Entschluss, den in der Stadt anwesenden Pionieren das Holz für den Brückenbau zu stehlen, um den Schwimmsteg zu reparieren. Die Männerfiguren wollen damit einerseits ihren Mut beweisen und andererseits für Gerechtigkeit sorgen, denn sie fühlen sich auch im Hinblick auf die Frauenwelt von den Pionieren herausgefordert.

Seite 47

7 Das Bild lässt sich in dem ersten Teil des Dramas einordnen, wo anhand der einzelnen Szenenbilder die Handlung entwickelt wird. Am Beginn der Szene unterhalten sich zunächst Zeck und Fabian über dessen Liebesleben. Hier zeigt sich relativ schnell, dass jener nicht viel darüber preisgeben möchte und vor allem nicht mit seiner Unerfahrenheit und vermeintlichen Schüchternheit aufgezogen werden will. Als Bibrich während dieser Unterredung über den maroden Steg balanciert, in ein Loch tritt und stürzt, entspinnt sich eine Diskussion um den maroden Zustand des Schwimmbads. Im Vergleich zu anderen Vereinen, so beklagen sie, würde sich die Stadt nicht in angemessener Weise um die Schwimmer kümmern. Die Reparatur des Holzstegs sei seitens der Stadt wiederholt abgelehnt worden, wird moniert. Diese Behandlung empfinden die Männer als ungerecht, zumal ohne Reparaturen auch die finanzielle Zukunft des Vereins auf dem Spiel steht, weil keine Schauspringen mehr veranstaltet werden können.
Beim Ausmalen möglicher Folgen dieses Missstands und der Abwägung der Möglichkeiten wird erwogen, den Steg vielleicht in Eigeninitiative reparieren zu können, wozu Bibrich als gelernter Schreiner seine Hilfe anbietet. Auf die Frage, woher das Material dafür kommen könnte, bringt Zeck einen Holzdiebstahl ins Spiel. Die Gruppe soll den Pionieren das Holz für die Errichtung einer Brücke stehlen und damit den Steg instand setzen, was von den Beteiligten im Laufe des Gesprächs als gerecht empfunden wird.

8 Gleich am Beginn des Gespräches wird deutlich, dass Zeck es gewohnt ist, dominant aufzutreten und die Gesprächsinitiative zu ergreifen. Mit der Feststellung „Ich höre zuwenig. Wie weit bist du mit deiner Bestimmten?" (Z. 3 f.) möchte er über Fabians Intimitäten Auskunft erhalten und stichelt gegen ihn, weil dieser nichts über sein Liebesleben preisgeben will. Mit der Versicherung, dass sich eine Beziehung zu einer Frau anbahne und diese seine Flamme sei (vgl. Z. 12), versucht Fabian, das Gesprächsthema zu wechseln, doch weiteren spöttischen Bemerkungen seitens Zecks kann er nicht entgehen. Erst als Bibrich aufgrund des schlechten Zustands des Stegs fällt, erhält das Gespräch eine neue Richtung. Die drei Männer beklagen sich über die marode Ausstattung des Schwimmbades und erheben Anklage gegen den Verein und die Stadt, wobei auch deutliche Kraftausdrücke fallen: „Der Verein bringt keinen Steg auf die Welt. [...] Für uns hat er nichts. Das sind doch Hirschen" (Z. 29 f.). Dieser Unmut steigert sich, indem sich die Protagonisten gegenseitig mit ihren Einwürfen anstacheln und bekräftigen. Dabei sind die Redeanteile sehr ausgeglichen (vgl. Z. 30–72). Mit der Behauptung „Nur die Fußballer ziehen das Geld an" (Z. 51), die mit der desillusionierenden Feststellung Fabians „Uns geben die Fußballer nichts" (Z. 52) aufgegriffen wird, tritt das Gefühl der Protagonisten, ungerecht behandelt zu werden, deutlich in den Vordergrund. Wiederum im raschen Wechsel der Redebeiträge rekapitulieren sie nochmals die schlechten Möglichkeiten des Turnvereins sowie die damit verbundenen düsteren Zukunftsaussichten (vgl. Z. 55–59).
Nachdem ein Streik als Druckmittel auf die Stadt schnell als aussichtslos fallengelassen wird, kommt – initiiert durch Bibrich – die Rede auf eine Reparatur des Stegs. Das fehlende Holz, so deutet es Zeck an, könne man von den mit einem Brückenbau betrauten Pionieren stehlen. Dieser Vorschlag wird sogleich als Mutprobe verstanden (vgl. Z. 81–86). Gemeinsam und wiederum in abwechselnden Gesprächsbeiträgen gehen sie ihr Vorhaben durch und stellen es angesichts ihrer misslichen Lage als gerechte Reaktion dar (vgl. Z. 90–99).

Seite 48

9 a Auch die sprachliche Gestaltung der einzelnen Redebeiträge lässt Rückschlüsse auf die Stimmung und die Handlungsabsichten der Protagonisten zu.
So zeigt der an der **Mündlichkeit** orientierte, teilweise dialektale Sprachgebrauch in Formulierungen wie „Der Verein bringt keinen Steg auf die Welt" (Z. 29) oder: „Das ist nicht mehr wie gerecht" (Z. 95), dass hier ein **vertrauensvolles** Gespräch in einer Männerrunde vorliegt. Im ersten Teil der Unterredung, als Fabians Liebesleben thematisiert wird, nutzt Zeck unter anderem die **Exklamation** „Unser Wüstling! Hehe!" (Z. 16), um sich über Fabian und seine Unerfahrenheit lustig zu machen. Dessen bereits zuvor in Form einer **Ellipse** geäußerte Beschwichtigung „Nicht hetzen, Häuptling" (Z. 8),, die auch eine **Alliteration** enthält, soll Zecks Vorstoß **ins Leere laufen lassen,** doch im wenig später genutzten Aussagesatz „Ich kann verlangen, daß man mich ernst nimmt" (Z. 17 f.) wird deutlich, dass Fabian sich gegen solche intimen Fragen wehrt und sich nicht **gleichwertig** behandelt fühlt.

b Im zweiten Teil des Gesprächs wird durch die sprachliche Gestaltung besonders die Emotionalität der Protagonisten deutlich. Der häufige Wechsel der Redebeiträge gerade am Schluss des Bildes (vgl. Z. 69–82) und die gelegentlichen Ergänzungen (vgl. Z. 80–84) lassen darauf schließen, dass sie sehr aufgebracht sind. Sie schaukeln sich gegenseitig hoch und stacheln sich gegenseitig dazu an, das Holz bei den Pionieren zu stehlen, um selbst für Gerechtigkeit zu sorgen, indem sie ihren Steg mit dem Holz der Stadt selbst reparieren (vgl. Z. 90–99).

10 Mit **Schimpfwörtern und Kraftausdrücken** wie „Sausteg" (Z. 28) oder „Hirschen" (Z. 30) machen Zeck, Fabian und Bibrich ihrem Unmut über den Zustand des Bades und die dafür Verantwortlichen Luft. Zudem wird dadurch deutlich, dass die Behandlung der Schwimmenden von ihnen als ungerecht und unhaltbar empfunden wird: „Und nur, weil man den Schwimmer bescheißt" (Z. 71 f.).
Bei der Analyse ihrer als hoffnungslos empfundenen Situation verfallen die drei Männer in einen **Klageton** und werden durch kurze Einwürfe in Form von **Parataxen oder Ellipsen** den anderen zum Stichwortgeber. Auch die Verwendung von **rhetorischen Fragen** erfüllt diese Funktion: „Seit wann tut das der Stadt weh?" (Z. 62). Als die Idee des Holzdiebstahls aufkommt, wird diese Art der gegenseitigen Bestärkung noch deutlicher, indem bestimmte Wörter des Vorredners in Form von **Wiederholungen** aufgegriffen werden und dadurch eine Rechtfertigung des illegalen Plans entsteht. Die Redebeiträge „Der Pionier ist im Land! / Der Pionier baut eine Brücke. Die Brücke gibt er der Stadt. Von der Stadt bekommt er das Holz / Die Stadt gibt dem Schwimmer das Holz nicht. / Der Schwimmer nimmt sich das Holz. / Das ist nicht mehr wie gerecht" können hier als

Beispiel dienen. Schließlich machen die vorzufindenden **Exklamationen** wie „Man muß sich schon traun!" (Z. 84) deutlich, dass der Diebstahl innerhalb der Männerrunde auch als Beweis für Tatkraft und Mut angesehen wird.

11 Die Szene verdeutlicht, dass die Männer des Turnvereins sich nicht in ausreichendem Maß wertgeschätzt fühlen und bereit sind, den empfundenen Missständen durch Eigeninitiative zu begegnen, wobei sie auch vor einer Straftat nicht zurückschrecken. Dieser Diebstahl ist für den weiteren Handlungsverlauf von Bedeutung, weil die Pioniere nach erfolgter Tat herausfinden wollen, wer diese begangen hat. Der Gegensatz zur heimischen Männerwelt wird dadurch ausgeweitet, was die Konkurrenz verschärft.

12 Mögliche Textanalyse:
Das 3. Bild „Schwimmbad Männerturnverein" aus Marieluise Fleißers modernem Drama „Pioniere in Ingolstadt" zeigt ein emotionales Gespräch von Mitgliedern des Männerturnvereins. Es mündet letztlich in dem Entschluss, den in der Stadt anwesenden Pionieren das Holz für den Brückenbau zu stehlen, um den Schwimmsteg zu reparieren (vgl. Z. 90–99). Die Männerfiguren wollen damit einerseits ihren Mut beweisen (vgl. Z. 84) und andererseits für Gerechtigkeit sorgen (vgl. Z. 95), denn sie fühlen sich auch im Hinblick auf die Frauenwelt von den Pionieren herausgefordert.
Das Bild lässt sich in den ersten Teil des Dramas einordnen, wo anhand der einzelnen Szenenbilder die Handlung entwickelt wird. Am Beginn der Szene unterhalten sich zunächst Zeck und Fabian über dessen Liebesleben. Hier zeigt sich relativ schnell, dass jener nicht viel darüber preisgeben möchte und vor allem nicht mit seiner Unerfahrenheit und vermeintlichen Schüchternheit aufgezogen werden will (Z. 1–20). Als Bibrich während dieser Unterredung über den maroden Steg balancierend in ein Loch tritt und stürzt, entspinnt sich eine Diskussion um den maroden Zustand des Schwimmbads. Im Vergleich zu anderen Vereinen, so beklagen sie, würde sich die Stadt nicht in angemessener Weise um die Schwimmenden kümmern. Die Reparatur des Holzstegs sei seitens der Stadt wiederholt abgelehnt worden, wird moniert. Diese Behandlung empfinden die Männer als ungerecht, zumal ohne Reparaturen auch die finanzielle Zukunft des Vereins auf dem Spiel steht, weil keine Schauspringen mehr veranstaltet werden können (Z. 21–54).
Beim Ausmalen möglicher Folgen dieses Missstands und der Abwägung der Möglichkeiten wird erwogen, den Steg vielleicht in Eigeninitiative reparieren zu können, wozu Bibrich als gelernter Schreiner seine Hilfe anbietet. Auf die Frage, woher das Material dafür kommen könnte, bringt Zeck einen Holzdiebstahl ins Spiel. Die Gruppe soll den Pionieren das Holz für die Errichtung einer Brücke stehlen und damit den Steg instand setzen, was von den Beteiligten im Laufe des Gesprächs als gerecht empfunden wird. (Z. 81–99).
Dies wird vor allem an der Sprache und des Sprechverhaltens der einzelnen Figuren deutlich. Gleich am Beginn des Gespräches wird klar, dass Zeck es gewohnt ist, dominant aufzutreten und die Gesprächsinitiative zu ergreifen. Mit der Feststellung „Ich höre zu wenig. Wie weit bist du mit deiner Bestimmten?" (Z. 3 f.) möchte er über Fabians Intimitäten Auskunft erhalten und stichelt gegen ihn, weil dieser nichts über sein Liebesleben preisgeben will. Mit der Versicherung, dass sich eine Beziehung zu einer Frau anbahne und diese seine Flamme sei (vgl. Z. 12), versucht Fabian, das Gesprächsthema zu wechseln, doch weiteren spöttischen Bemerkungen seitens Zecks kann er nicht entgehen. Erst als Bibrich aufgrund des schlechten Zustands des Stegs fällt, erhält das Gespräch eine neue Richtung. Die drei Männer beklagen sich über die marode Ausstattung des Schwimmbades und erheben Anklage gegen den Verein und die Stadt, wobei auch deutliche Kraftausdrücke fallen: „Der Verein bringt keinen Steg auf die Welt. [...] Für uns hat er nichts. Das sind doch Hirschen" (Z. 29 f.). Dieser Unmut steigert sich, indem sich die Protagonisten gegenseitig mit ihren Einwürfen anstacheln und bekräftigen. Dabei sind die Redeanteile sehr ausgeglichen (vgl. Z. 30–72). Mit der Behauptung „Nur die Fußballer ziehen das Geld an" (Z. 51), die mit der desillusionierenden Feststellung Fabians „Uns geben die Fußballer nichts" (Z. 52) aufgegriffen wird, tritt das Gefühl der Protagonisten, ungerecht behandelt zu werden, deutlich in den Vordergrund. Wiederum im raschen Wechsel der Redebeiträge rekapitulieren sie nochmals die schlechten Möglichkeiten des Turnvereins sowie die damit verbundenen düsteren Zukunftsaussichten. (vgl. Z. 55–59).
Nachdem ein Streik als Druckmittel auf die Stadt schnell als aussichtslos fallengelassen wird, kommt – initiiert durch Bibrich – die Rede auf eine Reparatur des Stegs. Das fehlende Holz, so deutet es Zeck an, könne man von den mit einem Brückenbau betrauten Pionieren stehlen. Dieser Vorschlag wird sogleich als Mutprobe verstanden (vgl. Z. 81–86). Gemeinsam und wiederum in abwechselnden Gesprächsbeiträgen gehen sie ihr Vorhaben durch und stellen es angesichts ihrer misslichen Lage als gerechte Reaktion dar (vgl. Z. 90–99). Dabei lässt die sprachliche Gestaltung der einzelnen Redebeiträge Rückschlüsse auf die Stimmung und die Handlungsabsichten der Protagonisten zu. So zeigt der an der Mündlichkeit orientierte, teilweise dialektale Sprachgebrauch in Formulierungen wie „Der Verein bringt keinen Steg auf die Welt" (Z. 29) oder „Das ist nicht mehr wie gerecht" (Z. 95), dass hier ein vertrauensvolles Gespräch in einer Männerrunde vorliegt. Im ersten Teil der Unterredung, als Fabians Liebesleben thematisiert wird, nutzt Zeck unter anderem die Exklamation „Unser Wüstling! Hehe!" (Z. 16), um sich über Fabian und seine Unerfahrenheit lustig zu machen. Dessen bereits zuvor in Form einer Ellipse geäußerte Beschwichtigung „Nicht hetzen, Häuptling" (Z. 8), die auch eine Alliteration enthält, soll Zecks Vorstoß ins Leere laufen lassen, doch im wenig später genutzten Aussagesatz „Ich kann verlangen, daß man mich ernst nimmt" (Z. 17 f.) wird deutlich, dass Fabian sich gegen solche intimen Fragen wehrt und sich nicht gleichwertig behandelt fühlt.
Mit Schimpfwörtern und Kraftausdrücken wie „Sausteg" (Z. 28) oder „Hirschen" (Z. 30) machen Zeck, Fabian und Bibrich ihrem Unmut über den Zustand des Bades und die dafür Verantwortlichen weiter Luft. Zudem wird dadurch deutlich, dass die Behandlung der Schwimmer von ihnen als ungerecht und unhaltbar empfunden wird: „Und nur, weil man den Schwimmer bescheißt" (Z. 71 f.)
Insgesamt verfallen die drei Männer bei der Analyse ihrer als hoffnungslos empfundenen Situation in einen Klageton und werden durch kurze Einwürfe in Form von Parataxen oder Ellipsen den anderen zum Stichwortgeber. Auch die Verwendung von rhetorischen Fragen erfüllen diese Funktion: „Seit wann tut das der Stadt weh?" (Z. 62). Als die Idee des Holzdiebstahls aufkommt, wird diese Art der gegenseitigen Bestärkung noch deutlicher, indem bestimmte Wörter des Vorredners in Form von Wiederholungen aufgegriffen werden und dadurch eine Rechtfertigung des illegalen Plans entsteht. Die Redebeiträge „Der Pionier ist im Land! / Der Pionier baut eine Brücke. Die Brücke gibt er der Stadt. Von der Stadt bekommt er das Holz / Die Stadt gibt dem Schwimmer das Holz nicht. / Der Schwimmer nimmt sich das Holz. / Das ist nicht mehr wie gerecht"

(Z. 89–95) können hier als Beispiel dienen. Schließlich machen die vorzufindenden Exklamationen wie „Man muß sich schon traun!" (Z. 84) deutlich, dass der Diebstahl innerhalb der Männerrunde auch als Beweis für Tatkraft und Mut angesehen wird. Die Szene verdeutlicht, dass die Männer des Turnvereins sich nicht in ausreichendem Maß wertgeschätzt fühlen und bereit sind, den empfundenen Missständen durch Eigeninitiative zu begegnen, wobei sie auch vor einer Straftat nicht zurückschrecken. Dieser Diebstahl ist für den weiteren Handlungsverlauf von Bedeutung, weil die Pioniere nach erfolgter Tat herausfinden wollen, wer diese begangen hat. Der Gegensatz zur heimischen Männerwelt wird dadurch ausgeweitet, was die Konkurrenz verschärft.

Was kannst du schon? – Grammatik

Seite 49

1 **a + b** den sozialen Medien (Dativ) – einigen Regeln (Dativ) – der wachsenden Zahl an Problemen (Genitiv) – der Internetseite der Initiative „klicksafe" (Dativ) – der finanziellen Unterstützung der EU (Genitiv)

2 (korrekte Formen:) werden – sollte – gehören – betrachtet

3 (korrekte Formen:) solle – würden – könnten – lasse

4 **a + b A** Ein Internetnutzer gibt an, er sei bei Informationen aus dem Netz immer kritisch. (Präsens / Präsens) – **B** Der Experte betonte, es sei wichtig, sich über die Qualität der Internetquellen zu informieren. (Präteritum / Präsens) – **C** Er gibt zu bedenken, die Geschwindigkeit der Entwicklung werde viele überraschen. (Präsens / Futur I)

Seite 50

5 Inhalt des vierten Gebots der Digitalen Ethik ist es, Mobbing im Netz nicht zuzulassen. Zwar sollte sich jeder, der ein Video in den sozialen Medien veröffentlicht, selbst dessen bewusst sein, dass andere dieses missbrauchen können. Es gehört aber zur Verantwortung aller, sich über Bilder oder Videos anderer nicht lustig zu machen oder diese abwertend zu kommentieren. Außerdem kann man hier auch Charakter zeigen: Wirkliche Freunde zeigen sich gerade beim Mobbing darin, den Opfern zur Seite zu stehen und nicht einfach tatenlos zuzusehen.

6 Urheber von Beleidigungen und Gewaltandrohungen in den Chat-Foren mögen glauben, sie seien anonym. Sie sollten jedoch bedenken, dass solche Äußerungen auch im Netz strafbar sind und sie mit empfindlichen Strafen rechnen müssen. Anders als häufig vermutet, kann die Identität von Userinnen und Usern nämlich verhältnismäßig leicht festgestellt werden.

7 **a–c** Im Internet sollte man nicht jedem vertrauen, **weil** sich dort Identitäten leicht vortäuschen lassen. **Indem** sie mit Hilfe von Fake-Profilen gleiche Interessen und Hobbys vortäuschen, erschleichen sich Kriminelle immer wieder das Vertrauen von Kindern und Jugendlichen. **Sobald** der vermeintliche Freund um intime Fotos bittet, wird es gefährlich, **denn** solche Bilder sind die Grundlage für spätere Erpressungsversuche. **Obwohl** sie seit Jahren vor diesen Praktiken warnt, muss die Polizei immer wieder solchen Fällen nachgehen.

Rund ums Nomen

Seite 51

1 **a + b A** in ihrem E-Mail-Account (Dativ) – **B** folgendem (Dativ) – **C** einen Beweis (Akkusativ) – **D** eine Zahlung (Akkusativ) – **E** eines Anrufs (Genitiv)

2 **B** ins Netz / Wohin wird etwas gestellt? → Kasus: Akkusativ – **C** Mit ausgesuchten, oft bearbeiteten Bildern / Mit wem wird versucht, möglichst viele Likes zu erhalten? → Kasus: Dativ – **D** Anstelle der Realität / Anstelle wessen zeigen diese Bilder vor allem Illusionen? → Kasus: Genitiv

Seite 52

3 **a + b** Viele Schülerinnen und Schüler **machen** irgendwann im Laufe der Schulzeit sowohl positive wie auch negative Erfahrungen in den sozialen Medien. Die Möglichkeit, Informationen schnell an viele Menschen zu senden, **stellt** dabei die Stärke und zugleich Gefahr dieser Medien dar. Der Austausch von kurzen Videos und die Unterhaltungen mit Freunden **sind** ein lustiger Zeitvertreib. Manche Schülerin und mancher Schüler **nutzt** die digitalen Medien aber auch, um mit Lehrkräften in Kontakt zu treten. Nicht nur die Schülerinnen und Schüler, sondern auch die Lehrerschaft **schätzt** diese Möglichkeit immer mehr.

4 **A** sollte – **B** bewerten können – **C** empfindet – **D** müssen – **E** resultieren

Redewiedergaben richtig formulieren

Seite 53

1 indirekte Rede, Paraphrase, Zitat: „Ich zocke lieber, statt langweilige Vokabeln zu lernen", gibt Alexa bereitwillig Auskunft. Ihr jüngerer Bruder Nathan gesteht, dass er sich sofort von seiner Matheaufgabe ablenken lässt, wenn sich sein Smartphone meldet. Das Handy wirke wie in die Handfläche eingewachsen, beschreibt die Mutter das Mediennutzungsverhalten ihrer Sprösslinge. Alle Aussagen zitiert der Film „Jugend 3.0 – mit Sicherheit im Netz", den jetzt eine große Krankenkasse vorgestellt hat. Ins Drehbuch eingeflossen ist eine Studie eines namhaften Meinungsforschungsinstituts, für die 1 000 Eltern Auskunft über den Medienkonsum ihrer Kinder im Alter von 12 bis 17 Jahren gaben. Immerhin 50 Prozent der Erziehungsberechtigten glauben, ihre Kinder sind zu oft und zu lange online. 80 Prozent aller Jugendlichen besitzen ein Smartphone, mit dem sie „rund um die Uhr erreichbar sind", wie der Film hervorhebt. Bei 17 Prozent der Jugendlichen vermuten die Eltern Anzeichen für eine Onlinesucht. Die Krankenkassen nehmen das Thema sehr ernst. Während die jungen Menschen sich mit digitalen Medien beschäftigen, bewegen sie sich zu wenig. Darunter leide ihre Gesundheit, bestätigen die Krankenkassen. Unter den Jugendlichen, die besonders häufig online sind, klagen immerhin 20 Prozent: „Ich habe Rückenbeschwerden!" Der Film zeigt auch, dass das Thema Mediennutzung in vielen Familien zu Konflikten führt. „Es gibt einen ständigen Kleinkrieg! Bei den Eltern herrscht ein Gefühl der Hilflosigkeit", hebt der Regisseur hervor. Mit dem Film, der unter anderem bei Youtube zu sehen ist, sollen sich Eltern, Lehrer und Jugendliche eine Meinung zu dem Thema bilden.

2 ●●● Mögliche Erläuterung: Der Artikel besteht zum größten Teil aus der Wiedergabe von Äußerungen, die in der Studie, im Film oder in Kommentaren von Beteiligten getroffen wurden. Damit dies nicht eintönig und langweilig wirkt, wechselt der Text angemessen zwischen den Möglichkeiten, solche Äußerungen wiederzugeben. Auch ist erkennbar, von wem welche Äußerung stammt. Nur an wenigen Stellen werden Fakten (im Indikativ) dargestellt. Da auch diese Fakten vermutlich Ableitungen aus der Studie sind, wäre hier auch indirekte Rede mit Konjunktiv möglich gewesen.

Seite 54

1 **A** Nico behauptet, ohne Messenger-Apps auf seinem Handy wisse er nicht, wo seine Freunde gerade seien. – **B** Kinderärzte heben hervor, man könne nur wenige Jugendliche nicht zu jeder Tageszeit per Handy erreichen. – **C** Der Filmemacher sagt überrascht, ein Großteil der Jugendlichen schalte das Handy offenbar niemals ab. – **D** Wie sich das Medienverhalten auf die Gesundheit auswirke, werde man bald feststellen, warnt der Kassenchef.

2 **a + b A** Erziehungswissenschaftler fordern, dass man Regeln für die Mediennutzung vereinbaren muss (Indikativ)/müsse (Konjunktiv I). – **B** Therapeuten warnen, dass man die Suchtgefährdung durch medialen Dauerkonsum sehr ernst nehmen muss (Indikativ)/müsse (Konjunktiv I).

3 Mögliche Umformung: Die Krankenkassen informieren, Aufklärung helfe, die Nachteile intensiver Mediennutzung zu erkennen. Sie betonen, dass ein angemessener Ausgleich die Gesundheit erhält/erhalte. Abschließend heben sie hervor, dass Sport, viel Bewegung [...] empfehlenswert sind/seien.

Seite 55

4 **A** Der Journalist Philipp Sickmann berichtet [...], junge Menschen würden durch die Fußgängerzone laufen und dabei nicht den Blick von ihrem Smartphone lassen. Schülergruppen säßen zusammen und würden gleichzeitig Textnachrichten mit anderen austauschen, die weit weg seien. Schon Kinder würden auf Displays starren. – **B** Er erklärt, das seien heute vertraute Bilder. Smartphone, Tablet & Co. würden Kindheit und Pubertät begleiten. Heutige Kinder und Jugendliche wüchsen/würden als *Digital Natives* [...] in sozialen Netzwerken auf/aufwachsen. – **C** Der Journalist merkt an, Gehirnforscher würden vor digitaler Demenz warnen, aber er fragt, ob die positiven Effekte nicht überwögen/ überwiegen würden.

5 **A** (Satz ist korrekt) – **B** Sie meinen, sie hätten dadurch auch ein besseres Verhältnis zu Familie und Freunden. – **C** (Satz ist korrekt) – **D** Jugendliche erklären, wenn eine Plattform sie verärgere, würden sie in eine andere Community wechseln. – **E** Ein Medienpädagoge meint, die Probleme in der Pubertät seien die gleichen, egal ob on- oder offline.

Seite 56

6 **A** Bei der gestrigen Pressekonferenz erklärte Frau Prof. Clever, ihr Institut habe in einer Langzeitstudie die Medienkompetenz von Jugendlichen untersucht. – **B** Frau Prof. Clever erklärt bei der gerade laufenden Pressekonferenz, ihr Institut habe in einer Langzeitstudie die Medienkompetenz von Jugendlichen untersucht. – **C** Bei der bald stattfindenden Pressekonferenz wird Frau Prof. Clever erklären, ihr Institut habe in einer Langzeitstudie die Medienkompetenz von Jugendlichen untersucht.

7 **a** **A** „Experimente [...] belegten **(Präteritum),** wie [...] auswirkt **(Präsens).** – **B** Zugespitzt kann **(Präsens)** [...] konsumiert **(Präsens),** wird sich [...] weniger sozial verhalten **(Futur).** – **C** Es zeigte **(Präteritum)** sich [...], dass sich [...] positiv beeinflussen lassen **(Präsens).** – **D** Nachdem [...] absolviert hatte **(Plusquamperfekt),** veränderte sich **(Präteritum)** [...]. – **E** Ob sich diese Effekte [...] bestätigen **(Präsens),** wird in weiteren Studien untersucht werden **(Futur).**"

b Mögliche Wiedergabe in indirekter Rede: **A** Frau Prof. Clever verkündete, Experimente und Interviews ihrer Studie hätten belegt, wie vielfältig sich Gewalt in Medien auswirke. – **B** Zugespitzt könne man sagen: Wer intensiv Gewaltmedien konsumiere, werde sich wahrscheinlich insgesamt weniger sozial verhalten. – **C** Es habe sich aber auch gezeigt, dass sich solche Effekte positiv beeinflussen lassen würden. – **D** Nachdem eine Gruppe Jugendlicher ein fünfwöchiges Medienkompetenztraining absolviert habe, habe sich deren Verhalten signifikant verändert. – **E** Ob sich diese Effekte auch langfristig und wiederholt bestätigen würden, werde in weiteren Studien untersucht werden.

Seite 57

1 a Richtig sind die Sätze **A** und **D**, falsch sind die Sätze **B**, **C** und **E**.
b **B** Er erklärt, was früher [...] gewesen sei, sei heute [...]. – **C** Ohne Mobiltelefone gehe (oder ginge, wenn man diese Aussage als irreale Bedingung einstuft) es [...] nicht, weil [...] Telefonzellen gebe. – **E** In ihrer Schule werde deshalb [...] verboten bleiben. (a = 5 P., b = 3 P.) 8 Punkte

2 a Paraphrase **B** ist formal korrekt und inhaltlich zutreffend. 1 Punkt
b Mögliche Begründung: In Satz **A** gibt das Zitat die entsprechende Stelle in der Aussage nicht wörtlich wieder. Auch in Satz **C** ist das Zitat nicht wörtlich (das erste Wort ist anders), zudem die Aussage verzerrt. 2 Punkte
c Mögliche Wiedergabe in der indirekten Rede: Vera Thies, Lehrerin, sagt, sie hätten festgestellt, dass Pausen nicht mehr zur Erholung genutzt, sondern Spiele gezockt würden, insbesondere von den jüngeren Schülern. Pausenaktivitäten wie Gespräche, Essen und Toilettengänge würden die Schüler dann im Unterricht nachholen. 3 Punkte

Insgesamt zu erreichende Punktzahl: 14 Punkte

Den Schreibstil verbessern

Seite 58

1 a (Hauptsatz, **Einschub**, *Nebensatz*): **A** Der nach Verkaufszahlen, **allein in Deutschland über 100 Millionen Alben,** beliebteste Comic ist die französische Serie „Asterix“, **von Autor René Goscinny und Zeichner Albert Uderzo geschaffen,** *dessen Titelheld, der mit seinem Freund Obelix viele Abenteuer erlebt, gleich in mehrfacher Hinsicht nicht dem Idealbild eines Helden entspricht.* – **B** In Bezug auf Obelix muss, neben seinem äußerst korpulenten Erscheinungsbild, vor allem seine körperliche Stärke, **wenngleich ganz unverdient erlangt,** erwähnt werden, *wobei auch seine Begriffsstutzigkeit legendär ist.*
b Mögliche Umformulierung: **A** Der nach Verkaufszahlen beliebteste Comic ist die französische Serie „Asterix“, von der allein in Deutschland über 100 Millionen Alben verkauft wurden. Geschaffen wurde sie von Autor René Goscinny und Zeichner Albert Uderzo. Der Titelheld Asterix entspricht gleich in mehrfacher Hinsicht nicht dem Idealbild eines Helden und erlebt mit seinem Freund Obelix viele Abenteuer. – **B** In Bezug auf Obelix muss vor allem seine körperliche Stärke erwähnt werden, wenngleich er diese ganz unverdient erlangt hat. Zudem verfügt er über ein äußerst korpulentes Erscheinungsbild und auch seine Begriffsstutzigkeit ist legendär.

2 Mögliche Lösung: „Lucky Luke“ ist mit mehr als 30 Millionen verkauften Alben die zweitbeliebteste Comicserie in Deutschland. Den ersten Band veröffentliche Zeichner Morris im Jahr 1946. Lucky Luke ist ein einsamer Cowboy, der stets mit seinem Pferd Jolly Jumper unterwegs ist. Sein Markenzeichen ist neben der Verbrecherjagd die Fähigkeit, den Colt schneller zu ziehen als sein Schatten.

Seite 59

3 a *(Möglicher Austausch durch Synonym, s. Aufg. 3 b; Tipp: einmal kann das Wort stehen bleiben):* Für die deutschsprachige Comicszene gibt es *(existieren, bestehen)* einige wichtige Festivals. Der positive Trend der Branche spiegelt sich in [...]. Den Comicsalon Erlangen gibt es seit dem Jahr 1984. [...] Inzwischen gibt es *(kommen, präsentieren)* dort [...]. Für den positiven *(einladenden, interessanten)* Eindruck des Festivals [...]. Ein besonders positives *(erfreuliches, vielversprechendes)* Erlebnis für Zeichnende [...]. Alle zwei Jahre im Juni gibt es *(wird ...)* diese wichtigste Auszeichnung [...] *(... verliehen).*
b + c Mögliche Synonyme: **A** gibt es: existieren, bestehen, vorkommen, auftreten; (in Bezug auf den Preis) verleihen; (in Bezug auf die Künstler/-innen) kommen, präsentieren – **B** positiv: erfreulich, einladend, günstig, gut, vielversprechend

4 a Zu unterstreichen: „Des Weiteren kann man sagen, dass ...“
b Mögliche Überarbeitung: Geschick beim Nähen, Schminken und Frisieren ist gefragt, **weil** Cosplayer eine Verkleidung benötigen, die möglichst exakt mit dem Original der Vorlage übereinstimmt. Das Cosplay ist besonders gelungen, **wenn** die Cosplayerin sich nicht nur äußerlich, sondern auch in ihrem Verhalten ganz der präsentierten Figur anpasst. (Oder: Eine Cosplayerin imitiert ihre Lieblingsfigur, **indem** sie sich nicht nur äußerlich, sondern auch in ihrem Verhalten ganz der präsentierten Figur anpasst.)

Nebensätze richtig formulieren

Seite 60

1 Mögliche Satzgefüge: **A Während** es in den USA, in Belgien oder in Frankreich ein Aufblühen der Comickultur nach dem Zweiten Weltkrieg gab, wurden in Deutschland kaum Comics in der Nachkriegszeit veröffentlicht. – **B Weil** Comics zum großen

Teil aus Bildern bestehen, wurden sie in Deutschland als niveauloser Kinderkram belächelt. – **C** Kinder sollten möglichst wenig Comics lesen, **damit** sie lernen, zusammenhängende Texte zu verstehen.

2 [...], ~~wenn~~ nachdem – ~~Falls~~ Weil/Als [...] – Erst ~~damit~~ als [...]

Seite 61

3 a + b Zu verbessern sind die Sätze **A** und **B**; **C** ist richtig: **A** Die Wiedervereinigung Deutschlands [...], **weil** in der DDR eine viel größere Comicszene als in der BRD vorhanden **war.** **B** Im Osten [...], **weil** das DDR-Regine alles Westliche als feindlich ein**stufte** und es von den Bürgerinnen und Bürgern fernhalten **wollte**.

4 **A** denn – **B** Weil – **C** denn – **D** Weil

Seite 62

5 **a + b** Hauptsatz, Nebensätze mit unterschiedlichen Unterstreichungen:

A Beim Comic muss die/der Zeichnende sich entscheiden, welchen Moment einer Handlung sie/er darstellt, weil, wenn man zeichnet, man nur einzelne stehende Bilder aus einer bewegten Handlung auswählt.

B Man zeichnet nur genauso viele Bilder, dass, wenn man sie hintereinander ansieht, im Kopf der/des Lesenden selbst die Handlung als „Film" entsteht.

C Allerdings ist eine gute Geschichte für einen Comic genauso wichtig wie die pfiffige Zeichnung, weil, falls die Handlung nicht mitreißend ist, es die Lesenden nicht von einem Bild zum nächsten zieht.

6 Richtig formuliert ist Satz **A**.

Seite 63

1 **A** Carl Komisch berichtet erfreut, dass er sein Hobby zum Beruf gemacht hat/habe und in einem Comicverlag arbeitet/arbeite. – **B** Er beschreibt, dass es seine Aufgabe ist/sei, Comics vor allem über [...] zu vermarkten. – **C** Er weist darauf hin, dass niveauvolle Comics eine noch geringere Auflage haben/hätten als [...]. – **D** Er betont, dass er diese Comics nicht erfolgreich vermarkten kann/könne, wenn er selbst nicht ehrlich begeistert von ihnen wäre.

2 Mögliche Umformulierung: **Dass** fast alle, die in der Comicbranche tätig sind, schon als Jugendliche begeisterte Comicfans waren, hebt Carl Komisch abschließend hervor. Gleichzeitig stellt er aber richtig, **dass** es nicht ausreiche, Comicfan zu sein, um in der Branche erfolgreich zu sein. Carl Komisch dämpft zu große Hoffnungen mit seiner Aussage, **dass** nur ein verschwindender Teil der Comicfans das Hobby zum Beruf machen könne.

Seite 64

1 **A** Seine Empfehlung lautet, Comics mit mehr Größenwahn und mehr Hollywood auszustatten. – **B** Er verrät, besonders auf das richtige Timing zu achten. – **C** Mawil nennt als bewährten Trick, Zeitraffer und Pausen [...] bewusst einzusetzen.

2 **a + b** Seine Eigenart, Geschichten über liebenswerte Verlierer zu erzählen, brachte Mawil die Bezeichnung „Woody Allen des deutschen Comics" ein. Dabei spielte vielleicht auch die Äußerlichkeit, wie Woody Allen eine Brille zu tragen, eine Rolle. Tatsächlich hat Mawil Spaß daran, eigene Schwächen aufzugreifen. Anstatt sein „Schtttotttern" zu verheimlichen, hat er über die Probleme als Kind und den Besuch einer Sprachheilschule einen Comic gezeichnet. Er scheute sich auch nicht, selbstironisch die Zeiten von Liebeskummer oder das Leben als Zeichner zu dokumentieren. Seine Kindheit in Ost-Berlin hatte für Mawil die Folge, den Mauerfall als 13-Jähriger mitzuerleben. Ohne exakt autobiografisch zu erzählen, basiert sein neues Buch „Kinderland" auf Mawils eigener DDR-Jugend.

3 Richtig sind die Regeln **A** und **C**.

Seite 65

1 Markus Witzel hat einen Comic über Mirco Watzke geschrieben, der wie der Autor leidenschaftlich Tischtennis spielt. Eine weitere Gemeinsamkeit, die Autor und Protagonist verbindet, ist der Ablauf des ersten Westbesuchs nach dem Mauerfall: Beide Jungen, welche 1989 als Siebtklässler in Ost-Berlin leben, kaufen sich im Westen als Erstes einen Tischtennisschläger. Über 30 Seiten dieses umfangreichen Comicbuches, an dem der Zeichner sechs Jahre lang gearbeitet hat, widmen sich einem einzigen Tischtennismatch. Dank seiner Tischtennisbegabung kann Mirco, der die „Angabe des Todes" beherrscht, sich als schüchterner Brillenträger Respekt verschaffen. Mircos Kinderland, dessen Alltag auch von Pionierversammlungen und linientreuen Russischlehrerinnen geprägt wird, gibt es nach dem Ende der DDR nicht mehr.

2 Der neue Mitschüler, mit **dem** Mirco schließlich als Doppelpartner spielt, ist [...]. Gegen den Widerstand der Lehrerin, für **die** der Tischtennissport nicht förderungswürdig ist, planen [...], bei **dem** Mirco und Torsten siegen wollen. Zu Mircos Schulkameradinnen zählt die ehrgeizige Schülerin Angela, hinter **der** die Lesenden [...] vermuten dürfen.

3 dessen – deren – deren – deren

Seite 66

1 Richtig sind die Aussagen **B** und **E**. Falsch sind **A**, **C** und **D**. 5 Punkte

2 Folge: **A** – Ziel/Absicht: **B** – Begründung: **C** – Bedingung: **D** 4 Punkte

3 [...] in St. Pauli auf, während überall in Deutschland [...]. Die Väter, falls sie wieder auftauchen, sind oft kriegsgeschädigt, was sie [...]. Die Last, zwischen zerbombten Gebäuden und zerstörten Familien aufzuwachsen, bedeutet für Kalle [...]: [...] entdecken, ohne von den üblichen bürgerlichen Moralvorstellungen umgeben zu sein, die erste Liebe und andere Abenteuer. 8 Punkte

Insgesamt zu erreichende Punktzahl: **17 Punkte**

Was kannst du schon? – Rechtschreibung

Seite 67

1 **A** viel Interessantes | **B** vom Hin und Her | **C** das Überraschende, das Vorkommen | **D** das Trainieren | **E** beim Vortragen, ausdrucksvolles Sprechen *14 Punkte*

2 r/Rechtschreiben | ein m/Muss für j/Jung und a/Alt | g/Geschriebenem | m/Mal | j/Jemandem | a/Angst und b/Bange werden | u/Unsicher | bis auf w/Weiteres | r/Reformierten | über k/Kurz oder l/Lang *14 Punkte*

3 **A** am kommenden Montag | **B** vor einiger Zeit | **C** Samstagnacht | **D** jeden Dienstag | **E** heute Morgen | **F** am gestrigen Abend | **G** immer freitags *7 Punkte*

Seite 68

4 in Deutschland, Österreich und der Schweiz | in allen anderen deutschsprachigen Teilen Europas | Rat für deutsche Rechtschreibung | Beschluss der Ständigen Konferenz der Kultusminister der Länder in der Bundesrepublik Deutschland | deutschen Schulen | Schweizer und liechtensteinischen Schulen *6 Punkte*

5 Zusammengeschrieben werden: schwerfällt, abhandenkommt, weiterführen *3 Punkte*

6 **A** zerlegen + verlängern (ste**h**en, silbenöffnendes h an der Silbengrenze) = Stehvermögen | **B** ableiten (gl**au**ben) = Gläubiger | **C** zerlegen + ableiten (En**d**e) = endgültig *8 Punkte*

Groß- und Kleinschreibung

Seite 69

1 Nominalisierungen, (eingefügte Nomensignale): mangelndes Benehmen; (leises) Husten, (lautes) Knistern, (heimliches) Flüstern; etwas Störendem; den Zuschauenden; durch Kombinieren; jeden Einzelnen; ein konzentriertes Wahrnehmen; (das) Telefonieren und lautes Sprechen; das Texten und (das) Fotografieren; ausdrückliches Ausweisen von Tweet Seats; ausgiebiges Twittern

2 *Nominalisierungen*, **Denominalisierungen**: So etwas habe ich **zeit** meines [...]: [...] ein Jugendlicher zum *Aufladen* seines Smartphones [...]. Erst war Totenstille, dann lachte *Groß und Klein* gleichermaßen laut los. [...] Das war wirklich das *Letzte!* Aber [...] nicht im *Geringsten* peinlich. Wer ist eigentlich **schuld** an solchem Fehlverhalten? Diejenigen Eltern, denen alles **recht** ist, solange [...]? Oder [...], die das *Besuchen* eines Theaters zu selten veranlassen? [...]. Ich bin es **leid!** [...] Da wird es jedem Theaterfan **angst und bange** ... *(Hinweis: Angst und Bange machen, aber: angst und bange werden/sein)*

Seite 70

3 **a + b** **A** mittags – Adverb, **M**ittwochmittag – Nomen, Zusammensetzung | **B** **n**achmittags – Adverb, **S**amstag – Nomen | **C** **A**bend – Nomen | **D** **D**onnerstagfrüh – Nomen, Zusammensetzung, **s**pätabends – Adverb | **E** **f**rüh, **ü**bermorgen – Adverbien | **F** **F**reitagabend – Nomen, Zusammensetzung | **G** **M**itternacht – Nomen

Seite 71

4 Martin Luther – 1, Katharina von Bora – 2, Wittenberger Schlosskirche – 3, römisch-katholischen Kirche – 4, die Evangelische Kirche Deutschland – 2, bundesweiten – 4, ökumenischen – 4

5 **A** 2016/2017: Luther-Ausstellungen in den Vereinigten Staaten von Amerika | **B** Im Wittenberger Lutherhaus befinden sich Schätze von welthistorischer Bedeutung, z. B. die 500 Jahre alte Mönchskutte Martin Luthers | **C** Zum Jubiläum: Sanierung und Neugestaltung des Lutherhauses | **D** Über 500 Exponate reisen in der Zeit in die USA | **E** Waffen aus der Berliner Zeughaus-Sammlung ergänzen Ausstellungsstücke | **F** Organisation: Landesmuseum für Vorgeschichte in Halle, die Stiftung Luthergedenkstätten in Sachsen-Anhalt, das Deutsche Historische Museum Berlin und die Stiftung Schloss Friedenstein Gotha

6 Die von geografischen Namen abgeleiteten Wörter auf *-er* schreibt man immer groß.
Anzahl: 2 (Wittenberger, Berliner)

Seite 72

1 Nominalisierungen nennt man Wörter anderer Wortarten, die im Satz als Nomen/Substantiv gebraucht werden. Man schreibt sie groß. **A** Artikel | **B** Pronomen | **C** Adjektiv | **D** Präposition — *6 Punkte*

2 **A** paar | **B** Paar | **C** pleite | **D** Pleite — *4 Punkte*

3 **A** Nomen, Beispiel: am Morgen | **B** Adverbien, Beispiele: morgens, werktags | **C** klein, groß, Beispiel: gestern Abend, übermorgen Vormittag — *9 Punkte*

4 die griechische Insel, die Nürnberger Innenstadt, die mexikanische Regierung, das Passauer Landgericht, die Deutsche Nationalbibliothek, Schweizer Raclette — *6 Punkte*

Insgesamt zu erreichende Punktzahl: — **25 Punkte**

Getrennt- und Zusammenschreibung

Seite 73

1 Vokabellernen, Gedichtaufsagen, Gehirn funktioniert, Lernerfolge steigern, Frage stellen, Textabschreiben, Lerninhalte aufschreibt, Texterfassen, Hand schreiben, Bewegung helfen, Fahrradfahren

2 **A** wunschgemäß, **B** verhandlungsbereit, **C** erwartungsvoll, **D** gesundheitsschädlich, **E** teamfähig

Seite 74

3 **a** Getrennt schreibt man immer: glücklich sein, scharf einstellen, grün anstreichen, optimal einstellen
b Mögliche Lösung:
Kannst du die Aufgabe alleine fertig machen. / Der Streit hat mich völlig fertiggemacht.
Kannst du mir einen Platz freihalten? / Sie konnte ihre einstündige Rede frei halten.

4 **a + b** Mögliche Verbindungen: vormachen – vorschreiben – vorsprechen – nachgeben – nachfragen – nachsprechen – überlegen – überhören – unterlaufen – unterschreiben – hintergehen – hinterlegen – mitdenken – mitmachen – beikommen – beilegen – durchdenken – durchlaufen – aufhören – aufnehmen – abführen – absehen
b Mögliche Sätze mit trennbaren Verben: Der Lehrer **macht** die neue Übung **vor**. – Manche Schüler **fragen nach**. – Das Gehirn **nimmt** viele Informationen **auf**. – Jakob **spricht** den Text **nach**.
c Mögliche Sätze mit nicht trennbaren Verben: Lea **überlegt,** was sie tun soll. Herr Tischer **überhört** die Bemerkung. David **unterläuft** die Vereinbarung. Frau Schuster **unterschreibt** das Zeugnis. Sonja **hintergeht** ihre Freundin. Edgar **hinterlegt** einen Zettel. Jens **durchdenkt** die Aufgabe. Mona **durchläuft** die Prüfung.

Seite 75

5 **a + b** Zusammen schreibt man: herausgefunden, wiederholen, vorausschickt, herumspringen. – Getrennt schreibt man (Erweiterungsprobe): zusammen (etwas) geschrieben, dabei (auf beiden Beinen) stehen.

6 **A** [...] Lerninhalte in Mind-Maps zusammenzustellen. – **B** [...] neue Lerninhalte in geeigneten Abständen zu wiederholen. – **C** [...] die Lernintervalle vor Klausuren vorauszuplanen. – **D** [...] Aufgaben zusammen (mit anderen) zu bearbeiten. – **E** [...] ist es wichtig, miteinander (über alles) zu sprechen.

Seite 76

7 Positronen-Emissions-Tomografie, gelb-orangefarbenen, visuell-orientierten, auditiv-orientierten, Lese-Rechtschreib-Schwäche

8 Berg-und-Tal-Fahrt / Social-brain-Forschung / Stand-by-Modus / Struktur-Lege-Technik

Seite 77

1 **A** falsch macht, sitzenbleiben – **B** Eiskunstlaufen – **C** leichtfallen – **D** Auswendiglernen, Mühe bereiten – **E** überdenken – **F** zusammentragen – **G** weiterbringen — 8 Punkte

2 a näherzubringen – gehirngerechten – voranbringen – schätzen lernen – wiederzugeben – recht behalten – schwerfallen — 7 Punkte

b PIM-Institut (Z. 2) – Multimedia-System (Z. 3) — 2 Punkte

Insgesamt zu erreichende Punktzahl: **17 Punkte**

Strategien zur Vermeidung von Rechtschreibfehlern

Seite 78

1 kämmen – Gebäude (bauen) – bereuen – gefährlich (Gefahr) – Leute – häufig – auswendig – einbläuen (blau)

2 a Stammprinzip: **B** → Lohn, lohnenswert – **C** → Nahrung, nahrhaft
b **D** Dreh | tür → dre-hen – **E** Droh | gebärde → dro-hen

3 Standard → standardisiert – Betrieb → Betriebe – empfindlich → empfinden – Korb | tasche → Körbe – un | end | lich → Ende – lenk | bar → lenken – un | erträg | lich → ertragen

Seite 79

4 **a + b** besten – ums Schreiben – viel Aufheben – drei Viertel – etwas Nachdenken – einen oder anderen – nichts Gutes – Mangelhaftes Rechtschreiben – kurz oder lang – kein Einsehen

5 **A** Ableitungsprobe: vielfältig (Vielfalt), prächtig (Pracht), selbstverständlich (Verstand), fiel (fallen) – **B** Verlängerungsprobe: verbindlich (Verbindung), Standardsprache (standardisieren), nötig (nötiger) – **C** Artikelprobe: (das) Sprechen und Schreiben, im Deutschen, Zum Schaffen, Das Veröffentlichen, im Interesse

Seite 80

1 Im ersten Nebensatz ist „das" ein Relativpronomen, das durch „welches" ersetzt werden kann. Im zweiten Nebensatz leitet die Konjunktion „dass" einen Satz ein, der auf „Wen oder was?" antwortet.

2 a **C** Ein Anschreiben, welches Rechtschreibfehler enthält, [...]
b **A** dass – **B** dass

3 **A** dass, **B** dass, **C** das, **D** dass, **E** dass, **F** das, **G** dass

Seite 81

1 **a + b** (korrekt geschriebene Fremdwörter): **A** Akustik: Lehre vom Schall, den Tönen – **B** Algorithmus: Rechenvorgang, der nach einem bestimmten Schema abläuft – **C** Alliierte: Verbündete in Kriegssituationen – **D** Chemikalie: industriell hergestellter chemischer Stoff – **E** Emission: Ausgabe von Wertpapieren, Ausströmen luftverunreinigender Stoffe – **F** Hypotenuse: längste Seite eines rechtwinkligen Dreiecks – **G** Pogrom: gewaltsame Ausschreitung, z. B. gegen Juden – **H** Reflexion: Zurückwerfen von Wellen bzw. Strahlung, prüfendes und vergleichendes Nachdenken – **I** Ressourcen: Bestand, der z. B. zur Ernährung von Menschen oder wirtschaftlicher Produktion genutzt wird – **J** Rhythmus: zeitliche Gliederung des melodischen Flusses oder Sprachablaufs – **K** symmetrisch: auf beiden Seiten einer (gedachten) Achse ein Spiegelbild ergebend

2 **A** Chemie, Biologie – **B** Musik – **C** Mathematik – **D** Geschichte – **E** Chemie – **F** Wirtschaft, Erdkunde, Chemie – **G** Mathematik, Physik – **H** Geschichte – **I** Physik, Philosophie (weitere Fächer möglich) – **J** Wirtschaft, Erdkunde – **K** Musik, Deutsch – **L** Physik, Mathematik, Deutsch

3 **A** Geografie, **B** Exposee, **C** –, **D** –, **E** essenziell, **F** Mikrofon

Seite 82

1 Das Kommunizieren, verbindlich, behände, Kenntnis, vielfältiger, endgültig, Allgemeinen, Positives, Unwägbarkeiten, schwarzmalen — 10 Punkte

2 **A** dass – **B** dass – **C** das – **D** dass – **E** dass — 5 Punkte

3 Verbesserung der 5 falsch geschriebenen Wörter: rhetorische Frage, Pointe, Gotik, Etymologie, Ellipse — 5 Punkte

Insgesamt zu erreichende Punktzahl: **20 Punkte**

Texte überarbeiten: Zeichensetzung

Seite 83

1 **a + b** Porträts [...] Funktionen, **[Hauptsatz, Nebensatz]** die wesentlich von ihren Gebrauchskontexten abhängen. Diese [...] bestimmt, **[Hauptsatz, Hauptsatz]** sie sind also mit der Erinnerung an einen individuellen Menschen gebunden, **[Hauptsatz, Nebensatz]** der durch seinen sozialen Rang, seine Persönlichkeit oder seine besonderen Taten bildniswürdig ist. In der Politik [...] staatliches Symbol gebraucht, **[Hauptsatz, Hauptsatz]** es ziert [...]. In der bürgerlichen Briefkultur [...] dienten Porträts, die einem Schreiben beigelegt wurden, **[in einen Hauptsatz eingefügter Nebensatz]** zur Festigung der Beziehungen.

2 **a + b** (, f) = falsch gesetztes Komma: Selfies sind [...] aufgenommene Selbstporträts, sie werden**(, f)** vor allem über soziale Netzwerke verbreitet. Mit der [...] begann ein wahrer Handyfoto-Boom, **(Komma vor „und" darf entfallen)** und das „Selfie" zog in den allgemeinen Sprachgebrauch ein. Das Oxford English Dictionary**(, f)** wählte den Begriff 2013 zum Wort des Jahres. Selfies werden bei jeder Gelegenheit geschossen, ob es vor Sehenswürdigkeiten**(, f)** oder beim Feiern mit Freunden ist, auch**(, f)** Prominente machen mit. Jedes fünfte Selfie entsteht Umfragen zufolge in einer Gruppe, bekannt sind [...] nach einem Sieg. Es scheint, als gebe es kaum noch jemanden, der**(, f)** kein Selbstbild [...] postet.

Seite 84

1 (, f) = falsch gesetztes Komma: „Und wo wart ihr heute Morgen, **um** zu frühstücken?", fragt Paul [...]. **Dazu** postet er ein Selbstporträt, **um** seinen Meerblick [...] zu demonstrieren. „Das Posten [...] dient leider nicht nur**(, f)** dazu, Urlaubsgrüße [...] zu verschicken", lautet [...]. „[...] denn manche**(, f)** geben sogar ihren Klarnamen preis, **statt** persönliche Daten zu verheimlichen. „Natürlich nutzen Einbrecher soziale Netzwerke, **um** Opfer auszuspähen", sagt ein ehemaliger Täter. Mittlerweile**(, f)** hält er Vorträge, um Verhaltensweisen [...] zu erläutern. **Anstatt(, f)** wie früher [...] zu schleichen und auf [...], kundschaften die Kriminellen [...] aus. **Ohne** über mögliche Folgen**(, f)** nachzudenken, weisen nicht wenige automatische Antworten [...] auf verlassene Wohnungen hin. **Um** solch unbedarfte Nutzer**(, f)** mit einem Augenzwinkern aufzuklären, hat die Polizei [...].

2 Es muss ein Komma stehen, da die Infinitivkonstruktion von einem hinweisenden Wort abhängt („es").

3 Infolge einer massiven Einbruchsserie begann die Polizei damit, intensiv zu warnen.
→ Die Polizei begann mit dem Warnen (z. B. für erhöhte Aufmerksamkeit).
Infolge einer massiven Einbruchsserie begann die Polizei, damit intensiv zu warnen.
→ Die Polizei begann mit der Einbruchsserie zu warnen.

Seite 85

1 **a + b** (einleitende Wörter) Immer mehr Jugendliche, vor allem Hasardeure, klettern ungesichert auf Wolkenkratzer oder surfen auf fahrenden Zügen, für ein vermeintlich cooles Selfie. Das russische Innenministerium trug eine schockierende Bilanz vor: Seit Jahresbeginn 2015, d. h. von Januar bis Juli, sind in dem Land zehn Menschen bei dem Versuch gestorben, ein „cooles" Selfie, also ein Foto von sich selbst, in einer gefährlichen Situation zu machen. Mindestens weitere 100 Abenteuersüchtige wurden verletzt, und zwar in erheblichem Umfang. Das Innenministerium will dem tödlichen Trend jetzt entgegenwirken, nämlich mit der Broschüre „Sichere Selfies". „Ein cooles Selfie kann dich dein Leben kosten", heißt es da. Piktogramme von Grafikern zeigen zahlreiche Situationen, teils absurd gefährlich, in denen man auf keinen Fall auch nur an ein Selfie denken sollte.

2 **A** nachgestellte Erläuterung – **B** nachgestellte Erläuterung, eingeleitet mit „und zwar" – **C** Apposition – **D** nachgestellte Erläuterung – **E** Apposition und vorangestellte Erläuterung

Seite 86

1 **A** [...] zu vervielfältigen, zu verbreiten und öffentlich wiederzugeben." [Verbesserung: ".] Klärend heißt es weiter, dass dies jedoch bei Bauwerken nur für „die äußere Ansicht" gilt. – **B** Laut Paragraf 59 des Urheberrechtsgesetzes (UrhG) ist es nicht untersagt, bleibende „Werke an öffentlichen Wegen, Straßen oder Plätzen, durch [Verbesserung: Plätzen durch ...] Lichtbild oder durch Film zu vervielfältigen, zu verbreiten und öffentlich wiederzugeben". Klärend heißt es weiter, dass dies jedoch bei Bauwerken „nur für die äußere Ansicht" gilt [Verbesserung: nur für „die äußere Ansicht" gilt].

2 Schlagzeilen wie **„**Verwertung bleibt legal**"** oder **„**EU-Parlament zu Panoramafreiheit**:** Klicken und Posten – kein Problem**"** oder **„**Selfies vor öffentlichen Gebäuden bleiben erlaubt**"** kursierten im Juli 2015. Entscheidungen trifft die EU-Kommission. **„**Und die**"**, verspricht EU-Kommissar Oettinger, **„**hat nicht vor, die Panoramafreiheit einzuschränken**:** Was man als Bürger auf öffentlichen Plätzen und Straßen in Europa sehen darf, sollte man auch mit der Kamera fotografieren dürfen." Aber: Panoramafreiheit gilt nicht überall. Mancherorts können historische Bauwerke abgelichtet werden, moderne Kunst nicht. **„**Sollte die Panoramafreiheit beschränkt werden, wäre Wikipedia massiv davon betroffen**"**, schreibt Jimmy Wales in der britischen Tageszeitung „The Guardian". Und weiter: **„**Hunderttausende Bilder auf Wikipedia wären Gegenstand dieser Urheberrechtsrestriktionen und der Gefahr ausgesetzt, entfernt zu werden.**"**

Seite 87

1 Das Gesicht, eines der wichtigsten biometrischen Merkmale des Menschen, steht im Fokus der Identifizierungsmöglichkeiten. Gesichtserkennung meint die Analyse der Ausprägung sichtbarer Merkmale im vorderen Bereich des Kopfes, also die geometrische Anordnung und Eigenschaften der Oberfläche. Fachleute unterscheiden zwischen der Erkennung eines Gesichts im Bild und dessen Zuordnung zu einer bestimmten Person: Im ersten Fall wird geprüft, ob und wo ein Gesicht zu sehen ist, im zweiten, um wen es sich handelt. Im englischen Sprachraum wird bei einer Gesichtserkennung durch Menschen von *face perception* gesprochen, eine Gesichtserkennung durch Maschinen wird als *face recognition* bezeichnet. Es ist möglich, Überwachungskameras im öffentlichen Raum mit Systemen der Gesichtserkennung auszustatten. 8 Punkte

2 Selbst, (2) wer [...] präsentiert, (1) hat [...] auf Nicht-Erkennen. [...] Algorithmus, (1) der Menschen [...] erkennen kann, (1) wenn [...]. [...] demnach Eigenschaften, (1) z. B. [...] Körperhaltung, (1) um eine Person zu identifizieren. In den USA, (2) und [...] der klassischen Gesichtserkennung ein, (1) aber in Deutschland [...]. 8 Punkte

3 (, f) = falsch gesetzte Zeichen: „Bei der Bilderkennung sollen heute nicht nur Gesichter, sondern viele verschiedene Dinge erkannt werden**(. f)**“, erklärt Prof. Ortwin Kox vom Lehrstuhl für Bildverarbeitung der Universität Herfurt **(...“ f)**. Die Algorithmen würden zwar mit Millionen von Einzelbildern trainiert und verbesserten sich stetig, doch Fehler ließen sich bei dieser „komplizierten Aufgabe“ nicht ausschließen **(...“ f)**. „Denn“, so Kox, „nach wie vor verstehen Computer die Welt bei Weitem nicht so gut wie Menschen.“ (3 P. für entfallene Zeichen, 2 P. für richtig gesetzte Zeichen) 5 Punkte

Insgesamt zu erreichende Punktzahl: 21 Punkte

Teste deinen Lernstand!

Seite 90

1 Antwort **D** ist richtig. 1 Punkt

2 Richtig sind die Aussagen **B**, **C**, **E**, **F** und **I**. Falsch sind **A**, **D** und **G**. Nicht im Text enthalten sind **H** und **J**. 10 Punkte

3 Antwort **B** ist richtig. 1 Punkt

4 Zutreffend ist Beitrag **A**. Mögliche Begründung: Weil der Ich-Erzähler während des Redens ständig reflektiert, wie gelingende Kommunikation mit dem anderen Geschlecht funktioniert (sein Ziel), kann er nicht mehr frei und ungezwungen kommunizieren und wirkt seltsam. 2 Punkte

Seite 92

5 falsche kommunikative ~~Erfahrungen~~ Strategien nutzen – dass ~~Männer Frauen~~ Frauen Männern nicht – missverstandener ~~Ehrlichkeit~~ Höflichkeit lassen – dazu, ~~positive~~ abweisende Reaktionen – unverfänglichen ~~Sondersituationen~~ Haltestellenübungen zu 5 Punkte

6 Die richtige Antwort lautet **C**. 1 Punkt

7 **Textstelle(n) 1:** Interview: Frauen sagen nicht die Wahrheit, wenn sie erkennen, dass es nicht der Richtige ist. (Z. 14 ff.). – Roman: Beide Mädchen sagen nicht die Wahrheit, als sie sich vom Ich-Erzähler abwenden. (Z. 28–34, Z. 62) / **Textstelle(n) 2:** Interview: Männer reden aus Unsicherheit zu viel und endlos über ihren Job. (Z. 27 f.) – Roman: Der Ich-Erzähler redet aus Unsicherheit endlos über sein Hobby. (Z. 40–59) / **Textstelle(n) 3:** Interview: Männer bekommen Körbe. (Z. 29) – Roman: Der Ich-Erzähler wird beim Flirten zweimal abgelehnt. (Z. 28–34, Z. 62–65) / **Textstelle(n) 4:** Interview: Für Männer ist Rotwerden ein Problem. (Z. 35 f.) – Roman: Der Ich-Erzähler sorgt sich ums Rotwerden. (Z. 10 f., Z. 22 f., Z. 27) 8 Punkte

8 Die richtige Antwort lautet **C**. 1 Punkt

Seite 93

9 Richtig sind die Aussagen **A** und **B**. Falsch sind **D** und **E**. Aus dem Diagramm nicht ableitbar sind **C** und **F**. 6 Punkte

10 Aussage in der Grafik: Frauen geben an, dass 60 % der Männer (Männer, dass 51 % der Männer) gern die Gesprächsführung übernehmen. | Romaninhalt: Ich-Erzähler redet pausenlos auf Hanna ein (Z. 81–93). 2 Punkte

Seite 94

11 Mögliche Umformulierungen: **A** Im Zeitalter der Globalisierung ist die Verständigung zwischen Menschen aus verschiedenen Kulturen wichtiger denn je. **Da** es in internationalen Geschäftsbeziehungen besonders darauf ankommt, die Körpersprache des Gegenübers zu verstehen und angemessen darauf zu reagieren, spielen unbewusst eingesetzte Gesten eine besondere Rolle. **B** Menschen neigen dazu, eigene kulturelle Normen auf andere zu übertragen. **Deshalb** sollten nicht nur Geschäftsleute, sondern auch Touristen Kommunikationsprobleme vermeiden, damit keine Missverständnisse aufkommen. 4 Punkte

12 intime Gefühle, **A** – asiatischer Herkunft, **G** – ihrem Gegenüber, **D** 6 Punkte

13 spielen – setzt – kann 3 Punkte

14 **A** sei | **B** erfahre | **C** gelte, senke, sähen 4 Punkte

Seite 95

15 **A** In westlichen Kulturen wird ein [...] als vertrauensbildend empfunden. **B** Die Vermeidung des direkten Blicks nimmt man dort als Signal von Unehrlichkeit wahr. 2 Punkte

16 G = Großschreibung, N = Nomensignal, ZG = Zusammen-/Getrenntschreibung, d/d = das-/dass-Schreibung: untereinander (Z. 1, ZG: Präposition + Pronomen), Einheimischer (Z. 2, G: Nomen), Das (Z. 2, d/d: Pronomen), Begrüßen (Z. 3, G: nominalisiertes Verb, N: Präposition), Verbeugen (Z. 5, G: nominalisiertes Verb, N: Artikel), dass (Z. 7, d/d: Konjunktion), das (Z. 8, d/d: bestimmter Artikel), Angemessene (Z. 8, G: nominalisiertes Adjektiv, N: bestimmter Artikel), entgegenkommen (Z. 9, ZG: Präposition + Verb), Sprechen (Z. 11, G: nominalisiertes Verb, N: Präposition), einander annähern (Z. 11 f., ZG: Pronomen + Verb), anzufassen (Z. 12, ZG: Verb), dass (Z. 13, d/d: Konjunktion), Vertrauten (Z. 14, G: nominalisiertes Adjektiv, N: Präposition) 7 Punkte

17 Groß-/Kleinschreibung, Zusammen-/Getrenntschreibung, *das-/dass*-Schreibung 3 Punkte

Insgesamt zu erreichende Punktzahl: 66 Punkte

Gymnasium Bayern

Deutschbuch

Arbeitsheft 10

Herausgegeben von
Kurt Finkenzeller und
Andrea Wagener

Erarbeitet von
Katrin Flexeder-Asen (Passau)
Markus Peter (Vilshofen a. d. Donau)
Martin Scheday (Passau) und
Konrad Wieland (Vilshofen a. d. Donau)

Deine **interaktiven Gratis-Übungen** findest du hier:

1. Gehe auf scook.de/bayern
2. Gib den unten stehenden Zugangscode in die Box ein.
3. Hab viel Spaß mit deinen Gratis-Übungen.

Dein Zugangscode auf www.scook.de/bayern | **yecp-bj-mf6w**

Cornelsen

Inhaltsverzeichnis

Die Übersicht auf diesen Seiten hilft dir, **die Arbeit mit dem Arbeitsheft zu planen und zu prüfen.** Nach dem Bearbeiten einer Übung musst du deine Ergebnisse sorgfältig mit dem Lösungsheft abgleichen. Trage ein, wann du die Seiten bearbeitet hast, und kreuze an, wie dir die Übungen gelungen sind:

☺ Gut gelungen! 😐 Das meiste richtig. ☹ Manchmal unsicher.

Sprachgebrauch und Sprache untersuchen und reflektieren: Rechtschreibung und Zeichensetzung		bearbeitet am	☺ 😐 ☹

Lernstandstest	bearbeitet am

●●● Diese Aufgaben sind für Profis, die das Erlernte bereits besonders gut beherrschen.

Informieren

Materialgestützt einen Informationstext verfassen

Wissen und können **Materialgestütztes Schreiben eines informierenden Textes**

Beim materialgestützten Schreiben verfasst du auf der Grundlage verschiedener Materialien (z. B. Texte, Diagramme, Schaubilder) einen eigenen Informationstext. Gehe so vor:

1 Die Aufgabenstellung verstehen
- Was ist das Thema und wer sind die Adressatinnen und Adressaten deines Informationstextes?

2 Die Materialien erschließen
- Verschaffe dir einen ersten Überblick über die Materialien, indem du sie zügig liest.
- Werte die Materialien aus. Suche gezielt nach den für deinen Text relevanten Informationen.
- Markiere wichtige Informationen und notiere Stichpunkte, z. B. am Textrand.

3 Den Schreibplan erstellen
- Plane den Aufbau (die gedankliche Struktur) deines Textes und entwirf einen Schreibplan.
- Beachte die Aufgabenstellung: Die Abfolge der Teilaufgaben gibt oft Hinweise auf den Textaufbau.

4 Den Informationstext schreiben
- Schreibe mit eigenen Worten, formuliere sachlich und adressatengerecht.
- Kennzeichne direkte Zitate und Paraphrasen jeweils mit Quellenangabe.
- Hebe logische Zusammenhänge hervor, z. B. durch Satzverknüpfungen und Überleitungen.
- Achte darauf, dass dein Text dem Schreibplan folgt, also eine klare Struktur hat.

Worüber sollst du informieren? – Die Aufgabenstellung verstehen

1 **a Lies die folgende Aufgabenstellung.**
b Markiere in unterschiedlichen Farben: den Anlass für das Schreiben des Textes orange, das gewünschte Thema und die vorgegebenen inhaltlichen Aspekte gelb, die Adressaten blau und die Textsorte grün.

An deiner Schule findet in der Mittelstufe ein Projekttag zum Thema Mediennutzung statt. Eure Klasse erstellt aus diesem Anlass für eure Mitschüler/-innen eine Mappe mit Informationen und Tipps.
Verfasse auf Grundlage der Materialien 1 bis 5 einen zusammenhängenden, sachlichen Informationstext zum Thema „Shopping hinterlässt Spuren im Netz“, der in dieser Mappe enthalten sein soll. Gehe darin auf folgende Aspekte ein:
- Erkläre, wie beim Shoppen im Internet Daten ermittelt und genutzt werden.
- Erläutere anhand konkreter Beispiele, welche positiven und negativen Auswirkungen das für die Nutzer/-innen hat.
- Schlussfolgere anhand der Materialien und eigener Überlegungen, welche Maßnahmen zum Verbraucherschutz sinnvoll und nötig erscheinen, um Spuren im Netz zu verhindern.

c Überlege, was die Aufgabenstellung von dir verlangt: Streiche in jeder Markierung die falsche Aussage.

Der Anlass für das Verfassen des Textes ist das vermehrte Speichern von Daten beim Shoppen / ein Projekttag zum Thema Mediennutzung. In dem Text soll darüber informiert werden, wie man beim Shoppen Spuren im Netz hinterlässt / die Spuren im Netz für sich nutzen kann. Außerdem soll erläutert werden, welche Folgen das für die Internetnutzerinnen und -nutzer / für die Werbebranche hat. Am Schluss soll ich erklären, wie User/-innen vermeiden können, dass sie von den Auswirkungen negativ beeinflusst werden / beim Shoppen im Netz Spuren hinterlassen. Der informierende Text / Die Projektbeschreibung sollte spannend / sachlich formuliert sein. Weil der Text sich an meine Mitschülerinnen und Mitschüler / Lehrerinnen und Lehrer richtet, sollte ich Fachbegriffe gut erklären / viele Fachbegriffe verwenden.

Die Materialien erschließen: Texte und Grafiken

2 **Lies die folgenden Materialien zügig und notiere für jedes Material stichwortartig, zu welchen Aspekten du darin Informationen findest (Ermittlung und Nutzung der Daten / positive und negative Auswirkungen für Nutzerinnen und Nutzer / Verbraucherschutz).**

Material 1: ______________________________

Material 2: ______________________________

Material 3: ______________________________

Material 4: ______________________________

Material 5: ______________________________

Material 1:

Süddeutsche Zeitung, 06.07.2020, von Matthias Eberl

Werber und Sammler

Die Webseite öffnet sich, aber bevor man sie richtig lesen kann, legt sich ein Kästchen über den Inhalt. Möchte man „Cookies" akzeptieren? Genervt klicken die meisten auf „OK". Denn Cookies, jene kleinen Textinformationen, die Webserver auf den Rechnern ihrer Besucher speichert, sind im Internet schließlich normal. Doch bei der Abfrage geht es um viel mehr als um Cookies.
Die Informationssammlung durch Cookies kann für personalisierte Werbung verwendet werden. Deren einfachste Form ist das *Re-Targeting:* Wer sich in einem Online-Shop etwa eine Kamera angesehen hat, dem wird auch auf anderen Seiten Werbung dafür angezeigt. Aber Profile werden auch andersherum genutzt: Kunden, die ein Produkt gekauft haben, werden von Werbung für diese Produktkategorie ausgeschlossen, um Streuverluste zu vermeiden. Profile werden ausgetauscht: Jemand interessiert sich für Babykleidung, also ist er auch für einen Hersteller von Babyspielzeug interessant.
Markenunternehmen und Shops wollen dabei vor allem das Verhalten der Besucher analysieren und in zentralen Profilen zusammenführen. Über nahezu jeden Internetnutzer der Welt existieren mehr oder weniger umfangreiche pseudonyme Profile bei einigen hundert Werbefirmen. Darunter sind bekannte Unternehmen wie Google oder Facebook. Zwischen diesen Unternehmen werden auch Daten getauscht oder gehandelt. Die andere Seite des Werbegeschäfts bilden Verleger, Infoseiten oder Diensteanbieter. Sie wollen nicht nur Verhaltensdaten weitergeben, sondern fragen im Kästchen zusätzlich um Erlaubnis, Werbeplätze auf Grund der gesammelten Profildaten versteigern zu dürfen.
Bei einer Werbeplatzversteigerung – dem sogenanntem Real Time Bidding – wird während der Millisekunden, in denen sich die Seite aufbaut, ein Bietaufruf an hunderte Firmen gesendet. Die enthalten standardisierte Kategorieangaben über den Besucher zu seinen Interessen. Die Werbefirmen wollen so noch genauer herausfinden, was eine einzelne Person in den Wochen, Monaten oder Jahren zuvor im Internet oder in Apps gemacht hat. Je „wertvoller" die Seitenbesuche vorher waren (zum Beispiel „interessierte sich ausgiebig für ein Elektroauto einer bestimmten Marke"), umso mehr wird geboten. Mehr als 100 Werbeunternehmen bieten in der Versteigerung gegeneinander, meist nur Bruchteile eines Cents – alles in den wenigen Augenblicken des Seitenaufbaus. Wer gewinnt, darf dem Besucher passende Werbung anzeigen, zum Beispiel ein neues Modell der Automarke.
Auch wer Cookies nach dem Surfen regelmäßig von seinem Rechner löscht, verhindert nur in den wenigsten Fällen, dass ein Profil erstellt wird. Der beste Schutz ist deshalb, nicht auf „OK" zu klicken, sondern abzulehnen. Maßgeschneiderte Werbung haben im Internet schließlich noch die wenigsten Menschen vermisst.
** Dieser Text wurde aus didaktischen Gründen gekürzt und leicht verändert.*

Material 2:

fluter.de, 10.01.2018, von Ralf Pauli

Every scroll you take

Wer viel im Internet surft, weiß, wie Tracking funktioniert. Oder zumindest, wie es sich auswirkt: Sucht man zum Beispiel in einem Onlineshop nach einem Paar Schuhe, ist es wahrscheinlich, dass einem in den darauffolgenden Tagen auf unterschiedlichen Websites Schuhwerbungen angezeigt werden. Die verbreitetste Tracking-Methode sind Cookies, die etwa über Werbebanner auf Websites eingebunden sind. Weniger bekannt ist, dass manche Websites mit einer Technik namens Session Replay arbeiten, die umfänglichere Daten speichert als Cookies. Im Gegensatz zu Cookies, die oft „nur" Informationen wie die Häufigkeit von Besuchen auf einer bestimmten Website sammeln, zeichnen Session-Replay-Skripte jede Mausbewegung, jedes Scrollen und jede Tastatureingabe in Echtzeit auf. Der Betreiber der Website kann die aufgezeichneten Aktivitäten später abspielen und Schritt für Schritt nachverfolgen. Er kann also mitlesen, was ein Nutzer in ein Textfeld oder in eine Suchmaske auf der Website eingegeben hat. Selbst dann, wenn diese Informationen gleich wieder gelöscht wurden. Webseiten-Betreiber sowie Firmen, die Session-Replay-Tools verkaufen, ziehen daraus einen Vorteil. Mit Hilfe der Session-Replay-Tools lässt sich erkennen, wie lange ein Surfer auf der Seite verweilt, welche Elemente oder Produkte ihn ansprechen, welche er übersieht oder nicht findet – und welche ihn verwirren.

Problematisch an dieser Technik ist die Datensicherheit. So erlaubt etwa ein Anbieter seiner Software, die aufgezeichneten Daten der wahren Identität des Surfers zuzuordnen. Es kann also sein, dass ein Webseiten-Betreiber ohne explizite Zustimmung des Betroffenen sensible Informationen wie Privatadresse, Kreditkartendaten oder Angaben zur Gesundheit sammelt und unter dessen richtigem Namen ablegt. Besonders heikel ist dabei, dass einige der Firmen die Daten auf ihren eigenen Servern nur fahrlässig verschlüsseln. So liegen Daten manchmal auch auf unsicheren Servern. Damit könnten Session-Replay-Firmen zur Zielscheibe von Hackern werden, die auf wertvolle Nutzerdaten aus sind.

Inwieweit die Anwendung dieser Technik legal ist, ist schwer zu sagen. In der Regel haben Unternehmen das Recht, personenbezogene Daten zu erheben. Allerdings müssen Betroffene entsprechend der Datenschutz-Grundverordnung (EU-DSGVO) dazu ihre explizite Einwilligung erteilen. Und die Firmen sind neuerdings auch für den Schutz der Daten verantwortlich. Würden also Daten gehackt, die über Session-Replay-Tools auf unsichere Server geladen wurden, wäre das in der EU wohl ein Verstoß gegen geltendes Recht.

Material 3:

dpa-News, 05.02.2019

Tracker überwachen Nutzer auf Schritt und Tritt

Dass der Browser in den Arbeits- und Lebensmittelpunkt der Menschen rückt, ist der Werbeindustrie nicht entgangen. Über Cookies und Webtracker werten sie unser Surf-Verhalten aus und nutzen diese Daten für maßgeschneiderte Werbung. Matteo Cagnazzo vom Institut für Internet-Sicherheit rät deshalb dazu, sich gegen allzu viel Spionage abzusichern: „Mit Erweiterungen wie Ad-Blockern lässt sich nicht nur nervige Werbung eindämmen, auch Web-Tracker werden im besten Fall blockiert und können das Surf-Verhalten nicht weitergeben."

Material 4: **So funktionieren Cookies**

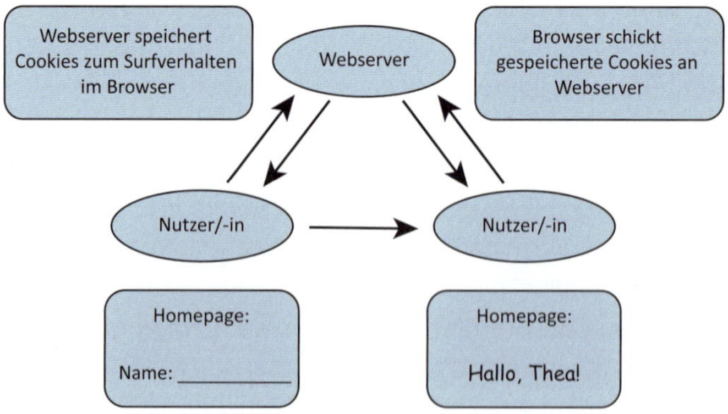

Diese Grafik wurde eigens für das Arbeitsheft erstellt.

Material 5:

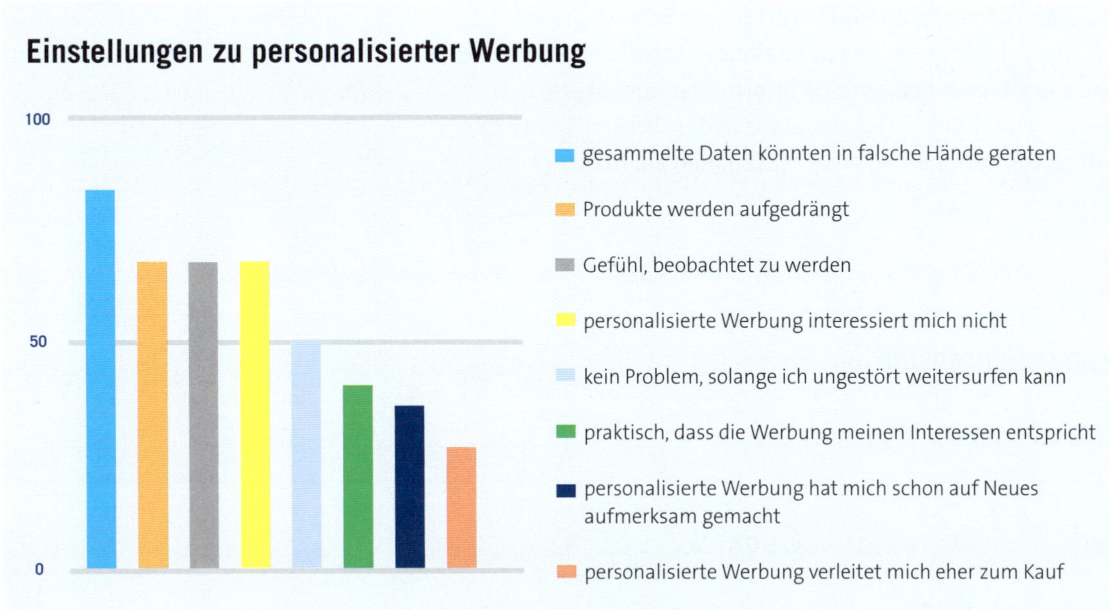

Deutschland, Okt./Nov. 2018, 1000 Befragte, über 18 Jahre, nach: statista 2022

3 Lies die Materialien 1 und 2 genauer.

a Kläre unbekannte Begriffe aus dem Zusammenhang oder mit Hilfe eines Wörterbuchs.

b Markiere in den Texten die Informationen, die du zur Bearbeitung der Aufgabenstellung benötigst.

c Notiere in deinem Heft, zu welchem Aspekt (z. B. Auswirkungen) die jeweiligen Informationen passen.

4 Notiere, welche neuen Informationen in M 3 enthalten sind und welche sich doppeln.

Neue Informationen: ____________________

____

Doppelungen: ____________________

____

5 Untersuche die Grafiken genauer.

a Fasse die in der Grafik M 4 veranschaulichten Informationen kurz zusammen.

____

____

____

b In M 5 werden zur Wahrnehmung personalisierter Werbung sehr unterschiedliche Auskünfte gegeben. Fasse die für deinen Text wichtigen Informationen zusammen. Schreibe in dein Heft. Du kannst so beginnen:

Beispiel: Rund 60 % aller Internetnutzer/-innen gaben an, dass sie sich durch personalisierte Werbung gestört oder beobachtet fühlen.

Einen Schreibplan anlegen

6 **a** **Erarbeite einen Schreibplan für Hauptteil und Schluss deines Textes. Notiere dafür in der linken Spalte der Tabelle, über welche Aspekte du in welcher Reihenfolge informieren möchtest.**
b **Ordne jedem Punkt deines Schreibplans in der rechten Spalte der Tabelle die Informationen aus den Materialien zu. Notiere Stichwörter.**

Beachte für den **Schreibplan** deines Informationstextes die Struktur der Aufgabenstellung: Die Abfolge der Teilaufgaben gibt dir den Textaufbau vor.

Einleitung Einführung: Spuren im Netz beim Shoppen	
Hauptteil Ermittlung von Daten	Cookies:
Schluss	Nutzer/-innen können:

Den Informationstext schreiben und überarbeiten

7 **Verfasse einen informierenden Text zum Thema „Shopping hinterlässt Spuren im Netz“. Beachte den Schreibplan von Aufgabe 6 (S. 8) und schreibe ins Heft. Gehe so vor:**

a Wecke in der Einleitung das Interesse deiner Leser/-innen und führe in das Thema ein. Beginne z. B. so:

Sicher habt ihr auch schon einmal erlebt, dass... Wenn ..., spricht man von personalisierter Werbung. Aber wie gelingt den Unternehmen diese Abstimmung auf die Kunden?

b Arbeite mit Hilfe deines Schreibplans von Aufgabe 6 den Hauptteil deines Textes aus.
- **Schreibe mit eigenen Worten und formuliere knapp und sachlich.**
- **Zeige die Zusammenhänge der Informationen sprachlich durch Satzverknüpfungen, z. B.:**

Unternehmen nutzen deine Spuren im Netz, weil (da) .... Außerdem (Zudem / Daneben / Ferner / Obendrein / Des Weiteren / Weiterhin / Im Übrigen) ... • Personalisierte Werbung kann ihre Vorteile haben, wenn (falls/sofern) sie ... Allerdings (Dagegen / Jedoch / Im Gegensatz dazu ...) empfinden viele Nutzer/-innen ...

- **Schreibe vorwiegend im Präsens und verwende indirekte Rede, wenn du Äußerungen wiedergibst, z. B.:**

Matteo Cagnazzo vom Institut für Internet-Sicherheit erklärt, mit Ad-Blockern würden sich nur ... lassen.

c Folgere am Schluss, wie die Schüler/-innen verhindern können, dass ihre Spuren im Netz für personalisierte Werbung genutzt werden.

Nutzer haben verschiedene Möglichkeiten, ...

d Kennzeichne die Quellen für deine Informationen sprachlich und formal richtig.

Laut einer Umfrage gaben 2018 rund 60 % der Internetuser an, ... (vgl. Grafik von statista zu ...).

e Formuliere eine treffende Überschrift, die informativ ist und das Interesse der Leser/-innen weckt.

---

8 **Erstelle eine Checkliste zum Schreiben eines informierenden Textes, indem du Unpassendes streichst („Wissen und können“, ▶ S. 4).**

> Nutze die **Checkliste** zur Überarbeitung deines Informationstextes.

- Enthält der Text alle interessanten / unterhaltsamen / für die Aufgabenstellung relevanten Informationen?
- Ist der Text klar gegliedert in Einleitung, Hauptteil und Schluss?
- Richtet sich die Gliederung im Hauptteil nach der Nummerierung der Materialien / der mir persönlich logisch erscheinenden Reihenfolge / den Vorgaben der Themenstellung?
- Die Einleitung des Textes ist knapp und sachlich / weckt das Interesse / nennt bereits erste Zahlen.
- Wird vorwiegend das Präteritum / das Präsens verwendet und Äußerungen anderer als direktes Zitat / in der indirekten Rede wiedergegeben?
- Sind die Zusammenhänge sprachlich deutlich, z. B. durch Verknüpfungen und Überleitungen / Satzreihen?
- Werden die verwendeten Quellen zusammengefasst am Ende / jedes Mal genannt?
- Ist der Stil des Textes unterhaltsam und erheiternd / sachlich und ohne umgangssprachliche Wendungen?

Argumentieren

Eine Pro-und-Kontra-Erörterung verfassen

Eine Erörterung strukturieren

Wissen und können **Argumentieren**

Beim Argumentieren geht es darum, eine **These** (Meinung/Position, Wunsch, Forderung) mit Hilfe von **Argumenten** (bestehend aus Behauptungen, Begründungen, Beispielen/Belegen) zu stützen. Beispiel:

- **These**: *Ego-Shooter sollten als E-Sportart verboten werden.*
- **Argument** aus
  - **Behauptung**: *Ego-Shooter verherrlichen Gewalt.*
  - **Begründung**: *In Ego-Shootern können die Aufgaben nur gelöst werden, wenn die Spielerin / der Spieler ihre/seine Gegner/-in tötet. Je spektakulärer die Kampfszenen aber sind, desto beliebter sind diese Spiele.*
  - **Beispiel/Beleg**: *Im Spiel ... besteht die Aufgabe darin, ...*

Überzeugende Beispiele/Belege sind etwa die Ergebnisse aus Umfragen und statistischen Erhebungen oder Zitate (z. B. von Expertinnen und Experten).

1 **Schau dir das Foto an. Wie wirken Ego-Shooter-Spiele auf dich? Kreuze auf der Meinungslinie an.**

Info: Unter Ego-Shootern versteht man Computerspiele, bei denen die Spielenden in eine Figur schlüpfen, die Spielwelt aus deren Augen wahrnehmen, sich frei bewegen können und dabei Gegner/-innen mit Waffen bekämpfen.

eher beängstigend, abstoßend ←—|—|—|—|—|—|—|—|—|—→ eher spannend, anziehend

2 **Lies die folgenden Kommentare zum Thema E-Sport aus einem Internetblog während einer Spielemesse.**

19.08.20xx 17:44 — Eingestellt von **CamEp** um 18:10 Uhr

Per Pixelmord aufs Treppchen

E-Sport füllt ganze Stadien, Jubelschreie zur Stimme der Kommentatoren gibt es auch bei den Live-Streams. Neulich habe ich eine Übertragung gesehen: Mehrere Spieler haben ein Ego-Shooter-Spiel gespielt, bei dem man alle Gegner einfach abknallen muss. Das hat mich an die Debatte um das Verbot von Killerspielen erinnert. Andererseits gehört natürlich viel Training dazu, in der Weltspitze zu zocken. Was meint ihr: Ist das „Killen" im Spiel eine Sportart oder sollte man diese Form des Wettbewerbs besser verbieten?

Eddy#2 20.08.20xx, 18:32 Uhr — ☐ pro ☐ kontra

Auch Ego-Shooter können ohne Einschränkung als Sport angesehen werden, weil man dabei ja niemandem schaden will (und kann). Ich spiele selbst und weiß, wie viel Präzision, Konzentration und Disziplin dazugehören. Weil körperliche Fitness sehr wichtig ist, muss man wie im Leistungssport hart trainieren, wenn man spitze sein will. Immerhin dauern die größeren Turniere bis zu vier Tage. In vielen Ländern sind Ego-Shooter bereits als E-Sport anerkannt. Sie zählen sogar zu den beliebtesten Spielgenres, weil die Gewinner der größeren Turniere wie in anderen Sportarten auch hohe Gewinnsummen erhalten, teilweise sogar in Millionenhöhe.

Egbert 20.08.20xx, 19:12 Uhr ☐ pro ☐ kontra

Gerade wenn man „Zocken“ tatsächlich als Sport verstanden wissen will: Eine Sportart darf Gewalt nicht verherrlichen oder gar verursachen! Ego-Shooter müssen darum im E-Sport verboten werden, da die Spieler innerhalb der Spiele sehr wohl zu Gewalthandlungen gezwungen werden. Möchte man erfolgreich sein, so muss man möglichst viele Gegenspieler virtuell erschießen – das wirkt sich auch auf das echte Leben aus.

Dani 20.08.20xx, 19:57 Uhr ☐ pro ☐ kontra

Dass Gewaltdarstellungen gezeigt werden, kann man kritisieren. Ego-Shooter sollte man dennoch zulassen, weil es sich in der Regel um Spiele handelt, die erst ab 16 Jahren gespielt werden dürfen. Die älteren Jugendlichen und Erwachsenen – so ist meine Erfahrung – können gerade im E-Sport-Bereich sehr gut einschätzen, dass die Darstellungen eben nichts mit der Realität zu tun haben. Der Redakteur Michael Schmitz hat das selbst getestet und bestätigt: „Warum sollte mich ein Spiel dazu bringen, Leute umzulegen?“ Die professionellen Spieler schaffen sich übrigens stets einen Ausgleich, spielen Fußball oder üben andere Sportarten aus.

Heidi_19 19.08.20xx, 19:48 Uhr ☐ pro ☐ kontra

Ego-Shooter als Sport zu verstehen, das leuchtet mir gar nicht ein! Das muss verboten werden. Im Sport geht es um einen fairen Wettbewerb, aber sicher nicht ums „Killen“ des Gegners. Jeder Wettkampf zeigt: Wer als Spieler/-in Erfolg haben will, muss viel trainieren. Diese Art von „sportlichem“ Ehrgeiz ist gerade für Jugendliche gefährlich, denn sie hat Suchtpotenzial. Beim Sport steht die Bewegung im Vordergrund. Aber schon heute sitzen laut einer Studie viele Jugendliche länger als sechs Stunden am Rechner oder an der Konsole.

3 **Welche Streitfrage wird in dem Blog von Aufgabe 2 mehrheitlich diskutiert? Kreuze an.**

A ☐ Sind Ego-Shooter gefährlich für Jugendliche oder nicht?

B ☐ Sollen Ego-Shooter als E-Sport-Disziplin verboten werden oder nicht?

C ☐ Ist E-Sport überhaupt ein Sport oder nicht?

4 **a** **Markiere in den Kommentaren alle Behauptungen orange Begründungen grün und Beispiele/Belege blau.**
b **Kreuze für jeden Kommentar den Standpunkt an: Argumentiert er pro oder kontra Ego-Shooter als Sport?**

5 **a** **Sollen Ego-Shooter als E-Sportart verboten werden oder nicht? Lege im Heft zu dieser Themenfrage eine Stoffsammlung an und notiere dazu passend Stichworte für drei Pro-Argumente (für ein Verbot) und drei Kontra-Argumente (gegen ein Verbot).**
b **Welcher Position würdest du zustimmen? Formuliere eine eigene These.**

6 **Je nach Typ des Arguments passen unterschiedliche Beispiele: Verbinde durch Linien.**

A Faktenargument	1 Beim Sport ist die körperliche Aktivität das Wichtigste.
B Wertargument	2 „Mensch-ärgere-dich-nicht“-Spieler werden auch nicht plötzlich gewalttätig.
C Autoritätsargument	3 Die Spiele sind keine Gefahr für Jugendliche, da sie der FSK unterliegen.
D analogisierendes Argument	4 Forscher wie z. B. Manfred Spitzer[1] behaupten, dass der Konsum dieser Spiele zu einem höheren Aggressionspotenzial im echten Leben führt.

Es gibt mehrere **Argumenttypen**: Handelt es sich um: ... Tatsachen (z. B. Statistiken, Daten)? → **Faktenargument** • ... Wertmaßstäbe/Normen? → **Wertargument** • ... Aussagen anerkannter Autoritäten? → **Autoritätsargument** • ... Vergleich mit ähnlichem Sachverhalt? → **analogisierendes Argument**

1 siehe S. 77

Wissen und können **Eine Streitfrage materialgestützt pro und kontra erörtern**

Bei einer **Pro-und-Kontra-Erörterung** (auch: antithetische Erörterung) stellst du **deine Position zu einer Streitfrage** dar, z. B.: *Hat Meinungsfreiheit auch in einer Demokratie ihre Grenzen?* Du zeigst, wie du zu deiner Position gekommen bist, indem du aus Materialien zum Thema **Pro-und Kontra-Argumente** herausfilterst, diese weiterentwickelst bzw. durch eigenes Wissen fortführst und anschließend gegeneinander **abwägst.**

- Die **Einleitung** soll die Lesenden in das **Thema einführen** und zum **Hauptteil überleiten**. Für einen **interessanten Einstieg** kannst du z. B. an ein aktuelles oder historisches Ereignis anknüpfen, mit einem Zitat beginnen, die allgemeine Bedeutung des Themas aufzeigen, einen Schlüsselbegriff aufgreifen oder dich über ein verwandtes Thema der Streitfrage nähern.
- Im **Hauptteil** führst du **Pro- und Kontra-Argumente** an. Die **Argumente pro** (für) und **kontra** (gegen) die eigene Position kannst du entweder gegenüberstellen (Sanduhr-Prinzip) oder fortlaufend im Wechsel anführen (Pingpong-Prinzip). Innerhalb der Blöcke kann man **nach Sachgebieten ordnen**, z. B. nach politischen, juristischen und wirtschaftlichen Aspekten.
- Abschließend ziehst du auf Grund deiner Erörterung ein **Fazit**. Es darf **keine neuen Argumente** enthalten. Bei deinem **Fazit** kannst du dich eindeutig für oder gegen etwas aussprechen und auch formulieren, unter welcher Voraussetzung du deine Position ändern würdest.
- Der Rückgriff auf den Einleitungsgedanken, eine Empfehlung oder ein Wunsch runden dann einen **Schluss** ab.

7 **a** **Die Einleitung kann auf unterschiedliche Weise Interesse wecken. Lies die Möglichkeiten 1 bis 6.**
b **Trage bei den vier Einleitungsbeispielen unten jeweils ein, welche Möglichkeit, Interesse zu wecken, gewählt wurde. Beachte, dass nicht alle Möglichkeiten passen.**

1 aktuelles/historisches Ereignis

2 persönliches Erlebnis

3 Zitat eines Experten / einer Expertin

4 Schlüsselbegriff/Thema erklären

5 allgemeine Bedeutung des Themas aufzeigen

6 Annäherung über ein Beispiel / ein verwandtes Thema

A ☐ Können Ego-Shooter als E-Sport bezeichnet werden? Es handelt sich dabei um Computerspiele, bei denen die Spieler/-innen aus der Ich-Perspektive eine Spielwelt erschließen. Dabei agieren die Spielfiguren mit einer Schusswaffe und bekämpfen andere Spieler/-innen.

B ☐ Im Internet habe ich die Übertragung eines E-Sport-Wettkampfs gesehen, Tausende haben den Live-Stream und die virtuellen Kämpfe verfolgt. Die Faszination kann man nachvollziehen, auch wenn ...

C ☐ Über zwei Stunden spielen Jugendliche im Schnitt täglich am PC. Millionen Fans lieben es, sich mit Ego-Shootern ihre Zeit zu vertreiben oder anderen beim Spielen von Ego-Shootern zuzusehen.

D ☐ „Das Spielen führt zu Abstumpfung gegenüber realer Gewalt. Die eigene Gewaltbereitschaft nimmt zu", so der Hirnforscher Manfred Spitzer.

8 **Wähle eine Einleitung aus Aufgabe 7 und setze sie im Heft fort. Schließe in der Überleitung zum Hauptteil mit der Streitfrage. Die angebotenen Formulierungen helfen dir.**

Deshalb stellt sich die Frage: ...? • Im Folgenden möchte ich erörtern, was für und was gegen ... • ... wurde kontrovers diskutiert. • Was spricht eigentlich für und was gegen ...?

9 **a Lies den folgenden Ausschnitt aus dem Hauptteil einer Argumentation und kreuze an:**

Es handelt sich um die Anordnung

A ☐ Pro und Kontra in Blöcken B ☐ fortlaufender Pro-und-Kontra-Aufbau

b Markiere im Text alle Verknüpfungen bzw. Überleitungen.

Gegner stellen die These auf, dass Ego-Shooter nicht als Sportart angesehen werden dürfen. Ein Argument für diese Position ist, dass gerade diese Computerspiele aus Sicht vieler renommierter Wissenschaftler ein hohes Suchtpotenzial besitzen und damit eine Gefahr für Jugendliche darstellen. Studien zeigen, dass bereits jetzt viele Jugendliche zwischen sechs und acht Stunden am Tag „zocken" und soziale Kontakte und die Schule vernachlässigen. Diese Sucht mit sportlichem Ehrgeiz zu verwechseln und damit noch zu fördern, ist nicht angeraten.
Kritiker geben zudem zu bedenken, dass Sport eine körperliche Betätigung darstellt. Dieser Definition folgt auch der Olympische Sportbund, der ebenfalls die körperliche Anstrengung und Bewegung als zentrales Merkmal für Sport herausstellt. Da E-Sport lediglich den Umgang mit einem Controller fordert, keineswegs aber schweißtreibend ist, kann er nach dieser Definition nicht als Sport angesehen werden.
Das schwerwiegendste Argument für ein Verbot von Ego-Shootern ist jedoch, dass diese Gewalt verherrlichen und verlangen. Aus eigener Erfahrung mit Ego-Shootern weiß ich, dass man als Spieler quasi gezwungen ist, die gegnerischen Spieler virtuell zu erschießen. Das ist letztlich für den „Erfolg" in solchen Spielen entscheidend.

c Entwirf einen Schreibplan für eine Pro- und Kontra-Argumentation in Blöcken. Ordne dabei die einzelnen Argumente so an, dass dein Standpunkt überzeugend hergeleitet wird.

d Ergänze den Hauptteil in deinem Heft, indem du die Argumente aus Aufgabe 5 a gegen ein Verbot von Ego-Shootern als E-Sport ausführst. Ordne deine Argumente dabei entsprechend deines persönlichen Standpunktes für oder gegen ein Verbot dieser Spiele an (siehe Aufgabe 5 b).

reihend oder steigernd anordnen: darüber hinaus... / hinzu kommt, ... / im Übrigen darf man nicht vergessen,... / eine weiterer, sogar noch wichtigerer Aspekt besteht darin, ... / zusammenfassend/ abschließend lässt sich anmerken, ...
begründen: verantwortlich dafür ist... / deshalb... / aus diesem Grund... / daher... / da... / weil ... / das liegt daran, ...
belegen: als Beleg lässt sich .... anführen / zum Beispiel... / das heißt, dass ... / so zeigt sich bei..., dass... / klar erkennbar wird dies bei/am ...
widersprechen: dem widerspricht/steht entgegen, dass ... / dem ist ... entgegenzuhalten / keineswegs aber darf das so einfach gesehen werden, denn ...
einschränken: einerseits... andererseits aber / auf der anderen Seite / auch wenn ... /
zur Gegenposition überleiten: zweifelsohne sprechen also einige Argumente für/gegen.... . Dennoch darf nicht vergessen werden, dass ... / Zwar mögen die negativen Seiten ihre Richtigkeit haben, die positiven Aspekte hingegen wiegen mindestens ebenso schwer... / den Nachteilen stehen aber viele Vorteile gegenüber...

10 **Formuliere im Fazit zum Hauptteil deinen Standpunkt: Verwende eines der folgenden Formulierungsbeispiele.**

Obwohl man bedenken muss, dass ..., bin ich dennoch der Meinung ... • Unter der Bedingung, dass ..., bin ich der Überzeugung, dass ... • Ein sinnvoller Kompromiss könnte sein, dass man ....

11 **Schreibe einen Schluss. Verwende dafür eines der angebotenen Formulierungsbeispiele.**

Unabhängig davon, ob Ego-Shooter schaden oder nicht, sollte nicht vergessen werden, dass ... • Ich persönlich wünsche mir, dass ... • Wenn man in die Zukunft blickt, dann ... •

12 **Verfasse für das Internetforum eine vollständige Erörterung zur Frage, ob Ego-Shooter für Jugendliche unter 18 Jahren verboten werden sollten. Ordne die Pro- und Kontra-Argumente entsprechend an (► S. 12).**

Textbezogen erörtern

Wissen und können | **Eine Textvorlage analysieren**

Die textbezogene Erörterung entsteht in Anlehnung an eine Textvorlage (z. B. einen Kommentar oder Blogeintrag), in der eine strittige Frage behandelt oder ein Problem angesprochen wird. Der erste Schritt ist daher die **gründliche Auseinandersetzung** mit dem vorgegebenen Text **(Textanalyse)**.
Die folgenden Leitfragen helfen dir, einen Text zu erschließen:
- Um welches **Thema/Problem** geht es? Welche Standpunkte (Thesen, Argumente) werden vertreten?
- Welche Argumente werden angeführt und lässt sich ein klarer Gedankengang, ein „**roter Faden**", beim argumentativen Aufbau des Textes erkennen?
- Ist die **Argumentation überzeugend?** Welche Typen von Argumenten werden verwendet (► S. 11)? Werden Gegenargumente genannt oder Argumente gegeneinander abgewogen?
- Werden auffällige **sprachliche Gestaltungsmittel** verwendet? Was bewirken sie?
- Welche **Intention (Aussageabsicht)** verfolgt der Text? Nimmt der Text zu einem Thema Stellung? Will der Text unterhalten, sachlich informieren oder wird eine Position argumentativ vertreten?

1 **a** **Lies die Überschrift des nachfolgenden Textes und kläre mit Hilfe eines Nachschlagewerkes den Begriff „Alltagskultur". Schreibe in dein Heft.**
b **Lege eine Mind-Map an. Notiere darin, welche Bereiche zur Alltagskultur gezählt werden.**

2 **Überfliege den Text und ergänze anschließend deine Mind-Map mit den Informationen aus dem Text.**

Ananda Bräunig (Deutsche Welle, www.dw.com)

Ego-Shooter gehören zur Alltagskultur (2015)

Die Höhlenmenschen haben es getan, die Römer haben es getan, und wir tun es auch: spielen. Der Spieltrieb ist die wichtigste Eigenschaft des Menschen, um eine Kultur weiterzuentwickeln.
Bei der Spielemesse Gamescom in Köln präsentieren sich über 800 Aussteller auf rund 190.000 Quadratmetern Messefläche und überschütten den Markt mit neuen Spielen. Aber auch uralte PC-Spiele auf vergilbten Monitoren haben einen eigenen Bereich. Außerdem gibt es Hallen für verkleidete Cosplayer[1] und für Indie-Games[2], einen Bereich für Familienspiele, mehrere für Massen-Rollenspiele und Ego-Shooter.
Ich selbst, Jahrgang 1985, bin gerade noch ein „digital native[3]". Ich war in der Grundschule, als auch wir endlich einen C64 bekamen, einen 8-Bit-Heimcomputer mit 64 KB Arbeitsspeicher. Dann kam der Gameboy, später die X-Box, heute sind es vor allem Smartphone und Tablet, mit denen ich gelegentlich spiele. Und dennoch: Für mich ist ein Tag bei der Gamescom ein digitaler Overkill.
Die Game-Szene ist vor allem eins: riesig groß und nahezu unüberschaubar. Gerade deswegen sollten

1 Cosplayer: Wortzusammensetzung aus *costume* und *play*; Spielende, die sich wie ihre Charaktere aus Filmen , Büchern und Videospielen, zumeist Mangas und Animes verkleiden, um diese möglichst originalgetreu darzustellen
2 Indie-Games: Spiele kleiner, wenig bekannter Programmierfirmen
3 digital native: Person, die mit digitalen Medien aufgewachsen ist

wir sie aber nicht scheuen oder außer Acht lassen. Denn Computerspiele, sogar Ego-Shooter, sind ein elementarer Bestandteil unserer Kultur geworden – ob wir wollen oder nicht.
Computerspiele haben in unserer Gesellschaft überall Wurzeln geschlagen. Ein Gedankenexperiment: Wir vernichten alle digitalen Spiele, die uns im Alltag umgeben – und damit meine ich *alle*: Wir löschen die Game-Apps von unseren Smartphones. Beim Besuch im Altenheim überbringe ich meiner Oma die Botschaft, dass die Wii-Konsole, mit der die Bewohner „Bowling" spielen, wieder abgeschafft wird. Dann besuche ich die Schulen und sage den Lehrern, dass sie das Tablet wieder einpacken sollen und künftig nicht mehr mit spielerischen Apps Mathematik lernen können. Kurz und gut: Computerspiele sind ein wichtiger Bestandteil unserer Alltagskultur.
Computerspiele sind mehr als nur Kommerz. Genauso wie analoge Spiele haben sie großen Einfluss auf unsere Gesellschaft, auch wenn es uns nicht bewusst sein mag. Und das ist gar nicht neu. Der niederländische Kulturhistoriker Johan Huizinga nannte 1939 den „Homo ludens", also den „spielenden Menschen" beim Namen. Huizinga erklärte, warum der Mensch überhaupt spielt – denn wir spielen nicht nur aus Langeweile. Seit jeher entwickeln wir damit unsere Fähigkeiten weiter. Wenn mehrere zusammen spielen, dann festigt das eine Gesellschaft – und die Spieler feilen die Gesellschaft weiter aus. Huizinga ging sogar so weit zu sagen, kulturelle Systeme wie Politik, Wissenschaft, Religion oder Recht habe man ursprünglich aus spielerischen Verhaltensweisen entwickelt.
Im digitalen Zeitalter ist es also nicht verwunderlich, dass viele digitale Spiele lieben. In Deutschland spielen mittlerweile fast die Hälfte aller Menschen an PC, Smartphone oder Spielkonsole. Die Lust am Spiel bleibt gleich, nur die Form hat sich verändert. Games gehören deshalb zu unserer Kultur. Aber ganz ehrlich: Mir wird auch ganz anders, wenn ich bei der Gamescom an einem Ego-Shooter-Fan in Tarnkleidung vorbeilaufe, der stolz eine übergroße Shotgun mit sich herumträgt. „Ego-Shooter machen aggressiv", sagen viele. Möglich – genauso wie Horror- oder Actionfilme dieses Potential haben. Nicht jeder Film oder jedes Game sind unbedingt kulturell und pädagogisch wertvoll. Das gilt aber für alle Kulturbereiche, sogar für die Literatur: Ist „Fifty Shades Of Grey"[4] keine Kultur, nur weil ich das Buch nicht mag? Auf der Gamescom sind ebenso wie auf Buchmessen eben alle Genres vertreten – ob das dem Geschmack des Einzelnen entspricht oder nicht.
Menschen, die digitale Spiele spielen, pendeln zwischen der realen und der virtuellen Welt. Und das ist auch in Ordnung. Wichtig ist aber, dass jeder – ob Gamer oder nicht – sich mit der Game-Szene und ihren Spielen auseinandersetzt. Denn es gibt immer noch Eltern, die ihre Kinder nicht jugendfreie Games zocken lassen, weil sie bei der Game-Szene nicht ganz durchblicken oder sagen, es sei doch „nur" ein Spiel. Es gibt aber auch die andere Seite, diejenigen, die Computerspiele komplett verteufeln. Das ist nicht mehr zeitgemäß. Denn es gibt einen immer größer werdenden Markt an Indie-Gamern, die Spiele entwickeln, die kulturell wertvoll sind – weil sie uns zeigen, wie es einem Krebspatienten im Endstadium geht oder wie wir einen neuen Planeten besiedeln könnten und trotzdem dabei die Umwelt schützen. Und das sollten wir uns nicht entgehen lassen.

3 Lies den Text gründlich:

a Bestimme vorab den Aufbau des Textes und fasse die These der Autorin zu der Frage, wie mit Ego-Shootern umgegangen werden sollte, in eigene Worte.
Schreibe in dein Heft.
Du kannst so beginnen:

Z. 1–27 Einleitung, aktueller Anlass ...

b Arbeite die argumentative Struktur des Textes im Detail heraus. Unterstreiche dazu die Behauptungen orange, die Begründungen grün und die Belege bzw. Beispiele blau.
Skizziere im Anschluss den Schreibplan, der diesem Text zugrunde liegt, in deinem Heft.

c Prüfe, welche Typen von Argumenten verwendet werden, und notiere am Rand: F, W, A, aA.

– **Faktenargument** (F)
  → Fakten/Tatsachen
– **Wertargument** (W)
  → Wertmaßstäbe/Normen
– **Autoritätsargument** (A)
  → Aussagen von Experten
– **analogisierendes Argument** (aA)
  → Vergleich mit Ähnlichem

4 Fifty Shades of Grey: Romantrilogie (2011–2012) der britischen Autorin E. L. James, die durch freizügige erotische Schilderungen Bekanntheit erlangte

4 **Analysiere die sprachliche Gestaltung und ihre Funktion im Text mit Hilfe der folgenden Leitfragen. Schreibe die Ergebnisse stichwortartig in dein Heft und notiere in Klammern die jeweilige Textstelle.**

- Findet sich im Text eine besondere Wortwahl oder Sprachvarietät (z. B. Umgangs- oder Jugendsprache)?
- Werden vor allem einfache oder komplexe Sätze gebildet?
- Gibt es eingeschobene oder nachgestellte Ergänzungen? Wenn ja, wie werden sie vom übrigen Satz abgegrenzt?
- Werden die Leser/-innen angesprochen oder sprachlich mit einbezogen?
- Gibt es (weitere) Elemente der Leserlenkung?
- Finden sich ironische, übertreibende oder andere auffällige Wendungen?

5 **Fasse die Intention (Aussageabsicht) des Textes knapp zusammen. Setze den folgenden Satz fort.**
Die Autorin plädiert dafür, Ego-Shooter als Bestandteil der Alltagskultur nicht nur zu akzeptieren, sondern …

6 **Betrachte die beiden Grafiken zum Spielekonsum in Deutschland genauer.**
a **Kreuze an, ob die folgenden Aussagen voll, zum Teil oder nicht zutreffen.**

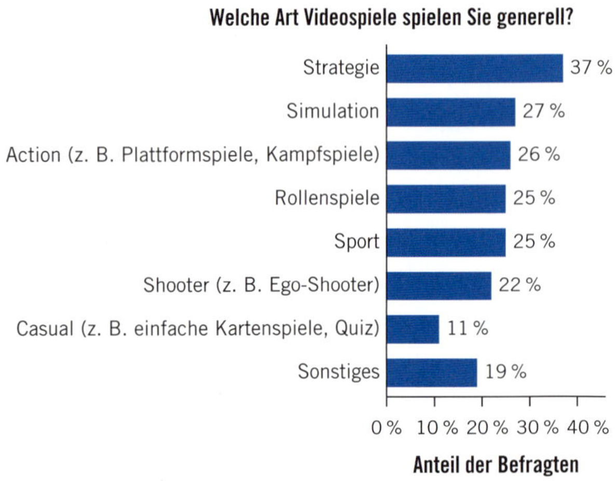

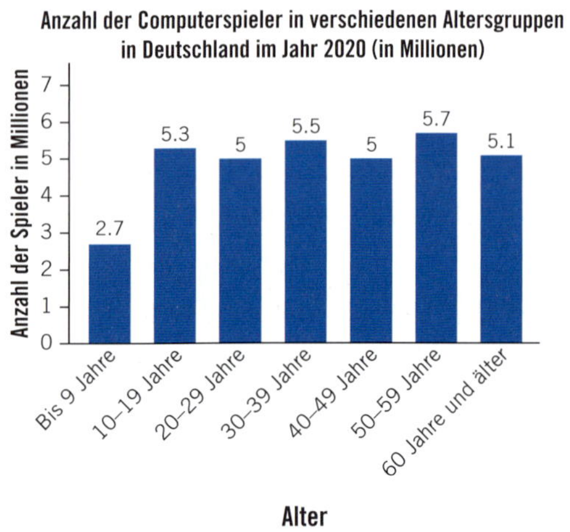

Quelle: Statista Global Consumer Survey ©Statista 2020
Weitere Informationen: Deutschland; 17.02. bis 25.03.2020 und 31.07. bis 23.08.2019; 1.383 Befragte; 18 bis 64 Jahre;

Quellen: game; GfK ©Statista 2020
Weitere Informationen: Deutschland; 2020

	trifft voll zu	trifft nicht zu
Der Anteil der Kinder und Jugendlichen zwischen 10 und 19 Jahren ist deutlich höher als der anderer Altersgruppen.		
22% der Videospiele sind Shooter. Sie stellen also nicht den Großteil der Computerspiele dar.		
Shooter- und Kampfspiele werden eindeutig am häufigsten gespielt.		
Lernspiele nehmen einen wesentlichen Marktanteil ein.		
Bei der Aufgliederung der Altersgruppen ab 10 Jahren lassen sich keine signifikanten (bemerkens-werten) Unterschiede feststellen.		

b **Überprüfe, inwieweit anhand der Statistiken die von Ananda Bräuning angeführten Argumente bestätigt werden können. Ergänze dazu deine Notizen am Rand des Textes.**

Wissen und können **Eine textbezogene Erörterung verfassen**

Eine **textbezogene Erörterung wägt** auf der Grundlage einer in der Regel **argumentativen Textvorlage das Pro und Kontra** zu einer strittigen Frage **ab**.

- In der **Einleitung** machst du Angaben zur Textvorlage: Titel, Autor/-in, Quelle und Thema.
- Im **Hauptteil** bearbeitest du die konkrete Aufgabenstellung. In der Regel fordert sie
  - **eine Textanalyse:** Nennung der Position und Zusammenfassung der zentralen Argumente; Darstellung der Textintention und der sprachlichen Gestaltungsmittel und deren Wirkung;
  - **eine Erörterung:** kritische Stellungnahme zu den Hauptargumenten des Textes. Zustimmung, Widerspruch oder teilweise Zustimmung sind begründet darzulegen.
  - ein **Fazit:** eindeutiges Aussprechen für oder gegen eine Position, Abwägen und Formulierung von Positionen.
- **Abschließend** fasst du deine Position zusammen.

Im Unterricht wurde folgende Aufgabe gestellt:

- Analysiere Ananda Breunings Kommentar „Ego-Shooter gehören zur Alltagskultur". Gib dabei dessen Inhalt und Struktur wieder und zeige auf, welche sprachlichen Gestaltungsmittel sie für ihre Argumentation nutzt.
- Erörtere im Anschluss, die Position der Autorin, dass Ego-Shooter als Teil der Alltagskultur akzeptiert werden sollten.

7 Der folgende Text bildet die Einleitung des Aufsatzes.

a Beschreibe in Stichpunkten im Heft, wie die Einleitung gedanklich aufgebaut ist.

b Setze den Text in deinem Heft mit einer Überleitung zum Hauptteil fort.

Tipp: Benenne dazu knapp die Intention der Autorin und leite dann zur folgenden Analyse des Textes über. Du kannst auch schon hier darauf verweisen, dass im Anschluss die Position der Autorin erörtert wird.

Die Aufgabe ist klar definiert: Es gilt, 14 Feinde lautlos zu töten und die feindliche Militärbasis zu übernehmen. Aber vorher müssen noch die Mathe-Hausaufgaben gemacht werden ... Szenen wie diese gehören zum Alltag in vielen Familien. Action- und Kampfspiele sind aus der Lebenswelt vieler Jugendlicher nicht mehr wegzudenken. In ihrem Kommentar „Ego-Shooter gehören zur Alltagskultur", der anlässlich der Gamescom-Messe 2015 auf der Homepage der Deutschen Welle (DW) veröffentlicht wurde, beschäftigt sich Ananda Bräuning mit der Thematik ...

alltägliche Begebenheit,

Bruch Spiel - Realität →

8 Im folgenden Aufsatz eines Schülers wurden für den Beginn des Hauptteils einige Kerngedanken des Kommentars von Ananda Bräuning zusammengefasst. Lies den Text.

Schon die Überschrift „Ego-Shooter gehören zur Alltagskultur" zeigt klar die Haltung der Autorin, dass Computerspiele aus unserer Gesellschaft nicht mehr wegzudenken sind. Sie selbst, so beginnt sie in der Einleitung ihres Kommentars, sei mit Computerspielen aufgewachsen. Dennoch aber sei auch sie von der Flut an Angeboten, wie sie auf der Gamescom-Messe in Köln präsentiert werden, überwältigt. Schon die ungeheuer große Zahl an digitalen Spielen, zu denen auch die Ego-Shooter gehören, verdeutliche aber, dass Computerspiele ein „elementarer Bestandteil unserer Kultur" (Z. 25) geworden seien und wir uns notgedrungen mit diesen auseinandersetzen müssen.

Einen ersten Hinweis darauf, dass das Thema Computerspiele alle betreffe, sieht sie darin, dass nicht nur Jugendliche mit elektronischen Geräten spielen, sondern auch Erwachsene bis hin ins Großeltern-Alter. Genutzt würden die digitalen Spiele dabei

Z. 14-19

Z. 19 f.

sowohl zur Unterhaltung als auch als Arbeitsmittel in Schulen oder beim Lernen zu Hause.
Dem in der Folge von vielen Kritisierenden angeführten Einwand, Computerspiele dienten nur dem Kommerz, entgegnet sie mit dem Hinweis auf die wissenschaftlichen Arbeiten des Kulturhistorikers Johan Huizinga. Dieser erkannte schon in den 1930er-Jahren, dass Spielen ein Teil des menschlichen Wesens sei und sich „kulturelle[-] Systeme wie Politik, Wissenschaft, Religion oder Recht" (Z. 52 f.) erst im Spiel entwickelt hätten. Wenn aber das Spielen, wie sie feststellt, seit Urzeiten zum Wesen des Menschen gehöre, so sei es nicht verwunderlich, dass die Menschen im digitalen Zeitalter eben digitalen Spielwelten zugetan seien.
Zweifelsohne, so räumt die Autorin im nächsten Schritt ein, gebe es auch schlechte, pädagogisch wenig wertvolle Computerspiele, die möglicherweise die Aggressivität der Menschen förderten. Mit dem Verweis auf die Freiheit des individuellen Geschmacks akzeptiert sie aber auch diese. Die Verantwortung liege ihrer Meinung nach eher bei den Eltern, die sich darum kümmern müssten, was ihre Kinder spielten, und Computerspiele weder ignorieren noch dämonisieren dürften. Vielmehr sieht sie abschließend in besonders wertvollen Spielen, die z. B. den Umgang mit den Mitmenschen oder der Umwelt thematisierten, eine Chance, die wir nutzen sollten.
In ihrem Artikel informiert Ananda Bräuning über die Bedeutung des Spielens für den Menschen und die menschliche Gesellschaft im Allgemeinen. Mit Blick auf die Computerspiele appelliert sie an die Leser/-innen, sich daher nicht nur mit deren Existenz abzufinden, sondern – trotz mancher Einschränkungen – auch ihren Wert für sich selbst zu erkennen, sie sogar als Chance zu sehen und auch zu nutzen.

9 Betrachte den Schülertext genauer.

a Notiere am Rand die Zeilennummern der Passagen des Kommentars, auf die im Aufsatz Bezug genommen wird.

b Unterstreiche die Passagen, die Ananda Bräunings Behauptungen benennen, blau und die Passagen, die ihre These(n) in eigene Worte fassen, grün.

10 Die Analyse der Textvorlage umfasst auch die Untersuchung der auffälligen sprachlichen Gestaltungsmittel und ihrer Funktion. Verfasse in deinem Heft diesen Teil des Aufsatzes. Begründe deine Aussagen mit konkreten Zitaten aus dem Text (mit Zeilenangabe). Verwende die Formulierungshilfen aus dem Kasten.

Der Satzbau des Textes ist geprägt von ... • Mit Hilfe einfacher Aussagesätze gelingt der Autorin ... • Immer wieder stellt sie Spannung her, indem sie Sätze mit einem Doppelpunkt enden lässt und somit ... • Häufig benutzt die Autorin die 1. Person Singular oder Plural, wodurch sie ... • Auffällig ist die häufige Verwendung von Begriffen aus der Computerspielszene, z. B. ... . Damit erreicht sie ... • Wiederholt leitet die Autorin wichtige, kurze Aussagen mit „Und" ein (z. B. Z. 43, 76, 91). Die Sätze werden damit ... • Pointierte Aussagen werden des Öfteren in Parenthesen gesetzt oder als nachgestellten Zusätzen formuliert, die mithilfe von Gedankenstrichen abgesetzt werden. Damit gelingt es der Autorin ...

11 Sollen Ego-Shooter als Teil der Alltagskultur akzeptiert werden? Setze dich im zweiten Abschnitt des Hauptteils, der textbezogenen Erörterung, mit dieser Frage auseinander.

a Entwirf einen Schreibplan für deine Argumentation. Ordne die Argumente dabei entsprechend der im „Wissen und können"-Kasten (► S. 12) aufgeführten Möglichkeiten. Für die Argumentation kannst du auch die Informationen aus Aufgabe 6 (► S. 16) verwenden.

b Formuliere die Erörterung. Schreibe in dein Heft. Verwende die folgenden Verknüpfungen/Überleitungen.

Ananda Bräuning hebt hervor, dass ... • Zu bedenken ist jedoch ... • Wenn im Text das Argument ... angeführt wird, so ist das zwar nachvollziehbar, jedoch ... • Die Aussage ... erscheint zwar richtig, vergisst aber ... • Wer behauptet, dass ..., lässt völlig außer Acht, dass .. • Die Aussage ... blendet aus, dass ... • Einwenden möchte ich jedoch, dass ...

12 **Schreibe das Fazit für deine Erörterung in dein Heft. Die Formulierungen rechts dienen als Hilfestellung.**

Wenn ich ... und ... gegeneinander abwäge, komme ich zu dem Schluss, dass ... • Die Frage, ob ..., hängt eng damit zusammen, wie ... • Wenn man bedenkt, dass ..., würde ich mir wünschen, dass ... • Wenn man sich vor Augen führt, dass ... • Mein Fazit zu der Frage, ob man ..., lautet ... • Falls ..., könnte ich mir vorstellen, dass ...

13 **Wähle aus den folgenden Möglichkeiten für einen abrundenden oder weiterführenden Gedanken einen aus und vervollständige ihn.**

☐ A Gewalt in Spielen mag bedenklich sein, bedenklicher jedoch ist die tatsächliche Gewalt, über die täglich in den Nachrichten berichtet wird. Der Blick auf ...

☐ B Wie so oft zeigt sich bei der Frage nach der Rolle von Ego-Shootern vor allem, wie wichtig es ist, dass die Generationen miteinander in Kontakt bleiben. Es ist schließlich ...

☐ C Allen Beteiligten sollte klar sein, dass die Freizeitbeschäftigungen Jugendlicher nur bedingt zur Fähigkeit, gewaltfreie Konfliktlösungen zu finden, beitragen können. Von zumindest gleichrangiger Bedeutung ist die Vorbildfunktion ...

____

____

14 ●●● **Arbeite eine Checkliste für die Überarbeitung der textbezogenen Erörterung aus. Streiche von den hervorgehobenen Angaben jeweils die unpassende.**

Einleitung:
Machst du Angaben zur Textvorlage / zur Argumentationsführung der Autorin?
Führst du in das aktuelle Weltgeschehen / in das Thema des Textes ein?

Hauptteil:
A Textanalyse:
- Hast du die Kerngedanken, Thesen und Argumente ausführlich wiedergegeben / zusammengefasst?
- Hast du erklärt, welche Absicht der Text verfolgt?
- Hast du die sprachlichen/gedanklichen Gestaltungsmittel analysiert?

B Erörterung:
- Hast du dich mit den Ideen/Argumenten der Textvorlage kritisch auseinandergesetzt?
- Hast du deine Intention/Position durch überzeugende Argumente und Beispiele/Belege gestützt?
- Hast du die Zusammenhänge sprachlich durch sinnvolle Verknüpfungen / originelle Formulierungen deutlich gemacht?
- Hast du ein Fazit gezogen?

Schluss:
Hast du den Standpunkt der Autorin / deinen Standpunkt gut zusammengefasst?

Sprachliche Richtigkeit und Formales:
- Trennen Absätze/Gedankenstriche Einleitung, Hauptteil und Schluss voneinander?
- Formulierst du im Präteritum/Präsens?
- Verwendest du die direkte Rede / die indirekte Rede für Textwiedergaben und zitierst du korrekt?
- Hast du Rechtschreibung, Zeichensetzung, Grammatik überprüft?

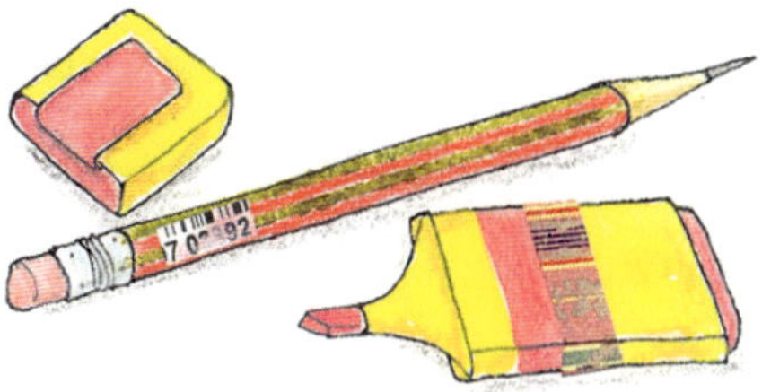

15 ●●● **Überarbeite deinen Aufsatz mit Hilfe deiner Checkliste.**

Einen Essay verfassen

Wissen und können | **Einen Essay verfassen**

„Essay“ (französisch *essai*, deutsch *Versuch*) ist die Bezeichnung für einen **bewusst subjektiven, reflektierenden Text** über ein bestimmtes Thema. Eine genaue Definition ist wegen des kreativen und offenen Charakters schwierig.
Ähnlich wie die Erörterung stellt ein Essay die **Haltung der Verfasserin/des Verfassers** zu einer offenen Frage durch die **kritische Beurteilung** und die **Vorstellung unterschiedlicher Positionen** dar.
Im Unterschied zur Erörterung wird in einem Essay das Thema meist **weniger systematisch** und **weniger sachlich dargestellt,** sondern eher **individuell** bis **aspekthaft, assoziativ und variantenreich.** Dabei werden Gedanken vor den Augen der Lesenden entfaltet, indem z. B. **Lösungsmöglichkeiten durchgespielt werden.** Auch werden **Aussagen oft zugespitzt** und **provokativ** formuliert.
Der Essay enthält neben **argumentativ-erörternden** oft auch **beschreibende** und **schildernd-erzählende** Elemente

Ausblick zum Jahreswechsel: 2021 wird das Jahr des Gelabers

Von Sascha Lobo

Das zweite Corona-Jahr steht vor der Tür, mit ihm kommt die Kalte Krise. Es herrscht nun eine ständige Bedrohung, die jederzeit ausbrechen kann. In ihrer Angst reden die Menschen viel – und ja, das hilft.

Etwas *zu* einfache Vorhersage vielleicht, aber 2021 wird das Jahr des Gelabers. Luftheißes, dampfplauderiges, schwafelsaures Gelaber, so scheint es. Alle reden irgendwie von Dingen, von denen sie nichts verstehen. Eine so naheliegende Prognose erfordert trotz ihrer Schlichtheit eine Definition: Gelaber ist der deutsche Begriff, der dem amerikanischen *bullshit* am nächsten kommt. Klassisches Gelaber ist gleichzeitig so irrelevant und falsch, dass noch nicht einmal das Gegenteil richtig und wichtig ist.

Der große Gelaberologe Harry G. Frankfurt beschreibt in seinem Standardwerk „On Bullshit“ den entscheidenden Zusammenhang: „Die Produktion von Gelaber wird stimuliert, wann immer die gefühlte Verpflichtung sich zu äußern größer wird als die Kenntnis der Fakten ... das gilt umso mehr für Leute, die glauben, es sei ihre Verantwortung als moralisch handelnde Menschen, sämtliche Zustände und Ereignisse in aller Welt zu bewerten.“

2021 wird das Jahr des Gelabers, weil fast niemand ausreichend viel über Corona weiß, aber fast alle glauben, sie müssten jedes Zwischenergebnis ausgiebig bewerten. Zum Beispiel in sozialen Medien wie Facebook, Instagram, Twitter und den Kommentarspalten der Nachrichtenseiten. Wir treten mit dem Impfstart ein in die nächste Phase der Krise, die Corona heißt. Gelaber und Krisen, das weiß man spätestens seit den Debatten über die Klimakrise,

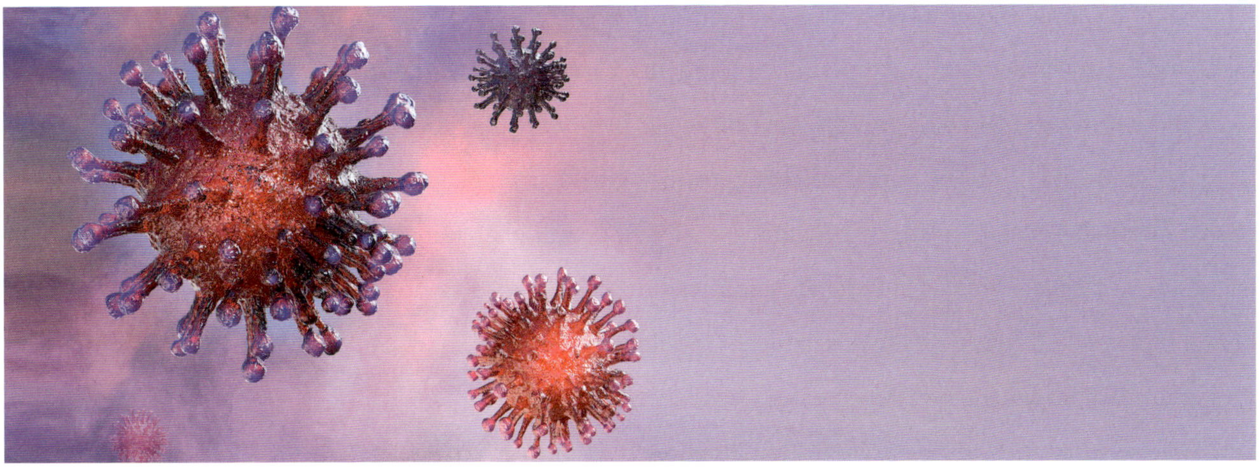

bedingen sich auch im 21. Jahrhundert gegenseitig. Die anhaltende Coronakrise produziert auch deshalb neue Größenordnungen von Gelaber, weil es sich wahrscheinlich um eine neue Krisenform handelt.

Der Krisenforscher Rüdiger Graf stellt im „Handbuch Krisenforschung" fest: „Krisen sind nicht in der Welt, sondern eine Situation wird erst dadurch zur Krise, dass sie sprachlich und narrativ als solche gefasst wird." Das erklärt die neue Qualität der Coronakrise, die erste globale Pandemie in Zeiten von allgegenwärtiger Dauerkommunikation, die ständig neue sprachliche und narrative und dahingelaberte Fassungen der Krise produziert. Das, was die globale Gesellschaft überhaupt unter Krise versteht, wandelt sich mit den neuen Möglichkeiten, davon zu erzählen. Soziale Medien erschaffen gewissermaßen eine eigene Form der Krise.

Krise und Fortschritt sind eng miteinander verbunden

[...] Eine Kalte Krise bedeutet, dass für die große Mehrheit der Menschen eine ständige Bedrohung vorhanden ist, die jederzeit ausbrechen, also heiß werden kann. Fast alle fühlen die Gefahr, die Einschläge scheinen näherzukommen, manche erwischt es. Anspannung total. Die einzige Hoffnung liegt ganz unmittelbar im Fortschritt, wann ist je eine Impfung global so sehr herbeigewünscht worden? Jeder Rückschlag wie eine Virusmutation wird vom Publikum so intensiv wie vulgärwissenschaftlich diskutiert, hier scheint der Quell des großen Gelabers zu liegen. Die Leute reden und reden und reden über Corona, halten sich an jedem kleinen Wissenshalm fest, Drosten[1] gestern im Podcast, aber der Schwager meiner Tennislehrerin, die Ute kennt jemanden, der. Immer in der Erwartung, die eigene, noch so halbinformierte Beschäftigung mit dem Thema würde irgendwas verbessern.

1 Christian Drosten: deutscher Virologe

Und Überraschung: Das stimmt!

Denn wir haben es nicht nur mit einer neuen Form der Krise zu tun, sondern – vor allem durch die Digitalisierung – auch mit einer neuen Form des Gelabers, das natürlich nicht nur, aber doch auch positive Aspekte mitbringt. Zunächst macht das eigene Gelaber die Kalte Krise leichter bewältigbar, und das ist viel wert. Deshalb blüht das Gelaber schon jetzt, und 2021 wird es noch heftiger. Eine selten beachtete Eigenschaft des Gelabers ist seine Funktion als Pfeifen im Walde, der eigenen Angst entgegenzulabern.

Von Katzen weiß man, dass sie in Extremsituationen schnurren, um sich selbst zu beruhigen, das Schnurren des Menschen ist das einlullende Selbstgespräch. Meist in Anwesenheit Dritter, die als Scheinpublikum dienen, obwohl wir mit uns selbst reden. Ohne unser eigenes, ständiges Gelaber über Corona würden wir durchdrehen. In der sozialen Variante erzählen sich Ähnlichgesinnte gegenseitig etwas von Spike-Proteinen, Aerosolverbreitungsschemata oder mRNA-Vakzinen, die sie über das bloße Wort hinaus kaum wirklich begreifen. Aber sie versuchen es, viele sehr ernsthaft, und das ist eine neue, unterschätzte Qualität.

Nie kannten sich so viele Menschen so gut mit einer Krankheit aus

Ja, 2021 wird das Jahr des Gelabers, aber das Gelaber der Kalten Krise Corona ist nicht wie das frühere, jedenfalls nicht immer. Der völlig unerträgliche Spott von „80 Millionen Virologen“ verdeckt die enorme Leistung, die hinter der sehr schnellen und weitgehenden Verbreitung neuer, wissenschaftlicher Erkenntnisse im Moment ihrer Entstehung steckt. Nie zuvor kannten sich so viele Menschen so gut mit einer Krankheit aus. Und das ist nicht nur das Verdienst der Forschenden und Vermittelnden, sondern hängt auch am Mut des Publikums zum Gelaber. Sich immer wieder an das aktuelle Wissen heranzuplappern – was natürlich nur mit einer gewissen Fehlerkultur geht.

Denn das unterscheidet den alten Bullshit vom neuen, multifunktionalen Gelaber: die Bereitschaft einzulenken, umzuschwenken. Harry G. Frankfurts obige, von der Wurstigkeit der Laien genervte Einlassung kann man auch als Anleitung lesen. In Zeiten, in denen es auf das rationale, einsichtige Handeln der Vielen ankommt, ist es tatsächlich „ihre Verantwortung als moralisch handelnde Menschen, sämtliche Zustände und Ereignisse in aller Welt zu bewerten“. Und wenn das nur mit dem neuen Gelaber geht, dann sei es so.

1 a Ergänze am Rand mit möglichst einer anderen Farbe Anmerkungen zur Argumentationsweise der Autorin. Stelle dir dazu Fragen wie: Wo erläutert die Autorin einen Sachverhalt? Wo wird etwas definiert? Wo appelliert sie an die Leser/-innen?

b Gliedere den Text in Absätze und fasse jeden mit einer Zwischenüberschrift zusammen.

c Unterstreiche unklare Textstellen und kläre sie mit Hilfe des Kontextes.

d Unterstreiche auffällige stilistische Gestaltungsmittel.

2 Führe ein Brainstorming zum Thema „Gelaber" durch. Übertrage dazu die folgende Mind-Map in dein Heft. Notiere darin die Antworten auf die Fragen aus dem Beispiel. Erstelle anschließend mit Hilfe deiner Ergebnisse eine ausführliche Stoffsammlung.

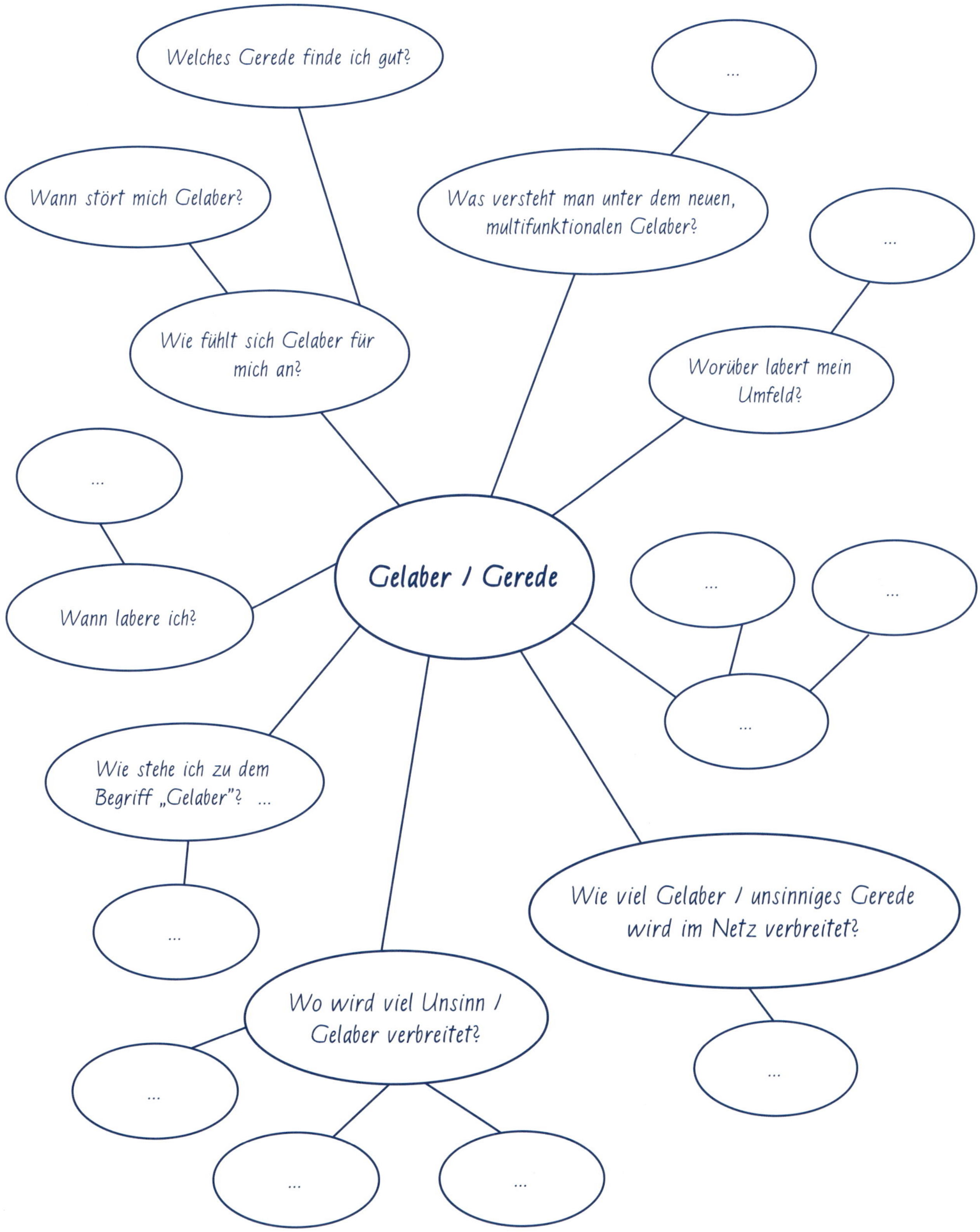

3 Verfasse selbst einige essayistische Passagen zum Thema Gelaber bzw. Gerede. Gehe so vor:

a Markiere in deiner Mind-Map (▶ Aufgabe 2) das Teilthema farbig, mit dem du dich befassen möchtest. Schreibe auf die Zeilen unten einen ersten Entwurf für eine Überschrift deines Essays.

b Notiere zu den folgenden Aspekten deine Haltung und deine Assoziationen. Schreibe Sprichwörter, Schilderungen etc. auf, die dir zu deinem Thema einfallen.

Tipp: Greife auch auf den Text von Sascha Lobo und deine Notizen in der Randspalte (▶ Aufgabe 1) zurück.

Überschrift (Erstentwurf): ______________________________

____

Meine Gedanken

____

____

____

____

____

____

Andere Sichtweisen / Positionen

____

____

____

____

____

____

Fragen / Reflexion / Vorschläge für den Umgang mit dem Thema in der Gesellschaft / Blick in die Zukunft

____

____

____

____

____

____

Wissen und können **Den Stil eines Essays untersuchen – sprachliche Gestaltungsmittel**

Der **Stil** ist die Art und Weise, **wie etwas schriftlich oder mündlich zum Ausdruck gebracht wird. Sprachliche Gestaltungsmittel** dienen dabei dazu, bestimmte Wirkungen zu erzeugen und einem Text einen bestimmten **Grundcharakter** zu geben.
Sprachliche Gestaltungsmittel in einem Essay (▶ S. 20 ff.) sind insbesondere:
- **Hyperbel** (**Übertreibung**), z. B.: *2021 wird das Jahr des Gelabers* (S. 20, Z. 4)
- **Ironie:** Man sagt das Gegenteil dessen, was man meint, z. B.: *80 Millionen Virologen* (S. 22, Z. 65)
- **Leseransprache**, z. B.: *Wir treten mit dem Impfstart ein in die nächste Phase der Krise, die Corona heißt.* (S. 20, Z. 20 f.)
- **Metapher** z. B.: *Quell des großen Gelabers* (S. 21, Z. 41 f.)
- **Neologismus (Wortneuschöpfungen),** z. B.: *Gelaberologe* (S. 20, Z. 11)
- **Paradoxon (Scheinwiderspruch),** z. B.: *Manchmal labert man Dinge, die man nicht wirklich meint.*
- **Parataxe (Reihung von Hauptsätzen),** z. B.: *Die einzige Hoffnung liegt ganz unmittelbar im Fortschritt, wann ist je eine Impfung global so sehr herbeigewünscht worden?* (S. 21, Z. 38 ff.)
- **Pointe (überraschende Wendung oder einen unerwarteter Schluss),** z. B.: *Und wenn das nur mit dem neuen Gelaber geht, dann sei es so.* (S. 22, Z. 78)
- **Umgangssprache,** z. B.: *Gelaber* (S. 20, Z. 5)

4 **Entscheide dich für eine maßgebliche Wirkung deiner Ausführungen. Notiere einige Aspekte, die dir zu der gewählten Vorgehensweise einfallen:**

– Soll dein Text unterhalten, provozieren oder schrittweise aufzeigen, wie du zu deiner Position gelangt bist?
– Möchtest du mit einem witzigen Spruch, Beispielen oder einer provokanten Aussage beginnen?

____

____

____

5 **a** **Kreuze an, wie du deine essayistische Passage beginnen möchtest.**

☐ mit der Schilderung einer **persönlichen Erfahrung** beginnen, z. B.:

Jeder von euch saß schon einmal mit einer Gruppe von Freunden zusammen und es ergab sich dabei eine angeregte Gesprächssituation ...

☐ eine **Frage an die Leser** stellen, z. B.:

Was bedeutet eigentlich Gelaber, Gerede? Was macht eine Äußerung zum Gelaber? Findet es unbewusst statt oder bewusst? ...

☐ mit einem **passenden Zitat** einsteigen, z. B.:

„Hätte, wenn und aber, alles nur blödes Gelaber", sagt Hermann Gerland (ehem. Fußballspieler, Fußballtrainer). ...

b **Formuliere einen Einstieg für deinen Essay.**

____

____

____

____

6 Markiere in der folgenden Überarbeitung stilistische Gestaltungsmittel und benenne sie in deinem Heft.

Entwurf: *„Stammtischgerede" nennt man das Phänomen, bei dem sich Menschen oft der Meinung einer Mehrheit anschließen, weil sie gern zu dieser bestimmten Gruppe gehören und von dieser anerkannt sein wollen. Das gilt besonders für Meinungen, die in nicht öffentlichen Zusammenkünften im privaten Umfeld geäußert werden. Es ist einfach, sich diesen Äußerungen anzuschließen. Bevor man diese einer Prüfung unterzieht, hat man sich der Meinung der Anwesenden angeschlossen und ein Gefühl von Gemeinsamkeit entsteht.*

Überarbeitung: *Stammtischparolen kennt jeder. Hier werden Halbwahrheiten schwarz und weiß gepinselt, damit auch die komplexesten Themen so eingekocht werden können, dass wirklich alle mitreden können. Aus Wissen wird Scheinwissen, aus vernünftigen Argumentationen Hau-drauf-Rhetorik.*
Die Förderung des „Wir-Gefühls" ist der Grund, dass sich Menschen oft der Sichtweise einer Mehrheit anschließen. Willst du nicht auch gern dabei sein, einer - möglichst beliebten - Gruppe angehören und Zustimmung erhalten, wenn du redest? Jeder wird zugeben: die Verlockung, mit dem Freundeskreis einer Meinung zu sein, ist in allen Lebensbereichen groß. „Wir kennen uns aus" und „Die Anderen werden sich noch umschauen" sind polarisierende Standardformulierungen, anhand derer manche Gruppe scharf über Andersartige urteilt. Jch will dies am Beispiel von ...

7 **a** Formuliere dein erstes Argument aus. Verwende dabei stilistische Gestaltungsmittel. Schreibe auf die Linien.

b Untersuche dein eigenes Argument darauf, ob du mit ausreichend sprachlichen Gestaltungsmitteln gearbeitet hast. Überarbeite ggf. deinen Entwurf in deinem Heft.

8 **a** Formuliere dein erstes Gegenargument aus. Schreibe in dein Heft.
b Untersuche, ob du auch bei deinem Gegenargument ausreichend sprachliche Gestaltungsmittel verwendet hast. Überarbeite dein Gegenargument ggf. in deinem Heft.

9 Verfasse nun deine vollständige essayistische Argumentation in deinem Heft. Nutze dazu deine Vorarbeiten aus den vorangegangenen Aufgaben.
Ergänze auch eine passende Überschrift.

10 Überprüfe, ob du mit ausreichend sprachlichen Gestaltungsmitteln gearbeitet hast. Überarbeite ggf. deinen Entwurf.

Einen argumentativen Sachtext analysieren

Wissen und können **Leitfragen für die Analyse eines Sachtextes**

Ein Sachtext verfolgt meist eine **Intention,** er will z. B. informieren, werten oder beeinflussen. Analysiere folgende Aspekte des Textes:

1 **Inhalt und Gedankengang (Argumentationsaufbau):**
- Auf welches Thema konzentriert sich der Sachtext? Was sind die Kernaussagen/Thesen?
- Welche Argumente werden angeführt? Ist die Argumentation überzeugend?
- Werden Gegenargumente bzw. wird die Gegenposition berücksichtigt?

2 **Intention (Aussageabsicht) des Textes:**
- Will der Autor / die Autorin zu einem Thema Stellung nehmen und die Lesenden beeinflussen?
- Will er/sie über einen Sachverhalt aufklären und/oder zum Nachdenken anregen?

3 **Sprachliche Besonderheiten und ihre Wirkung:**
- Wortwahl, Sprachstil, z. B.: sachlich, provokant, Fachbegriffe/Fremdwörter, bildhafte Sprache
- Leseransprache, z. B.: Werden die Lesenden direkt angesprochen (z. B. durch rhetorische Fragen)?
- rhetorische Stilmittel, z. B.: Vergleiche, Wiederholungen, Ellipsen, Übertreibungen, Wortspiele

Schritt 1: Den Text lesen und verstehen

1 **Lies den Text und unterstreiche Wesentliches.**

2 **Notiere in der Randspalte Erläuterungen zu den inhaltlichen Schwerpunkten, die der Text setzt. Beachte dabei die Zwischenüberschriften.**

Maria Stubbe: Wenn die Robotik Einzug in die Pflege erhält (2021)

Nicht erst durch die Coronakrise wurde deutlich: Die Pflegekräfte in Deutschland sind völlig überlastet. Es fehlt an Geld, an Zeit, an Kräften. Pflegekräfte in Vollzeit leisten tagtäglich, nachts, am Wochenende und an Feiertagen körperliche und zwischenmenschliche Höchstleistung. Manche Patientinnen und Patienten in Altenheimen brauchen schon morgens beim Aufstehen, Waschen und Anziehen Unterstützung. Viele benötigen Hilfe, um an den Esstisch zu gelangen, sofern sie allein essen können und nicht gefüttert werden müssen.
Patientinnen und Patienten, die dauerhaft im Bett liegen, müssen regelmäßig gewendet werden, damit sie sich nicht wund liegen. Manche tragen Windeln, anderen leiden an Demenz und versuchen regelmäßig, die Einrichtung zu verlassen. Und dann sind da noch die Menschen, die selten Besuch bekommen, die einfach nur einmal erzählen möchten oder zuhören.
Wäre es da nicht schön, wenn es Unterstützung gäbe? Damit den Pflegekräften genügend Zeit für die Pflege des Zwischenmenschlichen bei den Patientinnen und Patienten bleibt und sie sich nicht selbst körperlich zugrunde richten?

These: Pflegekräfte sind überlastet

Entlastung der Pflegekräfte

Es soll sie geben, diese Entlastung. In Form eines Roboters. „Was soll denn die Technik hier helfen?“, fragen die Betroffenen. „Es geht hier schließlich nicht um Fließbandarbeit! Es sind nicht nur Kleinteile zusammenzufügen. Es handelt sich um komplexe Abläufe!“

Roboter können aber Verschiedenes leisten und könnten die Pflegekräfte entlasten, gerade da, wo es an die körperliche Kraft geht. Ein Roboter kann Patientinnen und Patienten helfen, aus dem Bett aufzustehen, um beispielsweise ins Bad oder zur Toilette zu gelangen. Das kann der Roboter sogar leisten, ohne seinen Rücken zu schädigen, wohingegen die Pflegekraft früher oder später mit Rücken-, Schulter-, Knie- oder Hüftproblemen rechnen muss.

Lernfähig und zuverlässig in den Abläufen

Doch auch die komplexen Abläufe sind für die Roboter kein Problem. „Sie sind lernfähig. Wiederkehrende Abläufe können sie problemlos erledigen und dabei auch noch Neues hinzulernen", betonen Forschende und Wissenschaftler/-innen. Auch ist sichergestellt, dass sie in all der Hektik, die gerade zu den Stoßzeiten wie dem Aufstehen, den Essenszeiten oder zur Schlafenszeit herrscht, nichts vergessen. Denn die Abläufe sind einprogrammiert. Ein Mensch kann hier schnell einmal abgelenkt sein oder auch zu einer anderen Patientin bzw. einem anderen Patienten gerufen werden.
Die Zeit, sich den zwischenmenschlichen Bedürfnissen zu widmen und auch einmal etwas länger zuzuhören, wäre gegeben, wenn ein unterstützender Roboter in den Alltag eingebunden wäre und die Arbeiten erledigen würde, die er gut meistern kann und die eine große Entlastung bieten.

Beliebt bei den Bewohnerinnen und Bewohnern

Auch wenn manch einer dem Einsatz dieser praktischen Gehilfen skeptisch gegenübersteht, sind die probeweise eingesetzten Roboter in der Praxis bisher sehr beliebt.
Es gibt sie in verschiedenen Ausführungen: kleiner und größer, als Schmusetier, humanoid mit Kopf, Rumpf und Armen, aber ohne Beine, damit sie stabiler stehen. Hauptsache ist jedoch, dass sie sympathisch aussehen. Sicher wird sich hier auch noch einiges weiterentwickeln.
Die Bewohner/-innen reagieren zu Beginn meist eher skeptisch, bis sie ihre erste „Unterhaltung" mit dem Roboter führen. Gerade die an Demenz leidenden Patientinnen und Patienten zeigen große Zuneigung für die kleinen Helfer: Mit ihnen können sie reden und für sie sorgen. Gerade eine solche Aufgabe zu haben, ist an dieser Stelle sehr wichtig.

Hohe Kosten

Doch leider ist nicht alles Gold, was glänzt. Nicht nur die Kosten der Herstellung der komplexen Technik-Wunder sind hoch. Auch die Anschaffungskosten sind enorm. Ganz zu schweigen von Pflege, Wartung und Reparatur, denn sie funktionieren oft mit sensiblen Sensoren. Die meisten Roboter müssen aufgeladen werden. Eine taktile Internetverbindung ist von Nöten. Bei manchen ist eine komplexe Fernsteuerung notwendig. Das alles kostet.
Doch wer zahlt das? Die Krankenkassen springen hier jedenfalls nicht ein, auch wenn dieses Ziel angestrebt wird. Einzelne Pilotprojekte werden vom Bund gefördert. Aber das schafft auch keine Erleichterung für die Menschen, die gern zu Hause wohnen bleiben würden, aber sich einen solchen Roboter nicht leisten können.
Eine weitere Frage ist die nach der Versicherung: Wer übernimmt die Kosten, wenn ein Roboter kaputtgeht, wenn er etwas zerstört oder wenn ein Mensch verletzt wird? Eine Versicherung abzuschließen, die diese Punkte abdeckt, ist ebenfalls sehr kostspielig.

Das Zwischenmenschliche fehlt

Was die meisten allerdings kritisieren, ist die Frage nach dem Zwischenmenschlichen. Wer möchte denn bitte sehr morgens von einer metallischen Stimme geweckt werden? Steife, kalte Metallfinger ziehen die Decke weg. Man stützt sich auf eine glatte, kalte Fläche auf, um aus dem Bett zu steigen. Abfertigung wie am Fließband.
Und wenn man an diesem Morgen Schmerzen hat? Zerrt der Roboter dann trotzdem an einem? Und wenn man einen fürchterlichen Traum hatte oder heute ein schlechter Tag ist? Der Roboter kann die Gefühlsregungen nicht wahrnehmen und deuten, nicht darauf eingehen. Selbst wenn er fragt, wie man geschlafen hat oder wie es einem geht: Wer antwortet hier schon ehrlich? Was soll der denn auch als Antwort darauf geben, wenn man sagt: „Ich vermisse meine Familie!"
Kritiker/-innen sind sich einig: Auch wenn eine KI schon einiges leisten kann – das Zwischenmenschliche kann nicht technisch ersetzt werden.

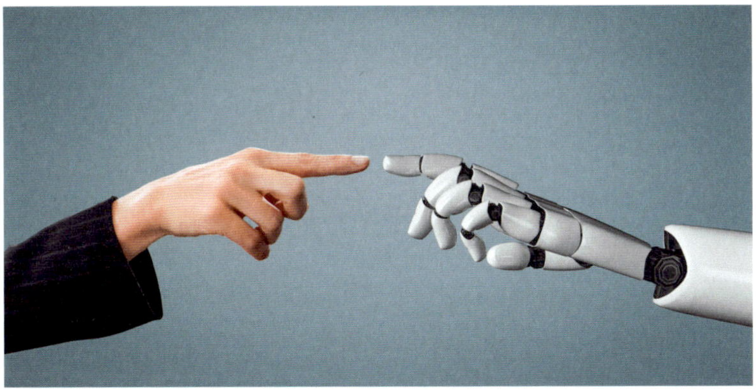

Pflegekräfte fürchten Entlassungen

Eine berechtige Sorge der Pflegekräfte darf daneben nicht vergessen werden: Sollten die Roboter keine Pilotprojekte mehr sein und in einem Hightech-Land tatsächlich kostengünstig hergestellt und eingesetzt werden können, könnte es dann wie in der Industriellen Revolution zu massenweise Entlassungen des Pflegepersonals kommen? Schließlich wird ein Roboter nicht müde oder krank, er wird keine körperlichen Schäden von seiner harten Arbeit davontragen. Er braucht keinen Urlaub oder möchte einmal die Schicht tauschen, weil die eigenen Kinder krank sind oder die Großmutter einen runden Geburtstag feiert. Wenn er letztlich auch noch kostengünstiger ist als eine menschliche Pflegekraft: Wer garantiert, dass der Mensch nicht in der nächsten Branche von der Maschine abgelöst wird?

Die Technik wird voranschreiten

Der Clou an dem Gedanken, dass die Maschinen irgendwann zu Hause eingesetzt werden, um möglichst lang ein selbstbestimmtes Leben führen zu können, ist ein löblicher Gedanke. Aber wie immer geht es hier auch darum, ob es wirtschaftlich rentabel ist.
Es scheint sicher, dass die Forschung und Entwicklung auf diesem Gebiet weiter voranschreiten wird. Aber ob sie sich durchsetzen wird und falls ja, mit wie viel Enthusiasmus das aufgenommen wird, ist derzeit nicht absehbar.

Dieser Text wurde eigens für das Arbeitsheft verfasst.

3 a **Markiere nun aussagekräftige, wichtige Textstellen und unterstreiche dir unbekannte Wörter (z. B. Fachbegriffe).**

b **Welche Aussage zu der im Text dargestellten Position trifft zu? Kreuze an. Begründe deine Wahl im Heft.**

A ☐ In dem Text wird der mögliche Einsatz von Robotik im Alltag der Pflegeheime diskutiert, indem Vor- und Nachteile aufgeführt werden.

B ☐ In dem Text wird der Ersatz des Pflegepersonals in Altenheimen durch den Einsatz von Roboterassistenten hinterfragt, indem vor den Risiken gewarnt wird.

C ☐ In dem Text wird der Einsatz von Pflegerobotern in der Altenpflege erläutert, indem die Forschung eines Experten vorgestellt wird.

4 a **Die folgenden Begriffe werden im Artikel (▸ S. 27–29) verwendet. Erkläre ihre Bedeutung, indem du Verbindungslinien ziehst.**

A komplex (Z. 19)	a Künstliche Intelligenz
B Enthusiasmus (Z. 95)	b Kernpunkt, springender Punkt
C sensibel (Z. 53)	c Messfühler
D Sensoren (Z. 53)	d vielschichtig
E rentabel (Z. 92)	e lohnend
F Clou (Z. 89)	f Begeisterung
G KI (Z. 77)	g empfindlich

b **Diese Begriffe kommen ebenfalls im Text vor. Erkläre ihre Bedeutung in eigenen Worten:**

komplexe Fernsteuerung (Z. 54 f.): ______________________________

____

taktile Internetverbindung (Z. 54): ______________________________

____

Schritt 2: Den Text analysieren

5 **Lies den Artikel (▸ S. 27–29) noch einmal gründlich. Markiere die zentralen Positionen, Thesen, Argumente und Belege verschiedenfarbig direkt im Text.**

6 **Betrachte die Überschrift „Wenn die Robotik Einzug in die Pflege erhält“ und formuliere davon ausgehend die Haltung der Autorin und begründe sie. Schreibe in dein Heft.**

7 **Untersuche den argumentativen Aufbau des Artikels und gib die Kernaussagen zum Einsatz von Robotik in der Pflege wieder. Notiere dazu stichwortartig zentrale Thesen und Argumente. Schreibe in dein Heft.**

8 **Erkläre, welche der folgenden drei Formulierungen vermieden werden sollte, um Missverständnissen und Ängsten in der Gesellschaft vorzubeugen: Schreibe deine Begründung auf die Zeilen. Vervollständige dann den Text darunter, indem du die Lücken füllst.**

A **Einsatz von Robotik in der Pflege:** ______________________________

____

B **Einsatz von Pflegerobotern:** ______________________________

____

C **Einsatz von Robotertechnologie in der Pflege:** ______________________________

____

Befürworter/-innen des Einsatzes von ____________ Robotern in der Pflege führen die ____________ des Pflegepersonals an. Wenn ihnen ein Roboter die ____________ Arbeit abnimmt, hätten sie mehr Zeit für die ____________ Begegnungen mit den Patient/-innen. Die Roboter sind gut bei wiederkehrenden ____________ einsetzbar und können Neues ____________. Noch sind sie als Pilotprojekt vereinzelt im Einsatz, denn die Krankenkassen übernehmen die Kosten ____________. Aber die Technik wird sich weiterentwickeln, damit irgendwann die Menschen möglichst ____________ in den eigenen vier Wänden wohnen können.

9 **Untersuche die sprachliche Gestaltung des Artikels. Kreuze jeweils die passende Erklärung an.**

A Der Text arbeitet mit bildhaften Beschreibungen, weil ...
- a ☐ sich die Leser/-innen dadurch komplizierte Ideen einfacher vorstellen können.
- b ☐ die Autorin zeigen will, wie viele Studien zur KI sie für ihren Artikel recherchiert hat.

B Forscher/-innen und Wissenschaftler/-innen werden als Autoritäten zitiert, weil ...
- a ☐ dadurch von anderen Forschungsergebnissen abgelenkt werden soll.
- b ☐ auf eine fundierte Meinung Wert gelegt und dadurch Seriosität erzielt wird.

C Der Text enthält an mehreren Stellen Aufzählungen (Z. 21–23, 30), weil sich die Lesenden ...
- a ☐ anhand mehrerer Beispiele den Nutzen des Pflegeroboters besser vorstellen können.
- b ☐ anhand mehrerer Beispiele eher für den Nutzen des Pflegeroboters interessieren.

D Der Titel „Wenn die Robotik Einzug in die Pflege erhält" möchte verdeutlichen, ...
- a ☐ dass der Einsatz von Robotern Auswirkungen auf die Pflege haben wird.
- b ☐ was alles passieren wird, wenn die Pflegekräfte nicht durch Roboter entlastet werden.

10 **Formuliere eigenständig zwei vollständige Kontra-Argumente, die gegen den Einsatz von Robotik in der Pflege sprechen. Schreibe in dein Heft.**

Schritt 3: Die Sachtextanalyse schreiben

Analysiere den Text „Wenn die Robotik Einzug in die Pflege erhält“:
- Informiere kurz über den Inhalt des Textes, untersuche seinen Aufbau und arbeite seine Intention heraus. Benenne dazu sprachliche Auffälligkeiten und beschreibe ihre Wirkung.
- Nimm kurz Stellung zum Thema „Robotik in der Pflege“.

Wissen und können **Schreibplan für eine Sachtextanalyse**

- Nenne in der **Einleitung** Textsorte, Titel, Autor/-in, Entstehungsjahr und -ort sowie das Thema des Textes, sofern dir alle entsprechenden Daten vorliegen.
- Lege im **Hauptteil** die Ergebnisse deiner Textanalyse dar: Kernaussagen/Positionen der zitierten Personen bzw. der Autorin / des Autors, Gedankengang/Argumentationsaufbau, Intention, sprachlich-rhetorische Mittel und ihre Wirkung. Belege wichtige Aussagen durch Zitate mit Zeilenangaben.
- Nimm zum **Schluss** – je nach Aufgabenstellung – kurz Stellung zu dem im Text genannten Thema bzw. Problem und äußere einen weiterführenden Gedanken.

11 **Formuliere im Heft eine informative Einleitung. Sie kann aus mehreren Sätzen bestehen.**

12 a **Schreibe den Hauptteil deiner Sachtextanalyse. Die Textbausteine helfen dir beim Erstellen des Aufbaus und beim Ausformulieren der schriftlichen Sachtextanalyse.**

- Voraussetzung für den Einsatz: funktionierendes Internet
- Begründung: Senioren wollen so lange wie möglich eigenständig in den vier Wänden leben
- Vorstellung des aktuellen Forschungsstandes: Pflegeroboter
- Erleichterung des Alltags von Senioren durch vielfältige Einsatzmöglichkeiten
- These: Entwicklung alltagstauglicher Pflegeassistenten ist notwendig
- Finanzieller Aspekt: Finanzierung durch Krankenkassen wird angestrebt
- Bekräftigung der Idee durch Einblick in Pilotprojekte, in denen Roboter bereits in den Alltag integriert sind
- Erläuterung der Idee: kein Ersatz für menschliches Pflegepersonal, sondern assistierende Funktion
- Bedingungen für Akzeptanz bei den Senioren: sympathisches Aussehen

... stellt bedeutende ... vor, indem sie ... • informiert zunächst über ... • indem sie ... zitiert und ... • Außerdem ließe sich ... • und leitet damit wieder zu ... über • ... wird beschrieben ... • ... auf besonders anschauliche Weise ... • ... deswegen ist sich die Autorin sicher, dass ... • So könnten z. B. ..., indem ... • Allerdings solle man ... • Abschließend verweist ... auf ... • Dadurch bekräftigt sie die Idee ... • Mit diesem Vergleich will die Autorin ... • Auch die Überschrift deutet an, dass ... • In naher Zukunft sei vorstellbar, dass ...

b **Zeige, wie die Autorin ihre Intention mit sprachlichen Gestaltungsmitteln hervorhebt. Nutze die folgenden Formulierungsbausteine. Schreibe in dein Heft.**

... will mit ihrem Artikel informieren und zugleich ... • Einerseits ... Andererseits ... • So unterstreicht die Autorin z. B. ... (Z. ..., Z. ...) und lässt ... zu Wort kommen (Z. ..., Z. ...). • ... zeigt sie, dass ihr an ... gelegen ist. • Auch durch viele bildhafte Beschreibungen wird ... (Z. ...) • So nimmt sie Einfluss auf ..., indem sie • Durch ... hebt sie ... hervor (Z. ...) • Außerdem nutzt sie ..., um ...

13 **Formuliere nun den Schluss deiner Texterschließung, indem du kurz zu Chancen und Gefahren bzw. Grenzen des Einsatzes von Robotik in der Pflege Stellung nimmst. Schreibe in dein Heft.**

Einen Novellenauszug analysieren

Wissen und können | **Die Merkmale einer Novelle**

Eine **Novelle** (ital. novella für *Neuigkeit*) ist eine Erzählung mit folgenden Merkmalen:

- Sie ist von **mittlerer Länge**, d. h., sie ist meist länger als z. B. eine Kurzgeschichte, aber kürzer als ein Roman.
- Im Mittelpunkt steht **ein Ereignis**, das für das Leben der Hauptfigur **von entscheidender Bedeutung** ist.
- Sie weist eine straffe Handlungsführung um einen **zentralen Konflikt** wie in einem Drama auf.
- Sie läuft geradlinig ohne Nebenhandlungen auf einen **Höhe- und Wendepunkt** (Pointe) zu.
- Der zentrale Konflikt wird meist durch ein **Dingsymbol** veranschaulicht, das an entscheidenden Stellen der Handlung auftaucht, z. B. der Falke in der „Falkennovelle".
- Oftmals ist das Geschehen **in einen Rahmen eingebettet,** in dem **der/die Erzähler/-in** eine **fiktive Erzählsituation entwerfen** oder das **Erzählte kommentieren** kann.

Schritt 1: Einen Novellenauszug lesen und verstehen

1 **Lies den Beginn der Novelle (▶ S. 33 f.) und fasse den Inhalt knapp und in eigenen Worten zusammen.**

____

____

____

____

____

Hartmut Lange

Der Lichthof[1] (2020, Auszug 1)

„Dennis ist schon wieder verreist", dachte Hannelore. Sie war allein, und man sah, wie sie sich zögernd und als wäre sie von der Schönheit der Räume eingeschüchtert, auf die äußerste Kante eines Sofas setzte. Die Wohnung, in der sie sich befand, war hundertsechzig Quadratmeter groß. Zwei Zimmer gingen auf die Straße hinaus, vor den Fenstern wuchsen riesige Linden, deren Zweige bis an die Hauswand reichten, und ob sie nun mit oder ohne Laub waren, sommers wie winters verbreiteten sie den Eindruck von Schutz und Geborgenheit. Das Haus mit der Nummer acht stammte aus dem Jahr 1905. Die Fenster und Türen am Eingang und im Treppenhaus waren ausnahmslos mit Schnitzereien versehen, die den Eindruck verspielter Leichtigkeit erweckten. In den Wohnungen Parkett, die dreieinhalb Meter hohen Decken der Zimmer waren mit Stuck verziert: Man sah Frauengestalten, die mit ausgestreckten Armen zu schweben schienen.

Eine Weile hatte die Wohnung leer gestanden, dann, nachdem sie renoviert worden war, sah man vor dem Hauseingang einen Umzugswagen. Mehrere Männer waren dabei, Möbel in das zweite Stockwerk zu schleppen, die Wohnungstür stand sperrangelweit offen, und in den immer noch kahlen Räumen gingen zwei Personen auf und ab.
Es waren die neuen Mieter, genauer das Ehepaar Linstow, das mit einer gewissen Vorfreude und Vertrautheit, sie hielten einander untergehakt, darüber beratschlagte, wo die Möbel am besten zur Geltung kommen würden. Sie waren schnell verteilt. Hier und dort eine Kommode, daneben das Sofa.
An den Wänden hingen Ölgemälde, eine Hinterlassenschaft von Hannelores Großvater, der in den zwanziger Jahren ein bekannter Maler gewesen war.

1 von mehrgeschossigen Gebäudeteilen umschlossener Hof, von dem aus Licht in die angrenzenden Räume fällt

Im Berliner Zimmer[2] hatte man die Küche eingerichtet. Sie wirkte komfortabel, und dahinter begann der Korridor. Er war mit Holzplanken ausgelegt, und die Stiche[3] an der rechten Wand zeigten Vogelmotive aus der Zeit des Biedermeier[4]. Bis hierhin war alles so, wie Hannelore und Dennis es sich gewünscht hatten. Nur die eine Tür, die zum Badezimmer führte ..., hier betrat man einen Raum, wo hinter den Fenstern abgerissener Putz zu sehen war. Es war der Lichthof, der, weil unzugänglich, seit Jahrzehnten nicht mehr erneuert wurde, und so war es nur selbstverständlich, dass man ihn, um den angenehmen Eindruck der Wohnung nicht zu beschädigen, so schnell wie möglich aus dem Blick haben wollte.
Zwei Gardinen vor den Fenstern hätten genügt, um sich beim An- und Auskleiden, beim Duschen oder Haarewaschen nicht beobachtet zu fühlen.

„Und es ist mir unverständlich", dachte Hannelore, „warum Dennis, obwohl ich ihn darum gebeten habe, keine Firma beauftragt hat, diesen unzumutbaren Zustand, er ist der einzige in dieser Wohnung, zu korrigieren."
Jedes Mal, wenn sie das Bad betrat, war sie bemüht, das, was sie störte, möglichst nicht zu beachten. Das heißt, sie versuchte, den Fenstern den Rücken zuzuwenden, aber da der Schrank, in dem die Handtücher und andere Utensilien untergebracht waren, unmittelbar an einem der Fenster stand, hatte sie doch wieder, bevor sie sich bückte und nach einem Handtuch griff, den finsteren Lichthof vor Augen.

2 Wohnraum zwischen Vorderhaus und Seitenflügel eines alten Blockbaus
3 Gemälde, die – zumeist im Kupferstichverfahren – gedruckt wurden
4 deutsche Kunst- und Kulturepoche, etwa 1815–1848

2 **Lies den Textauszug ein zweites Mal.**

a **Konzentriere dich auf die äußere Darstellung der neuen Wohnumgebung. Unterstreiche im Text positive Aspekte grün und negative orange.**

b **Unterstreiche in einer weiteren Farbe Andeutungen, die darauf hinweisen, dass sich die Hauptfigur Hannelore in der neuen Wohnung nicht immer und überall wohlfühlt.**

3 **Charakterisiere die Beziehung der Eheleute. Berücksichtige dabei auch die als Rede markierten Gedanken der Hauptfigur (vgl. Z. 1 und Z. 53–57).**

Hannelore und Dennis scheinen schon einige Jahre verheiratet zu sein. Sie gehen vertraut miteinander um ...

4 **Durch den Titel kommt dem „Lichthof" eine besondere Bedeutung zu. Stelle Vermutungen an, auf welche Weise er in der Novelle als Dingsymbol eine zentrale Rolle für die Entwicklung der Handlung spielen könnte.**

Schritt 2: Die Fokalisierung untersuchen

Wissen und können **Die Fokalisierung – Wissensverhältnisse**

- Die **Fokalisierung** beschreibt in einer Erzählung das **Verhältnis zwischen dem Wissen der Figuren und ihrem/ihrer Erzähler/-in**. Es können drei Möglichkeiten unterschieden werden:
  - **Nullfokalisierung:** Ein/-e **Erzähler/-in weiß mehr als die Figuren.** Er/Sie kennt deren Gedanken und Gefühle und beschreibt Zusammenhänge, von denen die Figuren nichts wissen.
  - **interne Fokalisierung**: Ein/-e **Erzähler/-in weiß nur das, was eine Figur weiß.** Er/Sie erzählt in der 1. oder 3. Person aus einem personalen Blickwinkel.
  - **externe Fokalisierung**: Ein/-e **Erzähler/-in weiß weniger, als die Figuren wissen.** Er/Sie erzählt **neutral-beobachtend** deren Handlungen, ohne das Innenleben der Figuren zu beschreiben.
- Die drei Fokalisierungsarten können **im Laufe einer Erzählung wechseln** und sind nicht immer klar voneinander zu trennen.

Hartmut Lange

Der Lichthof (2020, Auszug 2)

Auch in der nächsten Zeit kann sich Hannelore nicht mit der Aussicht auf den Lichthof abfinden. Während Besucher da sind, verschließt sie sogar das Bad, um den „Abgrund" zu verbergen. Als Dennis eines Tages wieder verreist ist, beschließt sie, statt im Ehebett auf dem Sofa in ihrem stuckverzierten Wohnzimmer zu nächtigen.

Irgendwann, es war weit über Mitternacht hinaus, schreckte Hannelore hoch, griff nach ihrem Morgenmantel, weil sie bemerkt hatte, dass es von irgendwoher zog. Sie schaltete das Licht ein, dabei sah sie zur Decke, glaubte zu bemerken, dass eine der Stuckverzierungen, die sie beim Einschlafen betrachtet hatte, verschwunden war. Jetzt war da nichts weiter als eine leere Fläche, und der Luftzug kam, da gab es keinen Zweifel, vom Badezimmer her.
„Ich habe die Tür offen gelassen und das Fenster zum Lichthof ...", dachte Hannelore, sah aber, dass die tanzende Frauengestalt, die sie eben noch vermisst hatte, wieder an ihrem Platz war.
Ein Gefühl von Betroffenheit überkam sie, dass sie sich durch eine Täuschung und ohne dass es Gründe dafür gab, hatte verunsichern lassen.
„Ich habe doch gut geschlafen, und alles hat, wie ich jetzt sehe, seine Richtigkeit", dachte sie und beschloss, über den Korridor hinweg ins Badezimmer zu gehen.
Und tatsächlich: Kaum dass sie den Korridor betreten hatte, bemerkte Hannelore, dass eines der Fenster, die auf den Lichthof hinausgingen, offen stand. Sie beeilte sich, es wieder zu schließen, und der kurze Blick, den sie dabei in den Lichthof warf, bewies ihr, wie richtig es gewesen war, auf einer Abhängung zu bestehen.
„Überall Schmutz, dazu die aufgerissenen Wände, und wenn man versucht, in den Himmel zu sehen, wird einem schwindelig", dachte Hannelore, und irgendwie war es ihr selbstverständlich, dass in diesem Augenblick das Telefon klingelte.

In dem Telefonat erweist sich Dennis als besorgt um Hannelore. Nach seiner Rückkehr erklärt er sich nun doch damit einverstanden, das Fenster mit dem Blick in den Lichthof durch einen Vorhang zu verdecken.

Drei Wochen später geschah etwas, womit niemand rechnen konnte. Es begann damit, dass Hannelore, die zufällig an der Balkontür stand, sah, wie die Limousine, die Dennis benutzte, mehrmals versuchte, auf die Bordsteinkante zu fahren, hier war das Parken erlaubt, und als es endlich gelang, ging sie zur Garderobe, öffnete die Wohnungstür, um Dennis, wenn er den Fahrstuhl verließ, zu begrüßen. Aber wer ihr entgegentrat, war jemand, den sie nicht kannte. Er trug einen Koffer, bemühte sich darum, besonders höflich zu sein. Er nannte seinen Namen. „Ihr Mann lässt Sie grüßen und hat mich gebeten, Ihnen dies hier zu übergeben", sagte er. [...] „Liebe Hannelore", stand da, „wie Du vielleicht bemerkt hast, habe ich mich in eine andere Frau verliebt. Nun ist es so weit. Ich werde zu ihr ziehen, und alles, was wir in der neuen Wohnung untergebracht haben, bleibt selbstverständlich bei Dir. Bis auf wenige Kleinigkeiten. Ich habe sie auf beiliegender Liste notiert und bitte Dich, Herrn Mangold die Dinge zu übergeben."

1 **Untersuche das Verhältnis zwischen dem Wissen der Figuren und dem Erzähler.**

a **Markiere in verschiedenen Farben Textstellen, in denen der Erzähler**

- Hannelores Gedanken und Gefühle wiedergibt,
- das Geschehen kommentiert und bewertet.

b **Fasse die in diesem Textausschnitt vorherrschende Fokalisierung in wenigen Sätzen zusammen. Unterstütze deine Beobachtungen durch passende Textbelege.**

Jn Auszug 2 herrscht überwiegend die ______ Fokalisierung, da die Leser/-innen über die Gedanken der Protagonistin Hannelore ...

2 **Notiere in Stichpunkten Informationen, die den Leserinnen und Lesern vorenthalten werden.**
Tipp: Dabei handelt es sich um Leerstellen im Text, die nicht erzählt werden. Die Leser/-innen müssen die Bezüge selbst herstellen.

3 **Erläutere, welche Wirkung die Fokalisierung und der eingeschränkte Informationsfluss auf die Leser/-innen haben. Für die Formulierung kannst du die angebotenen Hilfen nutzen.**

Man erfährt nur die Gedanken von ...

Der/Die Leser/-in identifiziert sich hauptsächlich/ausschließlich mit ...

Die Gefühlswelt Dennis' und seine Beweggründe ...

Unklar bleibt ...

Interessant/Rätselhaft/Vielschichtig ist ...

Die/Der Erzählende ist distanziert / verwendet eine wenig gefühlsbetonte Darstellung.

Schritt 3: Einen Novellenauszug schriftlich deuten

Wissen und können | **Einen Erzähltext schriftlich erschließen**

Einen Erzähltext erschließt man, indem man über dessen **wichtigste Merkmale und wesentliche Inhalte informiert** und **das eigene Textverständnis mit Hilfe von Textbelegen begründet.**

- **Einleitend** werden Autor/-in, Titel, Textsorte und Erscheinungsjahr genannt, über den Inhalt wird in wenigen Sätzen informiert und eine Deutungshypothese zum Textverständnis formuliert.
- **Im Hauptteil** wird das **Textverständnis dargelegt** und am Text belegt. Zu prüfen sind insbesondere die folgenden Aspekte, wobei nicht alle in jedem Text eine Rolle spielen müssen:
  Inhalt und Aufbau, gattungsspezifische Merkmale, Erzähler/-in, erzählte Welt, Erzählhaltung, Fokalisierung, Figurencharakteristik und Figurenkonstellation, Zeit- und Raumgestaltung, Motive, auffällige sprachlich-stilistische Gestaltungsmittel, eventuelle Leerstellen.
- In einem **Fazit** wird die anfängliche Deutungshypothese überprüft und falls notwendig modifiziert oder präzisiert.

Hartmut Lange

Der Lichthof (2020, Auszug 3: Schluss)

Nach Dennis' Auszug und einem Telefonat, in dem er ihr seine Hilfe anbietet und ihr in Aussicht stellt, seine neue „Frau" kennenzulernen, bleibt Hannelore aufgewühlt und ratlos zurück. In ihre Wohnungstür lässt sie ein neues Schloss einbauen, und sie überkommt das Bedürfnis, die Wohnung umzugestalten.

Aber irgendwie fühlte sie sich sicherer, wenn die Wohnung weniger weitläufig sein würde. Nur das Zimmer mit den schwebenden Figuren und dem Sofa, dieses Ambiente, wo sie mehrmals, wenn Dennis verreist war, übernachtet hatte, wollte sie keinesfalls aufgeben, und während sie überlegte, wie sie den Rest der Wohnung am besten einrichten könnte, glaubte sie zu bemerken, dass es wieder von irgendwoher zog.

„Die Badezimmertür ist geschlossen, ebenso die Fenster. Sie sind mit einer Gardine abgedeckt, die ich nie wieder berührt habe", dachte Hannelore, und doch musste sie zugeben, dass da etwas, und zwar vom Lichthof her, in Bewegung war. Also sah man, wie sie, wohl in der Absicht, den Rest der Wohnung, der ihr geblieben war, zu verteidigen, wie sie die Badezimmertür mit dem Fuß sperrangelweit aufstieß, wie sie vor die Fenster trat, um die Gardine, jenes helle, elegant geraffte Stück Stoff, herunterzureißen.

„Wo ein Himmel ist, ist auch eine Hölle", dachte Hannelore und sah, dass es zu regnen begann und dass der Wind das Wasser gegen die Fensterscheiben peitschte, und besonders der Lichthof wirkte, da man den gerafften Stoff, der die Sicht verdeckte, entfernt hatte, wie ein aufgewühlter Abgrund.

Da waren die zerbröckelnden Wände, fünf Stockwerke hoch und sieben Meter im Quadrat, an denen das Wasser in Sturzbächen in die Tiefe lief. Die Tür ins Parterre, wo früher einmal der Dienstboteneingang war, hatte man zugemauert. Damit hatte niemand mehr Zutritt zum Hof. Es sei denn, er benutzte das Fenster.

1 **Deute, inwiefern sich Hannelores psychische Befindlichkeit in der Raumgestaltung metaphorisch widerspiegelt (Z. 7–15). Schreibe in dein Heft. Du kannst so beginnen:**

Hannelores psychische Befindlichkeit spiegelt sich metaphorisch in der Raumgestaltung wider, da sie zunehmend …

2 **Der Lichthof fungiert in der Novelle als Dingsymbol.**

a **Lies die drei Textausschnitte nochmals und markiere Textstellen, in denen der Lichthof thematisiert wird.**

b **Untersuche die Reaktion der Eheleute auf den Lichthof und ihren jeweiligen Umgang damit. Notiere Stichpunkte in deinem Heft.**

c **Interpretiere das Verhalten der Eheleute im Hinblick auf den Zustand und die Entwicklung ihrer Paarbeziehung. Schreibe in dein Heft.**

3 **Wähle aus, welche der folgenden Deutungshypothesen deiner Einschätzung nach auf die drei Auszüge der Novelle "Der Lichthof" am besten zutrifft.**
Kreuze sie an und begründe deine Wahl knapp im Heft.

- ☐ In der Novelle „Der Lichthof“ wird gezeigt, wie sich zwei Ehepartner auseinanderleben und ihre Ehe schließlich zerbricht.
- ☐ Die Novelle „Der Lichthof“ verdeutlicht, welche negativen Folgen es haben kann, wenn eine Frau in der heutigen Gesellschaft sich zu stark auf ihren Mann fixiert.
- ☐ Die Novelle „Der Lichthof“ lässt die gestörte Kommunikation zwischen zwei Ehepartnern deutlich werden.
- ☐ In der Novelle „Der Lichthof“ wird gezeigt, dass manche Menschen Probleme so lange verdrängen, bis eine Katastrophe nicht mehr abzuwenden ist.
- ☐ Die Novelle „Der Lichthof“ verdeutlicht, dass das Verdrängen zwischenmenschlicher Probleme ein häufiges gesellschaftliches Problem ist.

4 **In der folgenden Interpretation finden sich verschiedene Möglichkeiten, eigene Deutungen anhand des Originaltextes zu belegen.**
Trage in die Kästchen ein, um welche Möglichkeit es sich handelt:

1 ein direktes Zitat, 2 ein indirektes Zitat / eine Paraphrase, 3 einen Textverweis

Bereits zu Beginn der Novelle lässt sich erahnen, dass die Beziehung der Eheleute nicht spannungsfrei ist. Hannelores Gedanke „Dennis ist schon wieder verreist“ (Z. 1) verdeutlicht gleich im ersten Satz der Novelle ihre Unzufriedenheit über diesen Zustand. ☐ Die routinierte Art und Weise, wie sie die Wohnung einrichten, lässt darauf schließen, dass sie ein gut eingespieltes Team sind (vgl. Z. 27–31). ☐ Zudem erfüllt sie der Umzug in die bequeme und große Wohnung mit einer „gewissen Vorfreude“ (Z. 28). ☐ Allerdings entrüstet sich Hannelore darüber, dass Dennis ihr Ansinnen, den Lichthof zu verbergen, ausdrücklich ablehnt. Es sei ihr unverständlich, warum Dennis keine Firma damit beauftragt habe, diesen unzumutbaren Zustand zu korrigieren (vgl. Z. 53–57). ☐

5 **Überarbeite das folgende Schülerbeispiel, indem du die Interpretationsansätze anhand des Novellentextes belegst. Schreibe in dein Heft.**

Offensichtlich scheint Hannelore die vorhandenen Beziehungsprobleme verdrängen zu wollen. Welche Bedeutung Dennis der Ehe beimisst, ist nicht klar ersichtlich. Seine häufigen Dienstreisen verdeutlichen auf jeden Fall, dass ihm die Nähe zu seiner Ehefrau nicht besonders wichtig erscheint. Letzten Endes wagt er es nicht einmal, seiner Frau gegenüberzutreten und ihr seinen Entschluss, die Beziehung zu beenden, persönlich mitzuteilen.

6 ●●● **Interpretiere die drei Auszüge der Novelle „Der Lichthof“ von Hartmut Lange schriftlich. Fasse zunächst den Inhalt knapp zusammen und gehe anschließend auf die Erzähltechnik sowie die Figurencharakteristik ein. Schreibe in dein Heft.**

Ein Gedicht erschließen und deuten

Wissen und können | **I Das Gedicht untersuchen - Den Inhalt erschließen und deuten**

Um ein Gedicht zu verstehen und das eigene Textverständnis für andere nachvollziehbar in einer **Deutungshypothese** zu formulieren, musst du das Zusammenwirken inhaltlicher Aspekte mit sprachlichen und formalen Gestaltungsmitteln erfassen. Folgende Leitfragen helfen dir dabei:

1 **Inhalt, Thema**
Wird eine Handlung oder Situation/Szene beschrieben? Werden Gefühle, Eindrücke, Gedanken oder eine Stimmung vermittelt?
Gibt es inhaltliche Brüche oder Themenwechsel?
Welchen Bezug hat der Titel zum Gedicht?

2 **Der Sprecher / die Sprecherin (das lyrische Ich)**
Gibt es einen Sprecher / eine Sprecherin oder ist diese/-r im Text nur indirekt vorhanden?
Welche Haltung nimmt der Sprecher / die Sprecherin ein (z.B. begeistert, traurig, kritisch, klagend)?
Gibt es einen Adressaten (du/ihr) oder wendet sich der Sprecher / die Sprecherin an sich selbst?

3 **Formaler Aufbau**
Ist das Gedicht in Strophen (regelmäßig/unregelmäßig) gegliedert?
Ist das Gedicht gereimt? Liegt ein besonderes Reimschema vor?
Ist ein Metrum (z. B. Jambus, Trochäus, Daktylus) erkennbar? Gibt es Abweichungen?
Liegen Enjambements (Zeilensprünge) vor?
Wie wirkt diese formale Gestaltung? Passt sie zum Inhalt?

Schritt 1: Das Gedicht untersuchen

1 Lies das folgende Gedicht von Alfred Lichtenstein. Markiere Auffälliges. Halte deinen ersten Eindruck knapp in deinem Heft fest.

Alfred Lichtenstein

Doch kommt ein Krieg (9./10.07.1914)

Doch kommt ein Krieg. Zu lange war schon Frieden.
Dann ist der Spaß vorbei. Trompeten kreischen
Dir tief ins Herz. Und alle Nächte brennen.
Du frierst in Zelten. Dir ist heiß. Du hungerst.
Ertrinkst. Zerknallst. Verblutest. Äcker röcheln.
Kirchtürme stürzen. Fernen sind in Flammen.
Die Winde zucken. Große Städte krachen.
Am Horizont steht der Kanonendonner.
Rings aus den Hügeln steigt weißer Dampf
Und dir zu Häupten platzen die Granaten.

Reimform	Notizen
	Enjambement
	Ellipsen, Personifikation

2 **Erschließe den Inhalt und das Thema des Gedichts genauer. Beantworte die folgenden Leitfragen knapp.**

A Welche Situation wird in dem Gedicht beschrieben?

Es wird eine ... ______________________________

____

B Welche Eindrücke vom Krieg werden formuliert?

Angesprochen werden ... ______________________________

____

C Welchen Bezug hat der Titel zum Gedicht?

Der Titel des Gedichts ... ______________________________

3 **Gib den Inhalt des Gedichts kurz wieder. Fülle dazu die folgenden Lücken mit den Formulierungen aus dem Wortspeicher. Schreibe in dein Heft.**

das vom Krieg verursachte Leid der Menschen – Feststellung der Unausweichlichkeit des Kriegs – Entkommen scheint unmöglich – Sinneswahrnehmungen und Gefühle

Nach einer ______________________________ *steht in den ersten Versen*

______________________________ *im Mittelpunkt.*

______________________________ *bringen dies zum Ausdruck. Anschließend wird das*

______________________________ *und Gewalt dargestellt. Ein*

______________________________.

4 **Untersuche die Kommunikationssituation: Ist ein Sprecher / eine Sprecherin erkennbar? Gibt es eine Adressatin oder einen Adressaten? Welche Stimmung wird zum Ausdruck gebracht? Streiche Unzutreffendes.**

In dem Gedicht tritt ein/-e Sprechende/-r durch Personalpronomen [nicht / direkt] in Erscheinung. Mit den Pronomen „Du" und [„Dir" / „Ihr"] wird jedoch ein Gegenüber [unmittelbar / indirekt] angesprochen, was besonders [eindringlich / distanziert] wirkt (vgl. V.3/4). Die/Der Sprechende, die/der ihre/seine Wahrnehmungen [genau / in drastischen Bildern] schildert, äußert zunächst insbesondere [Gedanken / Sinneswahrnehmungen]. Dies verändert sich [ab Vers 4 / Vers 6]. Von da an konzentriert sich die Darstellung auf [das Kriegsgeschehen / die Gefühlswelt]. Die Stimmung wirkt [verzweifelt / hoffnungsvoll].

5 **a** **Beschreibe den formalen Aufbau des Gedichts. Lege in deinem Heft eine Tabelle an zu Anzahl der Strophen und Verse, Reimschema und Metrum. Notiere Stichpunkte.**
b **Welcher Gesamteindruck ergibt sich dadurch? Setze die Form in Bezug zum Inhalt. Kreuze richtige Vorschläge an.**

☐ A Das Fehlen eines Reimschemas unterstreicht das durch den Krieg ausgelöste Chaos.
☐ B Der durchweg regelmäßige formale Aufbau steht im Gegensatz zu der dargestellten Kriegssituation.
☐ C Das nahezu regelmäßige Metrum steht im Gegensatz zu den chaotischen Kriegszuständen.

Wissen und können **II Das Gedicht untersuchen - Sprachliche Mittel untersuchen**

4 **Sprachliche Mittel**: Gibt es ...
- **sprachliche Bilder** (z. B. Metaphern, Personifikationen, Vergleiche)? Welche besonderen **Stilfiguren** (z. B. Alliterationen, Parallelismen oder Anaphern) lassen sich erkennen?
- Auffälligkeiten in der **Wortwahl** (z. B. Neologismen) oder liegen **Wortfelder** vor, z. B. „Liebe" = Herz, Nähe, Kuss?
- **Klangfiguren** z. B. durch vokalreiche Wörter? Liegt z. B. eine Häufung von hellen/dunklen Vokalen oder „harten" Konsonanten vor?
- Auffälligkeiten bei den **Satzformen** (z. B.: Parataxen, Hypotaxen, Ellipsen) oder Satzarten (z. B. Ausrufe-, Frage-, Aussagesätze)?
- **grammatische Auffälligkeiten** (z. B. Tempuswechsel, Konjunktiv)? Werden grammatische Strukturen durchbrochen?

5 Werden **literarische Motive** verwendet, wie z. B.: Sehnsucht, Vergänglichkeit, Heimweh?

6 **Erschließe die sprachlichen Auffälligkeiten des Gedichts.**
a **Markiere im Gedicht Auffälliges und notiere Stichwörter dazu in der Randspalte.**
b **Lege im Heft eine Übersicht nach folgendem Muster an und notiere darin die markierten Textbelege. Gib an, um welches Mittel es sich handelt, und beschreibe stichwortartig die Wirkung.**

Textbeleg (mit Vers)	sprachliche Mittel	Wirkung / Deutung
„kreischen" (V. 2) *„krachen" (V. 7)*	*Wortwahl: lautmalerische Verben*	*eindringliche Sinneseindrücke; akustische Wahrnehmungen des Kriegs*
„Dir ist heiß. Du hungerst. / Ertrinkst. Zerknallst." (V. 4/5)	*Satzbau: kurze Sätze; z. T. Ellipsen*	*Reduktion auf das, was dem Menschen im Krieg widerfährt; wirkt eindringlich, einhämmernd*
...	*Tempuswechsel*	....
„Nächte brennen" (V. ______)	...	*veranschaulicht* ...
...	...	...

7 **Formuliere eine Deutungshypothese zu diesem Gedicht und begründe deine Meinung. Du kannst folgende Formulierungen verwenden.**

Im Kern geht es im Gedicht um ... – Insgesamt wirkt das Gedicht auf die Lesenden ...
Im Zentrum des Gedichts steht ...

Schritt 2: Das Gedicht schriftlich deuten

Wissen und können | **Ein Gedicht schriftlich erschließen und deuten**

- Nenne in einer Einleitung Autor/-in, Textsorte, Titel, Entstehungsjahr und Thema und **stelle eine Deutungshypothese auf**.
- Berücksichtige **im Hauptteil** alle notwendigen Aspekte: **Inhalt / Aufbau, Form,** sprachlich-stilistische Gestaltung und **Wirkungszusammenhang, ggf. historischen Kontext.**
- Biete deine Untersuchungsergebnisse im Hauptteil einer **schlüssigen Reihenfolge** dar: linear, aspektorientiert oder thesenorientiert.
- Begründe deine **Deutungshypothese und Erläuterungen**.
- Belege deine Aussagen mit **geeigneten Textstellen**.
- Achte auf die **Zitiertechniken**: Kennzeichnung der Übernahme von Textbelegen durch Anführungs- und Schlusszeichen, Nennung der Verszahl.
- Informiere in einem **sachlichen Stil** und löse dich von den Formulierungen des Originals, verwende Fachbegriffe, achte auf Präsens und ggf. indirekte Rede mit Konjunktiv.
- Fasse zum Schluss die **Gesamtaussage** des Gedichts zusammen. Beziehe ggf. den historischen Hintergrund oder die Biografie der Autorin / des Autors mit ein. Beziehe dich zur Abrundung, falls möglich, auf deinen Einleitungsgedanken.
- Prüfe die **Rechtschreibung, Zeichensetzung** und **Grammatik**.

1 **Formuliere in deinem Heft eine Einleitung. Wähle einen der folgenden Anfänge.**

... verfasste das Gedicht ... am 9./10. Juli 1914 und somit ... Er thematisiert ... •
In dem Gedicht ... von ... aus dem Jahr ... geht es um ...

2 **Im folgenden Auszug aus einer Gedichtanalyse werden sprachliche Mittel und ihre Wirkung beschrieben.**

a **Untersuche die Ausführungen und markiere die Elemente „sprachliches Mittel", „Textbeleg mit Vers", „Wirkung/Deutung" und weitere Erläuterungen entsprechend.**
b **Übernimm die sprachliche Untersuchung in dein Heft und setze sie mit Hilfe der Textbausteine unten fort.**
c **Vervollständige die sprachliche Analyse, indem du auf weitere sprachliche Mittel eingehst (vgl.** **▶ S. 41, Aufgabe 6****).**

Durch die Wahl ausdrucksstarker und eindringlicher Verben werden die bedrohlichen und beängstigenden Eindrücke des Kriegsgeschehens für die Lesenden vorstellbar. Insbesondere werden visuelle und auditive Sinneswahrnehmungen vermittelt. Beispielsweise kreischen Trompeten (vgl. V. 2) dem lyrischen Du „tief ins Herz" (V. 3). Diese Verse rufen ein Bild von Kriegsfanfaren hervor, die den Krieg ankündigen und das lyrische Du im Innersten treffen. Durch die Formulierungen „alle Nächte brennen" (V. 3) und ...

„Äcker röcheln" (V. 5) = Personifikation → sterbende Menschen • Kriegsfeld
„Städte krachen" (V. 7) → zertrümmerte Städte, zerstörte Landstriche

3 **Fasse am Schluss deine Ergebnisse zusammen und beziehe diese auf den historischen Hintergrund bzw. die Biografie des Autors. Nutze dazu folgende Stichpunkte.**

aggressive Aufrüstung – national aufgeheizte Stimmung – Ausbruch ... am 01.08.1914 – Tod ... am 25.09.1914 kurz nach Beginn des 1. Weltkriegs als Soldat an der Westfront in Frankreich – Ahnung einer ...

Eine Dramenszene analysieren und interpretieren

Wissen und können **Schritt 1: Figuren und ihr Gesprächsverhalten untersuchen und erschließen**

- Welche **Absichten** verfolgen die Figuren? Welches **Ergebnis** steht am Ende?
- Handelt es sich um eine **besondere Gesprächsform**, z. B. Rede, Verhör, Geständnis etc.?
- Verändert sich das **Verhalten der Figuren im Laufe des Gesprächs**? Gibt es Zuspitzungen?
- Wer bestimmt das Gespräch? Sind die **Redeanteile** der Figuren gleichmäßig oder eher ungleichmäßig verteilt?
- Wie ist der **Sprachstil** der Figuren, z. B. pathetisch, umgangssprachlich, ironisch etc.?
- Welche **sprachlichen Mittel** verwenden die Figuren, z. B. rhetorische Fragen, Wiederholungen, Hyperbeln, Ellipsen, Vergleiche, Metaphern?
- Welche **Gedanken und Gefühle** werden deutlich?
- Welche Hinweise geben die **Regieanweisungen**?

1 **Lies den folgenden Textauszug aus dem Drama *Pioniere in Ingolstadt*. Notiere in deinem Heft, worum es in dem Textauszug geht und welches Ziel sich die einzelnen Figuren setzen.**

Marieluise Fleißer

Pioniere in Ingolstadt (Neufassung 1968; 3. Bild)

Im Mittelpunkt des Dramas steht der Aufenthalt eines Pionierbataillons in Ingolstadt, das im Rahmen einer militärischen Übung dort eine Holzbrücke errichten soll. Die Soldaten treffen während ihres Aufenthalts auf die Stadtgesellschaft, besonders auf junge Frauen, die teilweise gezielt den Kontakt zu den Pionieren suchen. Damit kommen die Soldaten auch der heimischen Männerwelt in die Quere. Ein Gespräch von Mitgliedern des Männerturnvereins im örtlichen Schwimmbad bildet das Zentrum des 3. Bildes. Zeck, der ältere Freund Fabians, treibt diesen immer wieder an, sich eine Frau zu erobern. Die Schwimmer des Turnvereins beklagen schon seit Jahren den Zustand des alten Bades.

Schwimmbad Männerturnverein. Umkleidekabinen. Ein Holzsteg

ZECK *aus einer Kabine:* Ich höre zuwenig. Wie weit bist du mit deiner Bestimmten?

FABIAN *aus einer Kabine:* Ich frage dich auch nicht nach deiner Bestimmten.

ZECK Frechwerden steht dir noch nicht zu.

FABIAN Nicht hetzen, Häuptling. *Fabian kommt heraus.* Und überhaupt. Ich bin auf dem Weg.

ZECK Dann bleib du nur nicht pappen auf dem Weg.

FABIAN Ihr sollt mich nicht aufziehn. Ich kann mich nicht beklagen. Sie ist meine Flamme. Es paßt.

ZECK *kommt heraus. Skeptisch:* Woran merkst du es, Mann?

FABIAN Ich habe sichere Anzeichen dafür.

ZECK Unser Wüstling! Hehe!

FABIAN Ich kann verlangen, daß man mich ernst nimmt.

ZECK Nur wenn du uns ihren persönlichen Unterrock bringst.

Bibrich balanciert über den Steg, gerät mit dem Fuß in ein Loch und fällt.

BIBRICH Oh, ah! Lieblich!

FABIAN Es hat einen geschnappt. […]

BIBRICH Der Steg wird euch schon noch schnappen.

FABIAN Lieber nicht.

ZECK Ich muß zugeben, das wäre der dritte gebrochene Fuß. Der ganze Sausteg ist eine Falle.

BIBRICH Der Verein bringt keinen Steg auf die Welt. […] Für uns hat er nichts. Das sind doch Hirschen. *Er hinkt nach vorn.*

ZECK Jeden Monat hebt der Trainer die Hand auf. Der Trainer geht immer noch vor dem Steg.

Bibrich Der Verein soll sich rühren, verdammt. Ich stoße mir nicht meine Glieder zuschanden.

Zeck Der Verein hat schon viermal bei der Stadt einen Vorstoß gemacht für einen Steg. Auf dem Ohr hört die Stadt nicht.

Fabian Der Schwimmer, der ist der Dumme.

Bibrich Man kann nicht einmal ein Schauspringen organisieren, wenn man nichts hat, worauf man den Zuschauer stellt. Ohne Schauspringen kein Eintritt.

Zeck Ohne Eintritt keine Marie.

Fabian Man kann es sich nicht malen.

Zeck Das sind Kasematten[1], mein Lieber. Das war ein Verteidigungsgraben. Für Sport und Schau ist das nicht gemacht. Wir haben genommen, was da war.

Fabian Als Schwimmer gäbe es uns nicht.

Bibrich Wer ist schon der Schwimmer? Der Schwimmer ist im Verein doch nur der kranke Mann.

Zeck Nur die Fußballer ziehen das Geld an.

Fabian Uns geben die Fußballer nichts.

Bibrich Der Schwimmer kommt nie zu seinem Steg.

Zeck Wir haben überhaupt keine Aussicht.

Bibrich Können nicht ausweichen. Die Donau ist ja kein Wasser.

Fabian Zuviel Wirbel. Die Donau täuscht.

Zeck Die Donau fälscht jedes Ergebnis. Wir sind schon angewiesen auf unseren langsamen Graben.

Bibrich Die Stadt soll sich die Schwimmer an den Hut stecken. Wir streiken.

Zeck Seit wann tut das der Stadt weh? Die vermissen uns gar nicht.

Fabian Wir kommen nur aus der Form.

Zeck Die können noch anders. Die hängen uns noch ein Schild hin: Zutritt verboten. Wir sitzen da und haben nicht einmal einen baufälligen Steg und haben kein Bad.

Bibrich Dann wären wir die Geprellten.

Zeck Was machen wir dann?

Fabian Es wäre das Ende. Und nur, weil man den Schwimmer bescheißt.

Bibrich Dann muß ich schon sagen, wir basteln uns einen Steg. Ich als Schreiner würde euch das nämlich zeigen.

Zeck Holz müßte man haben.

Bibrich Überstunden machen.

Zeck Werkzeuge kann man sich leihen.

Bibrich Man müßte schon schuften. Aber wir haben kein Holz.

Zeck Ich weiß ein Holz, wer sich traut. Das Holz ist nicht gesetzlich.

Fabian *großzügig:* Pfeif!

Bibrich Man muß sich schon traun!

Fabian Unter uns ist kein Schuft, da kommt es nicht auf.

Zeck Am gleichen Altwasser, keine Viertelstunde von hier, liegt ein Holz. Man muß es bloß durchziehn.

Bibrich Der Pionier ist im Land!

Zeck Der Pionier baut eine Brücke. Die Brücke gibt er der Stadt. Von der Stadt bekommt er das Holz.

Bibrich Die Stadt gibt dem Schwimmer das Holz nicht.

Zeck Der Schwimmer nimmt sich das Holz.

Bibrich Das ist nicht mehr wie gerecht.

Fabian Weil ihm das Wasser bis an den Hals steht.

Bibrich Der Verein darf nichts wissen.

Zeck Der Steg ist nicht einmal ein kleiner Wald. Einen kleinen Wald muß die Stadt sich eben leisten. R

1 die Kasematte: durch Mauerwerk oder Erdaufschüttung besonders vor feindlichem Beschuss geschützter Bereich; es entsteht ein langer Graben

2 **Untersuche das Verhältnis der drei Figuren zueinander. Befinden sie sich deiner Meinung nach auf Augenhöhe oder nicht? Belege deine Aussagen am Text.**

3 a **Kreuze an, welche der folgenden Sätze am ehesten das Männer- und Frauenbild Zecks beschreiben, das in dieser Szene zum Ausdruck kommt. Notiere beispielhafte Textbelege zu den angekreuzten Antworten.**

A ☐ Eine Beziehung zu einer Frau macht den Mann glücklich.

B ☐ Eine Frau gilt als Trophäe des Mannes.

C ☐ Erst wer sexuellen Kontakt zu einer Frau hatte, gilt als Mann etwas.

D ☐ Männer und Frauen sind in einer Beziehung gleichberechtigt.

Textbelege:

b **Notiere, wie Fabian sich diesen Ansichten gegenüber verhält, und mache dies an passenden Textbelegen deutlich.**

4 **Trage verschiedene Gründe zusammen, die die Unzufriedenheit der Männer mit der Situation der Schwimmer belegen. Woran stören sie sich? Du kannst so beginnen:**

- *schlechter Zustand des Stegs („Der Steg wird euch schon noch schnappen", Z. 25)*

5 a **Untersuche die Sprache der drei Männerfiguren. Verbinde dazu jeweils die markierten Textstellen mit den dazu passenden sprachlichen Mitteln und ergänze deren Wirkung. Achtung: Mehrfachnennungen sind möglich.**

ZECK Am gleichen Altwasser, keine Viertelstunde von hier, liegt ein Holz. Man muß es bloß durchziehn.
BIBRICH Der Pionier ist im Land!
ZECK Der Pionier baut eine Brücke. Die Brücke gibt er der Stadt. Von der Stadt bekommt er das Holz.
BIBRICH Die Stadt gibt dem Schwimmer das Holz nicht.
ZECK Der Schwimmer nimmt sich das Holz.
BIBRICH Das ist nicht mehr wie gerecht.
FABIAN Weil ihm das Wasser bis an den Hals steht.
BIBRICH Der Verein darf nichts wissen.
ZECK Der Steg ist nicht einmal ein kleiner Wald. Einen kleinen Wald muß die Stadt sich eben leisten.

Exklamatio (Ausruf)

Umgangssprache

Chiasmus: Kreuzweise Anordnung von Satzgliedern

Dialektale Elemente

Ellipse/unvollständige Sätze

Aneinanderreihung von Hauptsätzen

b **Benenne in deinem Heft den vorliegenden Sprachstil. Ist er: pathetisch, umgangssprachlich, ironisch, emotional?**

c **Marieluise Fleißer war der Dialekt als Gestaltungsmittel ihrer Dramentexte wichtig. Finde weitere Textstellen, die dies belegen. Notiere, welche Intention damit konkret verfolgt wird. Schreibe in dein Heft.**

Wissen und können | **Schritt 2: Eine Dramenszene untersuchen**

- In der **Einleitung** werden die Textart, der Titel des Textes, der Autor / die Autorin, das Entstehungsjahr, die Szene benannt sowie eine Deutungshypothese entwickelt.
- Im **Hauptteil** wird der Inhalt der Szene knapp zusammengefasst und – sofern bekannt – in den Handlungsverlauf des Dramas eingeordnet. Je nach Aufgabenstellung werden einzelne Teilschritte in der Untersuchung notwendig, z. B. Gesprächsverhalten, Figurenkonstellation, Charakterisierung der Figuren, Sprache der Figuren etc. Die Untersuchungsergebnisse werden möglichst am Text mit Hilfe von Zitaten belegt.
- Im **Schlussteil** wird die Bedeutung der Szene für den Gesamtzusammenhang erläutert.

6 **Ergänze den vorliegenden Einleitungstext mit den notwendigen Angaben.**

Das 3. Bild „Schwimmbad Männerturnverein" aus Marieluise Fleißers modernem Drama

______________________________,

zeigt ein emotionales Gespräch von Mitgliedern des Männerturnvereins. Es mündet letztlich in dem Entschluss,

______________________________.

Die Männerfiguren wollen damit einerseits ihren Mut beweisen und andererseits für Gerechtigkeit sorgen, denn sie fühlen sich auch im Hinblick auf die Frauenwelt von den Pionieren herausgefordert.

7 **Ordne im Hauptteil das Bild mit Hilfe des Einführungstextes (▸ S. 43) zunächst grob in den Gesamtzusammenhang ein. Fasse dann den Inhalt des Bildes knapp zusammen. Gliedere das Bild dazu in Abschnitte und notiere die Zeilenangaben. Beginne folgendermaßen:**

Das Bild lässt sich in dem ersten Teil des Dramas einordnen, wo anhand der einzelnen Szenenbilder die Handlung ...

Als Bibrich während dieser Unterredung über den maroden Steg balanciert, in ein Loch tritt und stürzt, entspinnt sich eine Diskussion um ...

8 **Stelle anhand deiner Arbeitsergebnisse aus den Aufgaben 2 bis 5 (▸ S. 45 f.) den Gesprächsverlauf und das Verhalten der einzelnen Figuren dar. Nutze hierfür sowohl den Satzanfang als auch die unten abgedruckten Formulierungshilfen und schreibe ins Heft.**

Gleich am Beginn des Gesprächs wird deutlich, dass Zeck es gewohnt ist, dominant aufzutreten und die Gesprächsinitiative zu ergreifen. Mit der Feststellung „Ich höre zu wenig. Wie weit bist du mit deiner Bestimmten?“ (Z. 3 f.) möchte er ...

ärgern sich über den Zustand des Stegs

möchte ernst genommen werden

suchen nach Lösungen

fühlen sich benachteiligt und ungerecht behandelt

bringen ihre Wut zum Ausdruck

9 a **Lies die Ergebnisse der sprachlichen Analyse und setze sie in Beziehung mit den bisherigen Erkenntnissen. Nutze hierfür auch die Vorarbeiten aus ▸ Aufgabe 5. Übertrage anschließend den folgenden Formulierungsvorschlag in dein Heft und fülle die Lücken mit Hilfe des Wortspeichers.**

b **Untersuche anschließend den zweiten Teil des Gesprächs. Schreibe in dein Heft. Beginne so:**

Im zweiten Teil des Gesprächs wird durch die sprachliche Gestaltung besonders die Emotionalität der Protagonisten deutlich. Der häufige Wechsel ...

Vertrauensvolles • Mündlichkeit • ins Leere laufen lassen • Alliteration • gleichwertig • Exklamation

Auch die sprachliche Gestaltung der einzelnen Redebeiträge lässt Rückschlüsse auf die Stimmung und die Handlungsabsichten der Protagonisten zu. So zeigt der an der ? orientierte, teilweise dialektale Sprachgebrauch wie in den Formulierungen „Der Verein bringt keinen Steg auf die Welt" (Z. 29), oder: „Das ist nicht mehr wie gerecht" (Z. 95), das hier ein ? Gespräch in einer Männerrunde vorliegt. Im ersten Teil der Unterredung, als Fabians Liebesleben thematisiert wird, nutzt Zeck unter anderem die ? „Unser Wüstling! Hehe!" (Z. 16), um sich über Fabian und seine Unerfahrenheit lustig zu machen. Dessen bereits zuvor in Form einer ? geäußerte Beschwichtigung „Nicht hetzen, Häuptling", die auch eine ? enthält, soll Zecks Vorstoß ? , doch im wenig später genutzten Aussagesatz „Ich kann verlangen, daß man mich ernst nimmt" (Z. 17 f.) wird deutlich, dass Fabian sich gegen solche intimen Fragen wehrt und sich nicht ? behandelt fühlt.

10 **Analysiere die Sprache der Figuren. Übertrage dazu den folgenden Formulierungsvorschlag in dein Heft und fülle die Lücken mit Hilfe des folgenden Wortspeichers.**

Schimpfwörter • Parataxen • Ellipsen • klagender Tonfall • Wiederholungen • Exklamation

Mit ? wie „Sausteg" (Z. 28) oder „Hirschen" (Z. 30) machen Zeck, Fabian und Bibrich ihrem Unmut über den Zustand des Bades und die dafür Verantwortlichen Luft. Zudem wird dadurch deutlich, dass die Behandlung der Schwimmer von ihnen als ungerecht und unhaltbar empfunden wird: „Und nur, weil man den Schwimmer bescheißt" (Z. 71 f.) Bei der Analyse ihrer als hoffnungslos empfundenen Situation verfallen die drei Männer einem ? und werden durch kurze Einwürfe in Form von ? den anderen zum Stichwortgeber. Auch die Verwendung von ? erfüllen diese Funktion: „Seit wann tut das der Stadt weh?" (Z. 62). Als die Idee des Holzdiebstahls aufkommt, wird diese Art der gegenseitigen Bestärkung noch deutlicher, indem bestimmte Wörter des Vorredners in Form von ? aufgegriffen werden und dadurch eine Rechtfertigung des illegalen Plans entsteht. Die Redebeiträge „Der Pionier ist im Land! / Der Pionier baut eine Brücke. Die Brücke gibt er der Stadt. Von der Stadt bekommt er das Holz / Die Stadt gibt dem Schwimmer das Holt nicht. / Der Schwimmer nimmt sich das Holz. / Das ist nicht mehr wie gerecht" können hier als Beispiel dienen. Schließlich machen die vorzufindenden ? wie „Man muß sich schon traun!" deutlich, dass der Diebstahl innerhalb der Männerrunde auch als Beweis für Tatkraft und Mut angesehen wird.

11 **Verfasse den Schluss deiner Textanalyse. Erläutere dazu die Bedeutung der Szene. Notiere: Was wird durch das Bild / die Szene in Gang gesetzt? Schreibe in dein Heft.**

12 **Verfasse nun eine vollständige Textanalyse zu folgender Aufgabenstellung:**

Erschließe und interpretiere die vorliegende Szene aus Marieluise Fleißers Drama *Pioniere in Ingolstadt*. Berücksichtige besonders das Verhältnis der Figuren zueinander, den Gesprächsverlauf und die sprachliche Gestaltung.

Was kannst du schon? – Grammatik

1 **a Füge die Wortgruppen im richtigen Kasus in die Sätze ein.**
b Unterstreiche die eingesetzten Wortgruppen im Genitiv grün und im Dativ blau.

Die zehn Gebote der Digitalen Ethik

Wer sich in ______________________ (die sozialen Medien) bewegt, sollte mit ______________________ (einige Regel) vertraut sein. Angesichts ______________________ (die wachsende Zahl an Problemen) formulierten Medienpädagogen „10 Gebote der Digitalen Ethik“, die auf ______________________ (die Internetseite der Initiative „klicksafe“) abrufbar sind. Dank ______________________ (die finanzielle Unterstützung der EU) kann die Initiative darüber hinaus viele weitere Informationen zum Thema bieten.

2 **Streiche bei den folgenden Sätzen jeweils die Personalform im falschen Numerus durch.**

Für die Mehrzahl der Jugendlichen wird / werden diese „10 Gebote der Digitalen Ethik“ keine Überraschung darstellen. Trotzdem sollte / sollten jede Nutzerin und jeder Nutzer die Ratschläge beachten. Das Bild der letzten Party oder die freizügige Aufnahme aus dem Freibad gehört / gehören zum Beispiel nicht in die sozialen Medien. Schließlich weiß man nie, wer die geposteten Bilder betrachtet / betrachten.

3 **Prüfe bei den folgenden Sätzen, ob in der indirekten Rede der Konjunktiv I oder II verwendet werden muss. Streiche jeweils die falsche Form.**

Eine weitere Regel lautet, man solle / sollte nicht akzeptieren, dass man beobachtet wird und massenhaft private Daten gesammelt werden / würden. Aus den abgefragten Informationen können / könnten Profis Nutzerprofile erstellen. Selbst auf Schwangerschaften lasse / ließe sich aus den Daten schließen.

4 **a Setze die folgenden direkten Reden in die indirekte Rede im Konjunktiv. Vermeide dabei dass-Sätze.**
b Notiere für jeden Satz das Tempus des Redebegleitsatzes und des Nebensatzes in der indirekten Rede.

A *Direkte Rede*: Ein Internetnutzer gibt an: „Ich bin bei Informationen aus dem Netz immer kritisch.“

A ____

A Tempus des Redebegleitsatzes ________________ Tempus des Nebensatzes ________________

B *Direkte Rede* Der Experte betonte: „Es ist wichtig, sich über die Qualität der Internetquellen zu informieren.“

B ____

B Tempus des Redebegleitsatzes ________________ Tempus des Nebensatzes ________________

C *Direkte Rede* Er gibt zu bedenken: „Die Geschwindigkeit der Entwicklung wird viele überraschen.“

C ____

C Tempus des Redebegleitsatzes ________________ Tempus des Nebensatzes ________________

5 **Setze im folgenden Text die fehlenden Kommas und unterstreiche die Infinitivgruppen.**

Inhalt des vierten Gebots der Digitalen Ethik ist es Mobbing im Netz nicht zuzulassen. Zwar sollte sich jeder der ein Video in den sozialen Medien veröffentlicht selbst dessen bewusst sein dass andere dieses missbrauchen können. Es gehört aber zur Verantwortung aller sich über Bilder oder Videos anderer nicht lustig zu machen oder diese abwertend zu kommentieren. Außerdem kann man hier auch Charakter zeigen: Wirkliche Freunde zeigen sich gerade beim Mobbing darin den Opfern zur Seite zu stehen und nicht einfach tatenlos zuzusehen.

6 **Forme diesen Schachtelsatz in zwei bis drei übersichtliche Sätze um. Schreibe in dein Heft.**

Auch wenn die Urheber von Beleidigungen und Gewaltandrohungen in den Chat-Foren glauben, sie seien anonym, sollten sie bedenken, dass zum einen solche Äußerungen auch im Netz strafbar sind und zum anderen die Identität von Userinnen und Usern – anders als häufig vermutet – verhältnismäßig leicht festgestellt werden kann und diese mit empfindlichen Strafen rechnen müssen.

7 **a Füge die passende Konjunktion ein: *obwohl, weil, sobald, denn, indem.***
b Unterstreiche in den Sätzen die Nebensätze.
c Trage die fehlenden Kommas ein.

Im Internet sollte man nicht jedem vertrauen ______________ sich dort Identitäten leicht vortäuschen lassen. ______________ sie mit Hilfe von Fake-Profilen gleiche Interessen und Hobbys vortäuschen erschleichen sich Kriminelle immer wieder das Vertrauen von Kindern und Jugendlichen. ______________ der vermeintliche Freund um intime Fotos bittet wird es gefährlich ________ solche Bilder sind die Grundlage für spätere Erpressungsversuche. ______________ sie seit Jahren vor diesen Praktiken warnt muss die Polizei immer wieder solchen Fällen nachgehen.

8 **a Überprüfe deine Lösungen mit Hilfe des Lösungsheftes.**
b Trage ein, wie du die Aufgaben bewältigt hast.

☺ **keine Unsicherheit** 😐 **noch etwas unsicher** ☹ **große Unsicherheiten**

Aufgabe	1 ☐	2 ☐	3 ☐	4 ☐	5 ☐	6 ☐	7 ☐
Weitere Übungen	Seite 51–52	Seite 51–52	Seite 53–55	Seite 54–56	Seite 64	Seite 58–59	Seite 60–62

Rund ums Nomen

Wissen und können **Nomen und Pronomen: den Kasus nach Präpositionen prüfen**

Präpositionen fordern in der Regel einen **bestimmten Kasus**, d. h.: Das der Präposition folgende Wort oder die folgende Wortgruppe (z. B. ein Nomen mit Nomenbegleiter[n], ein Pronomen) muss in einem bestimmten Kasus stehen, z. B.:

- Den **Akkusativ** fordern: *durch, für, gegen, ohne, um, wider*; z. B.: *Er verstößt gegen die Regeln.*
- Den **Dativ** fordern: *ab, aus, bei, gegenüber, mit, nach, nahe, seit, von, zu*; z. B.: *Bei einer Gewalttat sollte man nicht sofort eingreifen.*
- Einige Präpositionen stehen je nach Bedeutung mit **dem Dativ oder dem Akkusativ**, z. B.: *an, auf, hinter, in, neben, über, unter, vor, zwischen.*
  – Frageprobe: Bei „Wo ...?" steht der Dativ, z. B.: *Ich bin in **der** Schule.*
  – Frageprobe: Bei „Wohin ...?" steht der Akkusativ, z. B.: *Ich gehe in **die** Schule.*
- Den **Genitiv** fordern: *dank, mittels, seitens, außerhalb*, z. B.: *Innerhalb der Umzäunung geht es rund.*
  Einige Präpositionen mit Genitiv werden umgangssprachlich auch mit dem Dativ verwendet, z. B.: *wegen **seines** gewalttätigen Verhaltens / wegen **seinem** gewalttätigen Verhalten.*

1 **a Streiche bei den folgenden Sätzen jeweils das Wort bzw. die Wortgruppe im falschen Kasus durch: Gefragt ist die Standardsprache, nicht die Umgangssprache.**
b Kreuze an, welchen Kasus die Präposition fordert.

	Akkusativ	Dativ	Genitiv
A Viele werden unsicher, wenn sie in ihrem / ihren Mail-Account die Androhung einer Strafanzeige finden.	☐	☐	☐
B Solche Mails sind häufig nach folgendem / folgenden Muster gestrickt:	☐	☐	☐
C Ohne einen Beweis / eines Beweises wird z. B. behauptet, man habe in letzter Zeit Musiktitel illegal heruntergeladen.	☐	☐	☐
D Der Erpresser bietet an, gegen eine / einer Zahlung eines überschaubaren Betrages von einer Anzeige abzusehen.	☐	☐	☐
E Manche fühlen sich ertappt und tätigen anstelle eines Anrufs / einem Anruf bei der Polizei die Überweisung.	☐	☐	☐

2 **Kläre für jedes Nomen den Kasus mit der Frageprobe. Notiere beides unter dem Satz und trage die Präposition und das Nomen (mit Artikel) bzw. das Pronomen ein.**

A In + sozialen Medien *In den sozialen Medien* ist es üblich, sich und andere zu bewerten.

Wo ist es üblich, sich und andere zu bewerten? → Kasus: Dativ

B Es gibt kaum etwas, das nicht in + Netz ______________________ gestellt wird.

____

C Mit + ausgesuchte, oft bearbeitete Bilder ______________________ wird versucht, möglichst viele Likes zu erhalten.

____

D Anstelle + die Realität ______________________ zeigen diese Bilder aber vor allem Illusionen.

____

Wissen und können **Übereinstimmung von Subjekt und Prädikat: auf den Numerus achten**

Das Prädikat (die finite Verbform) hat denselben Numerus (Anzahl) wie das Subjekt. Sie müssen **kongruent** sein (übereinstimmen).

- Wenn das Subjekt aus mehreren Teilen besteht, steht das Prädikat in der Regel im Plural, z. B.: *Ben, Klaus und Simon spielen häufig im Internet.*
- Besteht das Subjekt aus mehreren Teilen, die im Singular stehen und mit *kein, jeder, mancher* verknüpft sind, steht das Prädikat im Singular, z. B. *Jeder Nutzer und jede Nutzerin sollte gewisse Regeln beachten.*
- Bei zusammengezogenen Sätzen, in denen ein Prädikat eingespart wird, bestimmt das näher stehende Subjekt den Numerus, z. B.: *Nicht nur Julian, sondern auch seine Freunde haben auf die Verhaltensregeln im Netz geachtet.*
  ABER: *Nicht nur seine Freunde, sondern auch Julian hat auf die Verhaltensregeln im Netz geachtet.*

3 **a Markiere in jedem der folgenden Sätze das Subjekt und prüfe: Singular oder Plural?**
b Streiche dann jeweils die Verbformen im falschen Numerus durch.

Viele Schülerinnen und Schüler macht / machen irgendwann im Laufe der Schulzeit sowohl positive wie auch negative Erfahrungen in den sozialen Medien. Die Möglichkeit, Informationen schnell an viele Menschen zu senden, stellt / stellen dabei die Stärke und zugleich Gefahr dieser Medien dar. Der Austausch von kurzen Videos und die Unterhaltungen mit Freunden ist / sind ein lustiger Zeitvertreib. Manche Schülerin und mancher Schüler nutzt / nutzen die digitalen Medien aber auch, um mit Lehrkräften in Kontakt zu treten. Nicht nur die Schülerinnen und Schüler, sondern auch die Lehrerschaft schätzt / schätzen diese Möglichkeit immer mehr.

4 ●●● **Setze in den folgenden Sätzen die Verben im Rahmen im richtigen Numerus ein. Beachte ggf. die Hinweise zum Modus der einzusetzenden Verben.**

A Trotzdem ____________ [sollen; Konjunktiv II] jede Nutzerin und jeder Nutzer auch vorsichtig mit den sozialen Medien umgehen.

B Fitnessarmbänder ermöglichen zum Beispiel, dass nicht nur die Sportlerin / der Sportler selbst, sondern auch weitere User/-innen die Leistungen ____________ [bewerten können].

C Was als Ansporn gedacht ist, ____________ [empfinden] mancher Sportler und manche Sportlerin jedoch als Belastung.

D Sowohl die Mitglieder innerhalb der Gruppe als auch der Einzelne ____________ [müssen] sich dessen bewusst sein.

E Ansonsten ____________ [resultieren] aus dem im Grunde positiven Gruppendruck Selbstoptimierungswahn, Selbstzweifel und sogar Überlastungen bis hin zu gesundheitlichen Problemen.

Redewiedergaben richtig formulieren

Wissen und können **Arten der Redewiedergabe**

Die direkte (wörtliche) Rede oder (Text-)Aussage einer anderen Person kannst du in unterschiedlicher Weise wiedergeben:

- **Indirekte Rede:** In einem einleitenden Hauptsatz wird gesagt, wessen Äußerung wiedergegeben wird. Die Wiedergabe der Äußerung erfolgt
  - in einem dass-Satz (möglicher Modus des Verbs: Indikativ oder Konjunktiv, ▸ S. 63), z. B.: *Die Krankenkasse betont, dass übermäßiger PC-Konsum krank macht/mache.*
  - oder in einem uneingeleiteten Nebensatz (im Konjunktiv), z. B.: *Die Krankenkasse betont, übermäßiger PC-Konsum mache krank.*
- **Paraphrase (Umschreibung):** Mit einer Paraphrase im Indikativ gibt man die Gedanken einer Person oder eines Ausgangstextes sinngemäß in eigenen Worten wieder. Durch sprachliche Signale wie *nach ihrer Meinung..., nach seiner Auffassung* ... weist man darauf hin, dass es sich um eine fremde Äußerung handelt: *Nach Ansicht der Krankenkasse ist Aufklärung notwendig.*
- **Zitat:** Bei einem Zitat wird ein Teil der fremden Äußerung mit Anführungszeichen in den eigenen Satz eingebaut. Der Satz steht im Indikativ. Wie bei der Paraphrase gibt man einen Hinweis auf die Quelle der Äußerung: *IT-Verbände wenden sich gegen die „äußerst pauschalen" Aussagen der Krankenkassen.*

1 **Markiere im folgenden Text Redewiedergaben in indirekter Rede blau, Paraphrasen grün und Zitate rot.**

„Jugend 3.0" gefährdet – krank durch zu viel Medienkonsum! (2016)

Von Ulrich J. Zürcken

„Ich zocke lieber, statt langweilige Vokabeln zu lernen", gibt Alexa bereitwillig Auskunft. Ihr jüngerer Bruder Nathan gesteht, dass er sich sofort von seiner Matheaufgabe ablenken lässt, wenn sich sein Smartphone meldet. Das Handy wirke wie in die Handfläche eingewachsen, beschreibt die Mutter das Mediennutzungsverhalten ihrer Sprösslinge. Alle Aussagen zitiert der Film „Jugend 3.0 – mit Sicherheit im Netz", den jetzt eine große Krankenkasse vorgestellt hat. Ins Drehbuch eingeflossen ist eine Studie eines namhaften Meinungsforschungsinstituts, für die 1000 Eltern Auskunft über den Medienkonsum ihrer Kinder im Alter von 12 bis 17 Jahren gaben. Immerhin 50 Prozent der Erziehungsberechtigten glauben, ihre Kinder sind zu oft und zu lange online. 80 Prozent aller Jugendlichen besitzen ein Smartphone, mit dem sie „rund um die Uhr erreichbar sind", wie der Film hervorhebt. Bei 17 Prozent der Jugendlichen vermuten die Eltern Anzeichen für eine Onlinesucht. Die Krankenkassen nehmen das Thema sehr ernst. Während die jungen Menschen sich mit digitalen Medien beschäftigen, bewegen sie sich zu wenig. Darunter

leide ihre Gesundheit, bestätigen die Krankenkassen. Unter den Jugendlichen, die besonders häufig online sind, klagen immerhin 20 Prozent: „Ich habe Rückenbeschwerden!" Der Film zeigt auch, dass das Thema Mediennutzung in vielen Familien zu Konflikten führt. „Es gibt einen ständigen Kleinkrieg! Bei den Eltern herrscht ein Gefühl der Hilflosigkeit", hebt der Regisseur hervor. Mit dem Film, der unter anderem bei Youtube zu sehen ist, sollen sich Eltern, Lehrer und Jugendliche eine Meinung zu dem Thema bilden.

Dieser Text wurde eigens für das Arbeitsheft verfasst.

2 **Untersuche, wie Äußerungen Dritter im Text oben verwendet werden. Erläutere deine Ergebnisse im Heft.**

Der Konjunktiv I in der indirekten Rede

Wissen und können **Wörtliche Rede in indirekter Rede wiedergehen**

Äußerungen Dritter kannst du in der indirekten Rede wiedergeben. Das Verb steht im Konjunktiv I, z. B..
- **direkte Rede** – Indikativ: *Meine Schwester sagt: „Dieses Computerspiel macht mich aggressiv!"*
- **indirekte Rede** mit Konjunktiv I: *Meine Schwester sagt, das Spiel mache sie aggressiv.*

Bildung des Konjunktivs I: Stamm des Verbs (Infinitiv ohne *-en)* + entsprechende Personalendung:

Singular		**Plural**	
Indikativ Präsens	**Konjunktiv I**	**Indikativ Präsens**	**Konjunktiv I**
ich mach-e	*ich mach-e*	*wir mach-en*	*wir mach-en*
du mach-st	*du mach-est*	*ihr mach-t*	*ihr mach-et*
er/sie/es mach-t	*er/sie/es mach-e*	*sie mach-en*	*sie mach-en*

1 **Notiere die folgenden Aussagen als indirekte Rede mit Konjunktiv. Vermeide dabei dass-Sätze.**

A „Ohne Messenger-Apps weiß ich nicht, wo meine Freunde gerade sind", behauptet Nico.

Nico behauptet, ohne ___________________________________

____

B Kinderärzte heben hervor: „Nur wenige Jugendliche kann man nicht zu jeder Tageszeit per Handy erreichen."

____

____

C Der Filmemacher sagt überrascht: „Offenbar schaltet ein Großteil der Jugendlichen das Handy niemals ab."

____

____

D „Wie sich das Medienverhalten auf die Gesundheit auswirkt, wird man bald feststellen", warnt der Kassenchef.

____

____

2 **a Forme die folgenden Sätze in dass-Sätze um. Schreibe in dein Heft.**
b Gib für deine Umformungen an, welchen Modus des Verbs (▶ S. 53) du verwendet hast.

A Man müsse Regeln für die Mediennutzung vereinbaren, fordern Erziehungswissenschaftler.

B Therapeuten warnen, die Suchtgefährdung durch medialen Dauerkonsum müsse man sehr ernst nehmen.

3 ●●● **Formuliere die Information der Krankenkassen in indirekte Rede um. Wechsle zwischen *dass*-Sätzen und uneingeleiteten Nebensätzen im Konjunktiv. Schreibe in dein Heft.**

Die Krankenkassen informieren: „Aufklärung hilft, die Nachteile intensiver Mediennutzung zu erkennen. Ein angemessener Ausgleich erhält die Gesundheit. Sport, viel Bewegung an der frischen Luft und gemeinsame Aktivitäten mit Freunden sind empfehlenswert."

Wissen und können **Ersatzformen für den Konjunktiv I**

Wenn der **Konjunktiv I** (im Textzusammenhang) nicht vom Indikativ Präsens zu unterscheiden ist, wird der **Konjunktiv II** verwendet. Wenn die Konjunktiv-II-Form nicht vom Indikativ Präteritum zu unterscheiden ist, verwendet man die ***würde*-Ersatzform**; z. B.

Indikativ →	**Konjunktiv I** →	**Konjunktiv II** →	***würde*-Ersatzform**
Er sagt: „Netzwerke fördern soziales Handeln."	*Er sagt, Netzwerke fördern soziales Handeln.*	*Er sagt, Netzwerke förderten soziales Handeln.*	*Er sagt, Netzwerke würden soziales Handeln fördern.*

Die *würde*-Ersatzform verwendet man auch dann, wenn der Konjunktiv II als besonders ungebräuchlich oder unschön empfunden wird; z. B.: *Sie sagt, Toni empfähle jedem dieses Buch.* → *Sie sagt, Toni würde jedem dieses Buch empfehlen.*

4 **Gib die folgenden Aussagen in indirekter Rede wieder. Nutze die einleitenden Hauptsätze. Verwende den Konjunktiv II oder die *würde*-Ersatzform, wo es grammatisch notwendig oder stilistisch angemessen ist.**

A Junge Menschen laufen durch die Fußgängerzone und lassen dabei nicht den Blick von ihrem Smartphone. Schülergruppen sitzen zusammen und tauschen gleichzeitig Textnachrichten mit anderen aus, die weit weg sind. Schon Kinder starren auf Displays.
B Das sind heute vertraute Bilder. Smartphone, Tablet und Co. begleiten Kindheit und Pubertät. Heutige Kinder und Jugendliche wachsen als Digital Natives von Anfang an mit mobilem Internet und in sozialen Netzwerken auf.
C Hirnforscher warnen vor digitaler Demenz – doch überwiegen nicht die positiven Effekte?

A Der Journalist Philipp Sickmann berichtet im „Tagesspiegel online", junge Menschen ______

______

______

B Er erklärt, dass ______

______

______

C Sickmann merkt an, ______

aber er fragt, ob ______

______

5 ●●● **Unterstreiche die Textstellen, an denen die *würde*-Ersatzform durch eine Konjunktivform ersetzt werden muss. Notiere in deinem Heft die richtige Form.** VORSICHT FEHLER!

A In einer aktuellen Umfrage in den USA geben viele Teenager an, sie würden durch den Umgang in Netzwerken selbstbewusster und extrovertierter handeln.

B Sie meinen, sie würden dadurch auch ein besseres Verhältnis zu Familie und Freunden haben.

C Sie sagen, sie würden weiterhin die direkte Kommunikation bevorzugen.

D Jugendliche erklären, wenn eine Plattform sie verärgern würde, würden sie in eine andere Community wechseln.

E Ein Medienpädagoge meint, die Probleme in der Pubertät würden die gleichen sein, egal ob on- oder offline.

Wissen und können **Tempuswahl in der indirekten Rede**

- Das Tempus des einleitenden Hauptsatzes (Redebegleitsatz) beeinflusst das Tempus in der indirekten Rede nicht, z. B.:
  - Direkte Rede: *Sie sagt/sagte/wird sagen: „Die Jugendlichen **sind** befragt worden."*
  - Indirekte Rede: *Sie sagt/sagte/wird sagen, die Jugendlichen **seien** befragt worden.*
- Das Tempus im Nebensatz der indirekten Rede richtet sich nach dem Tempus in der direkten Rede, z. B.:
  Er sagte: *„Die Studie hat überrascht."* (Ind. Perfekt) → *Er sagte, sie habe überrascht.* (Konj. I Perfekt)
  Er sagte: *„Die Studie wird überraschen."* (Ind. Futur) → *Er sagte, sie werde überraschen.* (Konj. I Futur)

Beachte: Der Konjunktiv I Perfekt tritt auch für den Indikativ Präteritum sowie Plusquamperfekt ein, z. B.:
Sie sagte: *„Ich forschte lange."* (Ind. Prät.) → *Sie sagte, sie habe lange geforscht.* (Konj. I Perfekt)
Sie sagte: *„Ich hatte lange geforscht."* (Ind. Plusqu.) → *Sie sagte, sie habe lange geforscht.* (Konj. I Perf.)

6 **Setze das Zitat in die indirekte Rede und wähle für den einleitenden Hauptsatz das passende Tempus.**

Frau Prof. Clever erklärt: „Unser Institut hat in einer Langzeitstudie die Medienkompetenz von Jugendlichen untersucht."

A **Bei der gestrigen Pressekonferenz** ____________ Frau Prof. Clever, ihr Institut ____________

____

B Frau Prof. Clever ____________ **bei der gerade laufenden Pressekonferenz, ihr Institut** ____________

____

C **Bei der bald stattfindenden Pressekonferenz** ____________, ihr Institut

____

7 ●●●
a Unterstreiche die Verben und trage in die rechte Spalte ein, in welchem Tempus sie stehen.
b Gib die Aussagen der Professorin in indirekter Rede wieder. Achte insbesondere auf die richtige Tempuswahl. Schreibe in dein Heft.

Frau Prof. Clever teilte in der Pressekonferenz mit:	**Tempus**
A „Experimente und Interviews unserer Studie belegten, wie vielfältig sich Gewalt in Medien auswirkt.	*Präteritum*
B Zugespitzt kann man sagen: Wer intensiv Gewaltmedien konsumiert,	____________
wird sich wahrscheinlich insgesamt weniger sozial verhalten.	____________
C Es zeigte sich aber auch, dass sich solche Effekte positiv beeinflussen lassen.	____________
D Nachdem eine Gruppe Jugendlicher ein fünfwöchiges Medienkompetenztraining	____________
absolviert hatte, veränderte sich deren Verhalten signifikant.	____________
E Ob sich diese Effekte auch langfristig und wiederholt bestätigen,	____________
wird in weiteren Studien untersucht werden."	____________

Teste dich!

Rund um die Redewiedergabe

1 **a Kreuze für jeden Satz an, ob der Konjunktiv richtig oder falsch verwendet wurde. (5 Punkte)**
b Schreibe die falschen Sätze verbessert in dein Heft. (3 Punkte)

	richtig	falsch
A Der Internetsoziologe sagt, das Online-Dasein gehöre heute zum Alltag.		
B Er erklärt, was früher Zeit für den familiären Austausch gewesen wäre, würde heute Online-Zeit mit Freunden sein.		
C Ohne Mobiltelefone würde es unterwegs gar nicht gehen, weil es kaum noch Telefonzellen gäbe.		
D Die Lehrerin beharrt nachdrücklich darauf, dass es in der Schule onlinefreie Zeiten geben müsse, damit sich die Schüler/-innen auf den Unterricht konzentrieren könnten.		
E In ihrer Schule würde deshalb auch weiterhin die Mobilfunknutzung konsequent verboten bleiben.		

2 **a Kreuze an, welche der Paraphrasen und Zitate A bis C die Aussage der Lehrerin formal korrekt und inhaltlich angemessen wiedergibt. (1 Punkt)**

> Wir sehen, dass Pausen nicht mehr zur Erholung genutzt, sondern Spiele gezockt werden – insbesondere von den jüngeren Schülerinnen und Schülern. Pausenaktivitäten wie Gespräche, Essen und Toilettengänge holen die Schüler/-innen dann während der Unterrichtszeit nach.

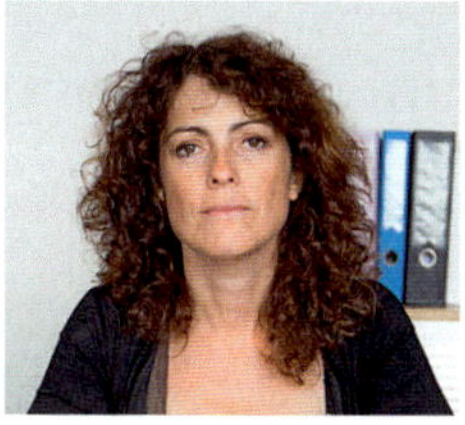
Vera Thies, Lehrerin

VORSICHT FEHLER!

A ☐ Nach Aussage einer Lehrerin erfüllen die Pausen durch die Handynutzung nicht mehr ihre erholende Funktion, „insbesondere für jüngere Schüler/-innen".

B ☐ In der Kritik der Lehrerin steht, dass Schüler/-innen den Unterricht zur Pause machen, wenn „Pausen nicht mehr zur Erholung genutzt" werden, sondern sie am Handy spielen.

C ☐ Nach Vera Thies ist die Pause nicht zum Spielen da, sondern für „Aktivitäten wie Gespräche, Essen und Toilettengänge".

b Begründe kurz, was an den beiden anderen Redewiedergaben formal nicht korrekt oder/ und inhaltlich nicht angemessen ist. Schreibe ins Heft. (2 Punkte)
c Setze die Aussage der Lehrerin in die indirekte Rede. Verwende uneingeleitete Nebensätze mit dem Konjunktiv bzw., wo nötig, mit der *würde*-Ersatzform. Schreibe ins Heft. (3 Punkte)

Vergleiche deine Ergebnisse mit dem Lösungsheft und addiere deine Punkte. Für jede richtige Antwort bekommst du einen Punkt.

☺ 14–11 Punkte	☺ 10–7 Punkte	☹ 6–0 Punkte
Gut gemacht!	Gar nicht schlecht, aber lies dir die Informationskästen auf den Seiten 53 bis 56 noch einmal genau durch.	Arbeite die Seiten 53 bis 56 noch einmal genau durch.

Den Schreibstil verbessern

Wissen und können | **Satzbau: Schachtelsätze vermeiden**

Zu einem **guten Stil** gehört es, **übersichtliche Sätze** zu formulieren. Das heißt z. B.:
- Schiebt nicht **zu viele Wörter zwischen die Teile eines Prädikats** und **zwischen Subjekt und Prädikat.**
- Ein Satz sollte **nicht länger** sein, als beim lauten Lesen der **Atem reichen** würde.
- **Vermeidet lange, vorangestellte Attribute** (besonders Partizipialkonstruktionen) sowie eine **große Anzahl eingeschobener Nebensätze,** wenn ihr anders formulieren könnt.
- Achtet auf den richtigen **Satzbau:** Im **Hauptsatz** steht die **Personalform des Verbs** (das gebeugte Verb) **immer an zweiter Satzgliedstelle,** im **Nebensatz an letzter Satzgliedstelle,** z. B.: *Meinungsfreiheit hat dort Grenzen, wo der andere ungerecht behandelt wird.*

1 **Die folgenden Schachtelsätze müssen überarbeitet werden.**

a **Analysiere jeden Satz. Gehe so vor:**
- **Unterstreiche den Hauptsatz.**
- **Markiere die Einschübe farbig.**

b **Löse die Schachtelsätze auf und formuliere sie in mehreren Sätzen neu. Achte darauf, dass nicht zu viele Wörter zwischen Subjekt und Prädikat oder zwischen zwei Teilen eines Prädikats stehen.**

Achte auf den **richtigen Satzbau**:
- Im **Hauptsatz** steht die Personalform des Verbs (das gebeugte Verb) immer an zweiter Satzgliedstelle.
- Im **Nebensatz** steht die Personalform des Verbs an letzter Satzgliedstelle.

VORSICHT FEHLER!

Broschüre: Sind Comics Literatur?

A Der nach Verkaufszahlen, allein in Deutschland über 100 Millionen Alben[1], beliebteste Comic ist die französische Serie „Asterix“, von Autor René Goscinny und Zeichner Albert Uderzo geschaffen, deren Titelheld, der mit seinem Freund Obelix viele Abenteuer erlebt, gleich in mehrfacher Hinsicht nicht dem Idealbild eines Helden entspricht.

B In Bezug auf Obelix muss, neben seinem äußerst korpulenten Erscheinungsbild, seine körperliche Stärke, wenngleich ganz unverdient erlangt, erwähnt werden, wobei auch seine Begriffsstutzigkeit legendär ist.

2 **Die Comicserie „Lucky Luke“ des belgischen Zeichners Morris ist nach „Asterix“ der in Deutschland beliebteste Comic. Stelle die Comicserie vor. Verwende folgende Informationen und vermeide beim Formulieren Schachtelsätze. Schreibe ins Heft.**

erstmals 1946 veröffentlicht • Zeichner Morris • einsamer Cowboy • jagt Verbrecher • Pferd Jolly Jumper • Fähigkeit, den Colt schneller zu ziehen als sein Schatten • mehr als 100 Millionen verkaufte Alben in Deutschland

1 Album: gebundene Ausgabe eines Comichefts

Wissen und können **Wiederholungen vermeiden**

- Um einen Text gut und abwechslungsreich zu formulieren, ist es sinnvoll, die **Satzanfänge** zu **variieren** und häufig **wiederholte Wendungen** zu **ersetzen**.
- Ersetze sich wiederholende **Verben, Adverbien oder Adjektive** durch **Synonyme** (Wörter mit gleicher oder ähnlicher Bedeutung), z. B. *negativ → schlecht, pessimistisch, nachteilig, störend, ungünstig, ablehnend* usw. Zu prüfen ist allerdings immer, ob ein Synonym wirklich dieselbe Bedeutung hat. Nomen sollten nach Möglichkeit nicht durch Synonyme ersetzt werden, weil es meist keinen treffenden Ersatz gibt.

3 a **Im Text werden ein Verb und ein Adjektiv zu oft wiederholt. Notiere sie auf den Zeilen unter dem Text.**
b **Finde jeweils passende Synonyme und notiere sie auf den entsprechenden Zeilen unter dem Text.**
c **Verbinde die Synonyme mit einer Linie mit den Textstellen, an denen sie eingefügt werden können.**

Comic-Festivals

Für die deutschsprachige Comicszene gibt es einige wichtige Festivals. Der positive Trend der Branche spiegelt sich in der wachsenden Zahl der Kunstschaffenden und Gäste. Den Comicsalon Erlangen gibt es seit dem Jahr 1984. Damals präsentierten knapp 40 Zeichnende ihre Comics und Cartoons. Inzwischen gibt es dort rund 200 Künstler/-innen. Für den positiven Eindruck des Festivals sorgen zahlreiche Veranstaltungen in der ganzen Stadt: Es gibt neben einer Comictauschbörse auch Workshops, Lesungen und Filmabende. Ein besonders positives Erlebnis für Zeichnende ist die Auszeichnung mit dem Max-und-Moritz-Preis. Alle zwei Jahre im Juni gibt es diese wichtigste Auszeichnung für grafische Literatur im deutschsprachigen Raum.

A zu oft wiederholtes Verb: Synonyme:

B zu oft wiederholtes Adjektiv: Synonyme:

4 a **Markiere im folgenden Text den wiederholten Satzanfang.**
b **Überarbeite den Text: Verknüpfe mit Hilfe der Satzanfänge unten die Sätze und schreibe den verbesserten Text ins Heft.**

Verzichte auf eine bloße Reihung der Gedanken mit *Des Weiteren* oder *Außerdem*. **Verknüpfe** Aussagen stattdessen **logisch** anhand passender **Konjunktionen**.

Die Öffentlichkeit der Comic-Festivals nutzen auch die Cosplayer/-innen. Der Anglizismus „Cosplay“ steht für „costume play“ und meint das Hineinschlüpfen in das Kostüm und die Rolle einer Figur aus Manga, Computerspiel oder Film. Des Weiteren kann man sagen, dass Cosplayer/-innen eine Verkleidung benötigen, die möglichst exakt mit dem Original der Vorlage übereinstimmt. Auch Waffen oder Requisiten gehören dazu. Des Weiteren kann man sagen, dass die Cosplayer/-innen sich nicht nur äußerlich, sondern auch im Verhalten der präsentierten Figur anpasst.

Das Cosplay ist besonders gelungen, **wenn** ...
Geschick beim Nähen, Schminken und Frisieren ist gefragt, **weil** ...
Eine Cosplayerin imitiert ihre Lieblingsfigur, **indem** ...
Cosplay ist ein buntes, fantasievolles Hobby, **obwohl** ...

Nebensätze richtig formulieren

Zusammenhänge herstellen mit Adverbialsätzen

Wissen und können **Logisch richtige Konjunktionen verwenden**

Mit Hilfe von **Adverbialsätzen** kannst du Sachverhalte logisch verknüpfen oder begründen. Adverbialsätze sind **Nebensätze.** Sie werden mit einer **unterordnenden Konjunktion** (z. B. *weil, als, wenn, nachdem, damit, obwohl, indem, falls, sodass*) eingeleitet und durch **Komma** vom Hauptsatz getrennt. Die **Frageprobe** hilft, den logischen Zusammenhang zu klären und die richtige Konjunktion auszuwählen, z. B.:

Falls du ein Asterix-Fan bist, kennst du dich mit vielen Eigenheiten europäischer Völker ganz gut aus.
Unter welcher Bedingung? (Konditionalsatz: *wenn, falls, sofern*)

1 **Formuliere drei Satzgefüge, die die logische Verbindung deutlich machen: Wähle für jedes Satzgefüge zwei Informationen aus, die zueinander passen.**

USA, Belgien oder Frankreich: Aufblühen der Comickultur nach dem Zweiten Weltkrieg

Deutschland: kaum Veröffentlichungen von Comics in der Nachkriegszeit

Comics bestehen zum großen Teil aus Bildern

Kinder sollten möglichst wenig Comics lesen

in Deutschland als niveauloser Kinderkram belächelt

Kinder lernen, zusammenhängende Texte zu verstehen

A ______________________________

____

B ______________________________

____

C ______________________________

____

2 **Überarbeite den Text, indem du falsch gewählte Konjunktionen durchstreichst und passende in der Randspalte notierst.**

VORSICHT FEHLER!

In den 1970er-Jahren änderte sich die comicfeindliche Atmosphäre in Deutschland, ________
wenn der französische „Asterix" bekannt geworden war. Falls dieser Comic und auch ________
amerikanische Comicserien das deutsche Publikum begeisterten, begannen nun ________
auch deutsche Verlage, Comics zu publizieren. Erst damit diese Comics in Deutschland ________
gelesen wurden, konnte endlich die Vielfalt dieses neuen Genres erkannt werden. ________

Wissen und können **Texte überarbeiten: Verbstellung in Nebensätzen überprüfen**

Im Nebensatz steht die **Personalform des Verbs** immer an **letzter Satzgliedstelle,** z. B.:
Von vielen Comics gibt es unzählige Hefte, weil die Lesenden immer neue Geschichten ihrer Helden ***wünschen.***

Achtung, **falsch:** *[...], weil die Lesenden* ***wünschen*** *immer neue Geschichten.*
Aber **richtig:** *[...], denn die Lesenden wünschen immer neue Geschichten.* (*Denn* leitet einen Hauptsatz ein.)

3 **a** **Kreuze für jeden Satz an, ob die Satzstellung richtig oder falsch ist.**
b **Schreibe, wo nötig, den verbesserten Satz auf.**

VORSICHT FEHLER!

	richtig	falsch
A Die Wiedervereinigung Deutschlands gab den Comiczeichnern in der BRD einen starken Impuls, weil in der DDR war eine viel größere Comicszene als in der BRD vorhanden.	☐	☐
B Im Osten wiederum waren bis dahin die Comics aus den westlichen Ländern fast unbekannt, weil das DDR-Regime stufte alles Westliche als feindlich ein und wollte es von den Bürgerinnen und Bürgern fernhalten.	☐	☐
C Weil die Comickünstler im Osten unbeeinflusst von westlichen Comicmoden zeichneten, wurden sie nach der Wiedervereinigung mit ihrem ganz eigenen Stil auch international bekannt.	☐	☐

____

____

____

____

____

____

____

____

4 **Entscheide, je nach Verbstellung, ob „denn“ oder „weil“ eingesetzt werden muss.**

Heiß geliebt und gesammelt: Alte Comics

A Das Comicgeschäft erlebte in den 1990er-Jahren auch einen Boom durch Nostalgie-Käufe, __________ die nun Erwachsenen erinnerten sich an die wenigen Comics ihrer Kindheit. B __________ sich die Vorurteile gegen Comics in Deutschland inzwischen gelegt haben, gibt es heute sogar Ausstellungen zu Comics und ganze Museen, die sich dem Thema widmen. C Für Außenstehende besonders erheiternd sind die Festivals, __________ auf diesen verkleiden sich Menschen erstaunlich echt als Comicfiguren. D __________ nicht alle Festivalbesucher ihre Kostüme selbst nähen können, gibt es hierfür vor allem im Internet vielfältige Anbieter.

Wissen und können **Texte überarbeiten: Doppelung von Konjunktionen vermeiden**

Der Satzbau wird oft fehlerhaft oder unübersichtlich, wenn zwei Konjunktionen direkt aufeinanderfolgen. Das lässt sich verbessern, indem man die logischen Verknüpfungen hintereinander ordnet, anstatt sie zu schachteln, z. B.:

Comics zu gestalten ist spannend, ***weil, wenn*** *man Bilder nutzt, Freiraum bleibt für die Gedanken der Lesenden.*
HS — NS1 — NS2 — Fortsetzung NS1

Comics zu gestalten ist spannend, ***weil*** *Freiraum für die Gedanken der Lesenden bleibt,* ***wenn*** *man Bilder nutzt.*
HS — NS1 — NS2

5 **a Unterstreiche jeweils den Hauptsatz und die einzelnen Nebensätze in unterschiedlichen Farben.**
b Überarbeite die Sätze jeweils so, dass die Verschachtelung der Nebensätze aufgelöst ist.

VORSICHT FEHLER!

A Beim Comic muss die/der Zeichnende sich entscheiden, welchen Moment einer Handlung sie/er darstellt, weil, wenn man zeichnet, man nur einzelne stehende Bilder aus einer bewegten Handlung auswählt.

B Man malt nur genau so viele Bilder, dass wenn man sie hintereinander ansieht, im Kopf der/des Lesenden selbst die Handlung als „Film" entsteht.

C Allerdings ist eine gute Geschichte für einen Comic genauso wichtig wie pfiffige Zeichnungen, weil falls die Handlung nicht mitreißend ist, es die Lesenden nicht von einem Bild zum nächsten zieht.

6 ●●● **Nur einer der drei folgenden Sätze ist grammatisch richtig formuliert. Kreuze ihn an.**
Tipp: Wenn du unsicher bist, wie die Konjunktion „insofern" richtig eingesetzt wird, schlage in einem (Online-)Wörterbuch nach.

VORSICHT FEHLER!

A ☐ Ein Comic ähnelt insofern dem Kino, als er eine Abfolge von Bildern zeigt.

B ☐ Ein Comic unterscheidet sich vom Kino insofern, dass er viele Bilder gleichzeitig zeigt.

C ☐ Die „Leinwand" des Comics ist insofern vielfältiger als die des Kinos, als dass Form und Größe jedes einzelnen Bildes frei festgelegt werden können.

dass-Sätze

Wissen und können **Redewiedergaben mit *dass* richtig formulieren**

Mit einem „dass"-Satz kann man Äußerungen Dritter wiedergeben, z. B.:
*Ein Verleger erklärt, **dass** die Vermarktung von Comics kein Selbstläufer ist.*
Die Konjunktion *dass* leitet einen Nebensatz ein und wird mit Komma vom Hauptsatz getrennt. Der Nebensatz kann vor, innerhalb oder nach dem Hauptsatz stehen, z. B.:
***Dass** die Vermarktung von Comics kein Selbstläufer ist, erklärt ein Verleger.*
*Die Erklärung, **dass** die Vermarktung von Comics kein Selbstläufer ist, überrascht einige Comicfans.*

1 **Die folgenden Aussagen sollen in einer Broschüre wiedergegeben werden. Wähle zu jedem Redebegleitsatz eine passende Aussage und gib die Aussagen in dass-Sätzen wieder.**

Carl Komisch, Vertriebsleiter eines Comicverlags, gibt Auskunft über seine Arbeit:

A „Ich habe mein Hobby zum Beruf gemacht und arbeite in einem Comicverlag."
B „Meine Aufgabe ist es, Comics vor allem über Besprechungen in Zeitungen und Onlineforen zu vermarkten."
C „Niveauvolle Comics haben eine noch geringere Auflage als anspruchsvolle Romane."
D „Ich kann diese Comics nicht erfolgreich vermarkten, wenn ich selbst nicht ehrlich begeistert von ihnen bin."

A Carl Komisch berichtet erfreut, dass ______________________

____

____

____

Du kannst in einer Redewiedergabe mit *dass*-Satz sowohl den **Indikativ** als auch den **Konjunktiv** verwenden (► S. 53 f.).

B Er beschreibt, ______________________

____

____

C Er weist darauf hin, ______________________

____

D Er betont, ______________________

____

2 ●●● **Formuliere den Text abwechslungsreicher, indem du die dass-Sätze an unterschiedliche Stellen im Satzgefüge einfügst. Schreibe ins Heft.**

Carl Komisch hebt abschließend hervor, dass fast alle, die in der Comicbranche tätig sind, schon als Jugendliche begeisterte Comicfans waren. Er stellt aber gleichzeitig richtig, dass es nicht ausreiche, Comicfan zu sein, um in der Branche erfolgreich zu sein. Carl Komisch dämpft zu große Hoffnungen, indem er darauf hinweist, dass nur ein verschwindend geringer Teil der Comicfans das Hobby zum Beruf machen könne.

Infinitivkonstruktionen

Wissen und können **Die Infinitivkonstruktion (auch: satzwertiger Infinitiv, Infinitivgruppe)**

Eine Infinitivkonstruktion besteht aus einem **Infinitiv mit „zu“** und mindestens einem weiteren Wort, z. B.: *Viele Zeichner beginnen schon als Jugendliche, eigene Comics zu zeichnen.*
Infinitivkonstruktionen darf man immer durch **Komma** vom Hauptsatz trennen. Ein **Komma muss** stehen,
- wenn die Infinitivkonstruktion durch *um, statt, anstatt, außer, als, ohne* eingeleitet wird, z. B.: *Es gibt keine spezielle Ausbildung, um Comiczeichner zu werden.*
- wenn die Infinitivkonstruktion von einem **Nomen** oder von einem **hinweisenden Wort** abhängt (z. B. *daran, darauf, es*), z. B.: *Es ist hilfreich, ein Studium der Grafik oder Illustration zu absolvieren.*

1 **Ersetze die indirekte Rede durch Infinitivkonstruktionen. Gehe vor wie im folgenden Beispiel.**

→ Der Comiczeichner Markus Witzel, Mawil genannt, erklärt in einem Interview, er entwerfe Comics wie Filme.

Der Comiczeichner Markus Witzel, Mawil genannt, erklärt in einem Interview, Comics wie Filme zu entwerfen.

A Seine Empfehlung lautet, man solle Comics mit mehr Größenwahn und mehr Hollywood ausstatten.

____

B Er verrät, er achte besonders auf das richtige Timing.

____

C Mawil nennt als bewährten Trick, dass er Zeitraffer und Pausen in seinen Comics bewusst einsetze.

____

2 **a Unterstreiche im folgenden Text die Infinitivkonstruktionen.**
b Setze die fehlenden Kommas.

VORSICHT FEHLER!

Seine Eigenart Geschichten über liebenswerte Verlierer zu erzählen brachte Mawil die Bezeichnung „Woody Allen[1] des deutschen Comics“ ein.
Dabei spielte vielleicht auch die Äußerlichkeit wie Woody Allen eine Brille zu tragen eine Rolle. Tatsächlich hat Mawil Spaß daran eigene Schwächen aufzugreifen. Anstatt sein „Schtttotttern“ zu verheimlichen hat er über die Probleme als Kind und den Besuch einer Sprachheilschule einen Comic gezeichnet. Er scheute sich auch nicht selbstironisch die Zeiten von Liebeskummer oder das Leben als Zeichner zu dokumentieren. Seine Kindheit in Ost-Berlin hatte für Mawil die Folge den Mauerfall als 13-Jähriger mitzuerleben. Ohne exakt autobiografisch zu erzählen basiert sein neues Buch „Kinderland“ auf Mawils eigener DDR-Jugend.

3 ●●● **Vergleiche die beiden Beispielsätze und kreuze an, welche Regeln zutreffen.**

Er hat Spaß dran, eigene Schwächen zu zeigen. - Es bereitet ihm kein Problem, dass du sein Stottern bemerkst.

A ☐ Beim Infinitiv mit „zu“ haben beide Verben dasselbe Subjekt.

B ☐ Beim Infinitiv mit „zu“ können der Hauptsatz und der Nebensatz unterschiedliche Subjekte haben.

C ☐ Wenn das Verb im Nebensatz ein anderes Subjekt hat, muss man einen „dass“-Satz formulieren.

1 US-amerikanischer Schauspieler und Regisseur

Relativsätze

Wissen und können **Näher erklären mit einem Relativsatz** (auch: Attributsatz)

Relativsätze sind Nebensätze, die ein vorausgehendes Bezugswort (Nomen oder Pronomen) näher erklären. Sie werden mit einem **Relativpronomen** eingeleitet, z. B. *der, die, das, welcher, welche, welches.*
Ein Relativsatz wird **immer** durch ein **Komma** vom Hauptsatz getrennt. Eingeschobene Relativsätze werden durch zwei Kommas abgetrennt, z. B.: *Der Comiczeichner Mawil, der richtig Markus Witzel heißt, erhielt 2014 den Max-und-Moritz-Preis für das beste deutschsprachige Comicalbum.*
Relativsätze nehmen im Satz die Rolle eines Attributs ein und werden deshalb auch Attributsätze genannt.

1 a **Unterstreiche im Text die Relativsätze.**
b **Setze die fehlenden Kommas.**

VORSICHT FEHLER!

Mawils und Mircos Kinderland

Markus Witzel hat einen Comic über Mirco Watzke geschrieben der wie der Autor leidenschaftlich Tischtennis spielt. Eine weitere Gemeinsamkeit die Autor und Protagonist verbindet ist der Ablauf des ersten Westbesuchs nach dem Mauerfall: Beide Jungen welche 1989 als Siebtklässler in Ost-Berlin leben kaufen sich im Westen als Erstes einen Tischtennisschläger. Über 30 Seiten dieses umfangreichen Comicbuchs an dem der Zeichner sechs Jahre lang gearbeitet hat widmen sich einem einzigen Tischtennismatch. Dank seiner Tischtennisbegabung kann Mirco der die „Angabe des Todes“ beherrscht sich als schüchterner Brillenträger Respekt verschaffen. Mircos Kinderland dessen Alltag auch von Pionierversammlungen und linientreuen Russischlehrerinnen geprägt wird gibt es nach dem Ende der DDR nicht mehr.

2 **Setze die richtigen Relativpronomen ein. Achte auf den richtigen Kasus (▸ S. 51).**

Der neue Mitschüler, mit ________ Mirco schließlich als Doppelpartner spielt, ist ein lässiger, selbstbewusster Typ. Gegen den Widerstand der Lehrerin, für ________ der Tischtennissport nicht förderungswürdig ist, planen die beiden ein Schulturnier, bei ________ Mirco und Torsten siegen wollen. Zu Mircos Schulkameradinnen zählt die ehrgeizige Schülerin Angela, hinter ________ die Lesenden die junge Angela Merkel vermuten dürfen.

3 ●●● **Umkreise in den folgenden Satzgefügen das korrekte Relativpronomen.**

Mirco, dessen / deren Eltern sich in der Kirche engagieren, muss bei den Messdienern mitmachen. Seine Eltern, dessen / deren Einstellung gegenüber dem SED-Regime kritisch ist, verlangen auch, dass er Klavier lernt. In den Augen seiner Mitschüler, dessen / deren Spitzname für Mirco „Heulsuse“ lautet, macht ihn das zum Außenseiter. Vor allem Dominik und Karsten, dessen / deren Schikane Mirco ertragen muss, halten ihn für ein „Muttersöhnchen“.

Das **possessive Relativpronomen** ist abhängig vom Bezugswort:
maskulines Bezugswort: *dessen*
feminines Bezugswort: *deren*
neutrales Bezugswort: *dessen*
Bezugswort im Plural: *deren*

Teste dich!

Nebensätze richtig formulieren

1 Kreuze für jede der Regeln an, ob sie richtig oder falsch ist. (5 Punkte)

	richtig	falsch
A Die Konjunktion „denn" leitet einen Nebensatz ein.	☐	☐
B Wenn die Infinitivkonstruktion durch „anstatt" eingeleitet wird, muss ein Komma stehen.	☐	☐
C Der Relativsatz beschreibt die Relation zwischen Hauptsatz und Nebensatz.	☐	☐
D Im Nebensatz steht das finite Verb an zweiter Stelle.	☐	☐
E In einem Satz sollten nicht mehr als sechs Wörter zwischen den Teilen der Prädikatsklammer stehen.	☐	☐

2 Welche Art der logischen Verknüpfung wird in den Sätzen ausgedrückt? Trage den Buchstaben ein. (4 Punkte)

Begründung: ☐ Bedingung: ☐ Folge: ☐ Ziel/Absicht: ☐

A Viele Zeichner können nicht allein von Comics leben, sodass sie auch andere Grafikarbeiten übernehmen.

B Damit sie Comics schreiben kann, hat selbst die preisgekrönte Autorin Isabel Kreitz einen Brotjob.

C Viele ihrer Comics spielen in Hamburg, weil Isabel Kreitz dort geboren wurde und seit vielen Jahren lebt.

D Falls dich interessiert, was Kinder und Jugendliche in der Nachkriegszeit erlebt haben, lies ihre Graphic Novel „Rohrkrepierer – Eine Jugend auf St. Pauli".

3 Setze die fehlenden Kommas. (8 Punkte)

VORSICHT FEHLER!

Rohrkrepierer – Eine Jugend auf St. Pauli

Kalle wächst in den 1950er- und 1960er-Jahren in St. Pauli auf während überall in Deutschland die Mütter das Überleben organisieren. Die Väter falls sie wieder auftauchen sind oft kriegsgeschädigt was sie in den Alkohol flüchten lässt. Die Last zwischen zerbombten Gebäuden und zerstörten Familien aufzuwachsen bedeutet für Kalle und seine Kumpel auch eine ungeheure Freiheit: Auf sich allein gestellt ziehen sie durch St. Pauli und entdecken ohne von den üblichen bürgerlichen Moralvorstellungen umgeben zu sein die erste Liebe und andere Abenteuer.

Vergleiche deine Ergebnisse mit dem Lösungsheft. Für jede richtige Antwort bekommst du einen Punkt.

☺ 17–13 Punkte	😐 12–8 Punkte	☹ 7–0 Punkte
Gut gemacht!	Gar nicht schlecht, aber lies dir die Informationskästen auf den Seiten 58 bis 65 noch einmal genau durch.	Arbeite die Seiten 58 bis 65 noch einmal genau durch.

Was kannst du schon? – Rechtschreibung

1 **In den Sätzen A-E finden sich 7 Nominalisierungen. Unterstreiche diese und markiere zusätzlich die entsprechenden Nomensignale farbig. (14 Punkte)**

A JULIUS HAT IN SEINEM POETRY-SLAM-WORKSHOP VIEL INTERESSANTES GELERNT.

B SEIN NEUER TEXT HANDELT VOM HIN UND HER EINES FLÜCHTLINGS ZWISCHEN ZWEI KULTUREN.

C DAS ÜBERRASCHENDE AN DEM TEXT IST DAS VORKOMMEN VON ARABISCHEN WENDUNGEN.

D DAS TRAINIEREN DER ARABISCHEN AUSSPRACHE IST EINE BESONDERE HERAUSFORDERUNG.

E NATÜRLICH IST BEIM VORTRAGEN AUSDRUCKSVOLLES SPRECHEN BESONDERS WICHTIG.

2 **Umkreise den richtigen farbig markierten Anfangsbuchstaben. (13 Punkte)**

Ist Rechtschreibung überbewertet?

Während manche behaupten, r / Rechtschreiben werde überbewertet, halten andere richtige Orthografie für ein m / Muss für j / Jung und a / Alt. Einige Firmen zum Beispiel recherchieren bei Bewerberinnen und Bewerbern im Netz nach g / Geschriebenem, um dadurch auf ihre Persönlichkeit zu schließen. Und natürlich hinterlassen Rechtschreibfehler im Bewerbungsschreiben jedes m / Mal einen schlechten Eindruck. Da kann j / Jemandem bei Rechtschreibunsicherheiten a / Angst und b / Bange werden. Nach mehreren Rechtschreibreformen ist manch einer dauerhaft u / Unsicher. Einige literarische Texte, etwa von Bertolt Brecht, darf man bis auf w / Weiteres nur in der nicht r / Reformierten Rechtschreibung abdrucken. Über k / Kurz oder l / Lang verliert da jede/-r einmal die Orientierung und schlägt im Wörterbuch nach.

3 **Prüfe die folgenden Schreibweisen der Tageszeiten und Wochentage: Jeweils eine ist falsch, streiche sie durch. (6 Punkte)**

VORSICHT FEHLER!

A am kommenden Montag - am Kommenden Montag

B vor Einiger Zeit - vor einiger Zeit

C Samstagnacht - Samstag Nacht

D jeden Dienstag - jeden dienstag

E heute Morgen - Heute Morgen

F am gestrigen Abend - am Gestrigenabend

G immer freitags - immer Freitags

4 **Schreibe die EIGENNAMEN und HERKUNFTSBEZEICHNUNGEN richtig ins Heft. (6 Punkte)**

Am 1.8.2006 ist IN DEUTSCHLAND, ÖSTERREICH UND DER SCHWEIZ sowie IN ALLEN ANDEREN DEUTSCHSPRACHIGEN TEILEN EUROPAS die Neuregelung der deutschen Rechtschreibung in Kraft getreten, die VOM RAT FÜR DEUTSCHE RECHTSCHREIBUNG, der für die Orthografie verbindlichen zwischenstaatlichen Instanz, erarbeitet wurde. Nach dem BESCHLUSS DER STÄNDIGEN KONFERENZ DER KULTUSMINISTER DER LÄNDER IN DER BUNDESREPUBLIK DEUTSCHLAND galt eine einjährige Übergangsfrist, bevor die neue Rechtschreibung an DEUTSCHEN SCHULEN notenrelevant wurde. Am 31.7.2009 ist diese Frist auch an SCHWEIZER UND LIECHTENSTEINISCHEN SCHULEN abgelaufen.

5 **Drei der Wörter mit Fragezeichen werden zusammengeschrieben. Schreibe sie auf. (3 Punkte)**

Handschrift – eine vergessene Kunst

Schon in der Grundschule lernen Schüler/-innen sauber zu schreiben. Da dies vielen schwer?fällt, ist zunehmend zu beobachten, dass Kindern, aber auch Erwachsenen eine schöne, individuelle Handschrift abhanden?kommt. In Finnland bevorzugt man es, dass Schüler/-innen nur noch tippen?lernen. Kritisch?beäugen dies Lehrkräfte an deutschen Schulen. Sie möchten lieber die ursprüngliche Schreibmethode weiter?führen.

Zusammengeschrieben werden: ______________________________

____

____

6 **a** **Kreuze für jede Zeile an: Welche Strategie hilft, die richtige Schreibweise zu klären?**
Tipp: Kreuze, wo nötig, zwei Strategien an. (5 Punkte)
b **Notiere die richtige Schreibweise rechts. (3 Punkte)**

	zerlegen	ableiten	verlängern	
A Ste-?hvermögen	☐	☐	☐	______________
B Gleu?äubiger	☐	☐	☐	______________
C ent?dgültig	☐	☐	☐	______________

7 **a** **Überprüfe deine Lösungen mithilfe des Lösungsheftes. Für jede richtige Antwort bekommst du einen Punkt.**
b **Trage ein, wie du die Aufgaben bewältigt hast:** ✔ = das meiste richtig ? = noch etwas unsicher

Aufgabe	1 ☐	2 ☐	3 ☐	4 ☐	5 ☐	6 ☐	7 ☐
Weitere Übungen	S. 69	S. 69	S. 81	S. 70	S. 71	S. 73–75	S. 78

Groß- und Kleinschreibung

Wissen und können **Nominalisierungen und Denominalisierungen**

Verben, **Adjektive**, **Adverbien und Wörter anderer Wortarten** schreibt man in der Regel **groß**, wenn sie **im Satz als Nomen gebraucht** werden. Du erkennst eine **Nominalisierung** meist an ihrem **Nomensignal**. Das kann z. B. sein:

- ein **Artikel**, z. B.: *das Zuhören, das Für und Wider*
- ein **Pronomen**, z. B.: *dieses Spielen, etwas Unverschämtes*
- ein **Adjektiv**, z. B.: *langes Zögern, helles Grün*
- eine **Präposition**, z. B.: *beim (bei + dem) Tippen, im Allgemeinen*

Tipp: Nicht jedes nominalisierte Wort wird durch ein Nomensignal angekündigt. Mache die **Probe**: Wenn du ein **Nomensignal** (z. B. einen Artikel) ergänzen kannst, schreibst du groß, z. B.: *In der Schule bereitet mir (das/intensives) Theaterspielen große Freude.*

Wörter, die formgleich als Nomen/Substantiv vorkommen, aber als Adjektive oder Präpositionen gebraucht werden, bezeichnet man als **Denominalisierungen**. Diese schreibt man **klein**, z. B. Präpositionen: *kraft des Gesetzes, zeit seines Lebens,* Adjektive: *pleite sein, etwas leid sein, klasse sein, schuld sein, angst und bange sein.*

1 Einige der Wörter in Großbuchstaben sind Nominalisierungen: Markiere sie.
Tipp: Wende die Probe an, falls kein Nomensignal vorhanden ist.

Alles Theater? Rumoren im Zuschauerraum

Klagen über mangelndes BENEHMEN von Theaterbesuchern sind so ALT wie die Kunst selbst. Man beanstandet HUSTEN, KNISTERN, FLÜSTERN. Nun sehen sich die Schauspieler auf der Bühne neuerdings etwas STÖRENDEM ausgesetzt, das kaum zu STOPPEN ist: dem Smartphone. Unter den ZUSCHAUENDEN sind viele daran gewöhnt, ständig ONLINE zu sein. Durch KOMBINIEREN von Geräuschen, Kamerafunktionen und leuchtenden Displays sind die TECHNISCHEN Geräte im Zuschauerraum für die Schauspieler immer IRRITIEREND. „Wenn man auf der Bühne steht, sieht man jeden EINZELNEN, der Textbotschaften VERSCHICKT." Dann wisse man sofort, dass ein konzentriertes WAHRNEHMEN des Bühnengeschehens unmöglich ist. Bei Umfragen zum Thema „Theater als handyfreie Zone?" fand man heraus, dass TELEFONIEREN und lautes SPRECHEN Theatergäste am meisten störten. Allerdings lag der Prozentsatz derer, die das TEXTEN und FOTOGRAFIEREN in Ordnung fanden, im zweistelligen Bereich. Ausdrückliches AUSWEISEN von Tweet Seats in den HINTEREN Reihen war dagegen der Einfall eines Broadway-Produzenten. Ausgiebiges TWITTERN während des Stückes war hier nicht nur erlaubt, sondern sogar gewünscht.

2 ●●● Markiere in den folgenden Sätzen die Nominalisierungen grün und die Denominalisierungen gelb.

So etwas habe ich zeit meines langen Lebens als Theaterfan noch nicht erlebt: Gestern erhob sich mitten in der Vorstellung ein Jugendlicher zum Aufladen seines Smartphones – in einer Steckdose auf der Bühne. Erst war Totenstille, dann lachte Groß und Klein gleichermaßen laut los. Nur am Rande sei bemerkt, dass die Steckdose eine Requisite ohne Strom war. Das war wirklich das Letzte! Aber es war dem jungen Mann nicht im Geringsten peinlich. Wer ist eigentlich schuld an solchem Fehlverhalten? Diejenigen Eltern, denen alles recht ist, solange sie selbst ihre Ruhe haben? Oder die Lehrenden in den Schulen, die das Besuchen eines Theaters zu selten veranlassen? Wer höfliches und angemessenes Verhalten nicht von klein auf lernt, wird als Erwachsener keine Rücksicht auf andere nehmen wollen. Ich bin es leid! Vielleicht gibt es im Theater bald Popcorn und Nachos wie im Kino? Da wird es jedem Theaterfreund angst und bange ...

Wissen und können **Tageszeiten und Wochentage**

- Bezeichnungen für **Tageszeiten und Wochentage** werden **großgeschrieben**, wenn sie **Nomen** sind. Du erkennst ein Nomen/Substantiv an seinem **Nomensignal** (Probe ▶ S. 79). Das kann z. B. sein:
  - ein **Artikel**, z. B.: *der Montag, die Sonntage,*
  - ein **Pronomen**, z. B.: *diesen Montag, jeden Freitag,*
  - ein vorangestelltes **Adjektiv**, z. B.: *ein freier Montag,*
  - eine **Präposition**, z. B.: *gegen Abend, am (an + dem) Morgen.*
- **Tageszeiten und Wochentage** werden **kleingeschrieben**, wenn sie **Adverbien** sind, z. B.: *heute, mittags, montags.*
- Bei **kombinierten Angaben** schreibt man die **Adverbien klein** und die **Nomen/Substantive groß**, z. B.: *heute Morgen, gestern Mittag.*
- Für **zusammengesetzte Zeitangaben aus Wochentag und Tageszeit** gilt:
  - Nomen/Substantive werden großgeschrieben, z. B.: *am Sonntagabend,*
  - Adverbien werden kleingeschrieben, z. B.: *sonntagabends.*

3 **Prüfe die Schreibung der Tageszeiten und Wochentage im folgenden SMS-Dialog:**
a **Markiere falsche Schreibweisen.**
b **Notiere jeweils die richtige Schreibweise und begründe sie.**

VORSICHT FEHLER!

Verabredung mit Hindernissen

Hi, lass uns morgen mittag in den Döner-Grill gehen. Muss dir was erzählen! Lol Adriane

morgen Mittag – Adverb + Nomen

A Habe leider Mittags einen Zahnarzttermin. Wie wär's am Mittwoch Mittag? CU Birsen

B Geht nicht, habe Nachmittags Training wegen Spiel am samstag.

C Dann am abend bei Pia?

D Sorry, nach dem Training bin ich kaputt. Könnte am Donnerstag Früh vor 9:00 oder Spätabends.

E Habe zur ersten und muss Früh ins Bett. Schreibe Übermorgen die Mathearbeit.

F Dann wäre doch freitagabend genau richtig?!

G Da ist Party bei Andy. Kann bis mitternacht dauern. Kommst du auch?

H Stimmt! Da sehen wir uns. ☺

Wissen und können **Schreibung von Eigennamen und Herkunftsbezeichnungen**

- **Eigennamen** schreibt man **groß,** z. B. Namen von Personen, Städten, Ländern oder Flüssen sowie von Institutionen und Einrichtungen.
- In **mehrteiligen Eigennamen** schreibt man alle Wörter groß mit Ausnahme der Artikel, Konjunktionen oder Präpositionen, z. B.: *der Türkische Rote Halbmond, die Freiwillige Feuerwehr, Karl der Große.* **Zusammensetzungen** aus mehreren oder mehrteilige Eigennamen schreibt man meist **mit Bindestrich**, z. B: *Main-Donau-Kanal, Friedrich-Schiller-Platz.*
- **Herkunftsbezeichnungen:**
  - Von geografischen Namen abgeleitete **Wörter auf *-er*** schreibt man immer **groß**, z. B.: *das Augsburg**er** Friedensfest, der Bamberg**er** Reiter, der Regensburg**er** Dom, das Potsdam**er** Abkommen*
  - Von (geografischen) Namen abgeleitete **Adjektive auf *-isch*** werden **kleingeschrieben,** z. B.: *die europä**isch**e Klimapolitik, der französ**isch**e Aufklärer.*

Beachte: In Wortgruppen (festen Verbindungen), die keine Eigennamen oder Herkunftsbezeichnungen sind, schreibt man die Adjektive klein, z. B.: *die modernen Zeiten, ein historischer Wendepunkt.*
Tipp: Schlage in Zweifelsfällen **im Wörterbuch nach.**

4 **Notiere hinter jeder Unterstreichung, worum es sich handelt:**
1 **= Eigennamen,** ***2*** **= mehrteilige Eigennamen,** ***3*** **= Herkunftsbezeichnung,** ***4*** **= Adjektiv (Attribut).**

2017 – 500 Jahre Reformation

Martin Luther *1* wurde 1483 in Eisleben geboren. Luther, ein katholischer Mönch, trat aus dem Augustinerorden ___ aus. Er heiratete 1525 Katharina von Bora ___, eine ehemalige Nonne. Am 31. Oktober 1517 schlug Martin Luther der Überlieferung nach seine 95 Thesen an die Tür der Wittenberger Schlosskirche ___, womit er die grundlegende Reform der römisch-katholischen ___ Kirche einleitete. Das 500. Jubiläum feiert die Evangelische Kirche Deutschland ___ mit einem bundesweiten ___ Feiertag, begleitet von vielen ökumenischen ___ Projekten.

Martin Luther (1483–1546)

5 **Schreibe die folgenden Stichworte verbessert ins Heft: Achte auf die Groß- und Kleinschreibung.**

VORSICHT FEHLER!

A 2016/2017: luther-ausstellungen in den vereinigten staaten von amerika

B Im Wittenberger lutherhaus befinden sich schätze von welthistorischer bedeutung, z. B. die 500 jahre alte mönchskutte martin luthers

C Zum jubiläum: sanierung und neugestaltung des lutherhauses

D Über 500 exponate reisen in der zeit in die usa

E Waffen aus der berliner zeughaus-sammlung ergänzen ausstellungsstücke

F Organisation: landesmuseum für Vorgeschichte in halle, die stiftung luthergedenkstätten in sachsen-anhalt, das deutsche historische museum berlin und die stiftung schloss friedenstein gotha

Marktplatz von Wittenberg mit Stadtkirche St. Marien

6 **Für wie viele Wörter von Aufgabe 5 gilt die folgende Regel? Trage ein.**

Die von geografischen Namen abgeleiteten Wörter auf *-er* schreibt man immer ________________.

Anzahl: ______________

Teste dich!

Groß- oder Kleinschreibung?

1 **Ergänze die folgende Regel zur Schreibung von Nominalisierungen. Streiche falsche Angaben und trage Fehlendes ein. (6 Punkte)**

Nominalisierungen / Denominalisierungen nennt man Wörter anderer Wortarten, die im Satz als Nomen/Substantive gebraucht werden. Man schreibt sie groß / klein. Nomensignale im Satz sind:

A ein ______________, z. B. *das Prüfen*

B ein ______________, z. B. *dieses Helfen*

C ein ______________, z. B. *lautes Rufen*

D eine ______________, z. B. *im Allgemeinen*

2 **Nomen oder Denominalisierung? Umkreise den richtigen Buchstaben. (4 Punkte)**

A Ein P / paar Übungen mehr wären hilfreich.

B Du hast nur ein P / paar Schuhe dabei?

C Ich bin völlig P / pleite!

D Diese P / pleite kann wohl keiner ertragen.

3 **Ergänze die Regeln zur Schreibung von Tageszeiten und Wochentagen und füge die folgenden Wortgruppen in der richtigen Schreibweise passend als Beispiele hinzu. (9 Punkte)**

MORGENS • ÜBERMORGENVORMITTAG • WERKTAGS •
GESTERNABEND • AM MORGEN

VORSICHT FEHLER!

A Bezeichnungen für Tageszeiten und Wochentage schreibt man groß, wenn sie ______________ sind.

Beispiel(e): ______________

B Bezeichnungen für Tageszeiten und Wochentage schreibt man klein, wenn sie ______________ sind.

Beispiel(e): ______________

C Bei kombinierten Angaben schreibt man das Adverb ______________ und das Nomen ______________.

Beispiel(e): ______________

4 **Schreibe die Eigennamen und Herkunftsbezeichnungen richtig in dein Heft. (6 Punkte)**

die griechische Insel • die nürnberger Innenstadt • die mexikanische Regierung •
das passauer Landgericht • die deutsche Nationalbibliothek • schweizer Raclette

VORSICHT FEHLER!

Vergleiche deine Ergebnisse mit dem Lösungsheft. Für jede richtige Lösung bekommst du einen Punkt.

☺ 25–19 Punkte	😐 18–12 Punkte	☹ 11–0 Punkte
Gut gemacht!	Gar nicht schlecht, aber lies dir das Merkwissen auf S. 69 bis 71 noch einmal genau durch.	Arbeite S. 69 bis 71 noch einmal genau durch.

Getrennt- und Zusammenschreibung

Wissen und können | **Wortgruppen aus Nomen und Verb**

Wortgruppen aus **Nomen und Verb** werden **immer getrennt** geschrieben, z. B.:
Schlittschuh laufen, Fußball spielen.
Achtung: Wird die Wortgruppe nominalisiert, schreibt man sie zusammen und groß, z. B.:
Das morgendliche Vokabellernen im Bus bringt meist wenig.

1 **Für den folgenden Text zeigt das Textverarbeitungsprogramm einige Fehler an. Schreibe diese Wörter richtig in dein Heft. Tipp: Achte auf Nominalisierungen und schreibe diese zusammen und groß.**

Was passiert in meinem Kopf, wenn ich lerne? – Gehirngerechtes Lernen

Lernen kann anstrengend sein. Viele denken dabei nun sicher an Vokabel?lernen oder Gedicht?aufsagen. Wenn man wüsste, wie das Gehirn?funktioniert, könnte man die eigenen Lernerfolge?steigern. Diese Frage?stellen sich auch Hirnforscher, die festgestellt haben, dass man beim Text?abschreiben von der Tafel mehr lernt als beim bloßen Zuhören. Der Grund ist einfach: Wenn man Lerninhalte?aufschreibt, wird das Gehirn intensiv beschäftigt. Beim reinen Text?erfassen ist es weniger aktiv. Man muss allerdings mit der Hand?schreiben. Tippen funktioniert weniger gut, mit Copy-and-Paste lernt man gar nichts. Während des Lernens kann auch Bewegung?helfen, sie regt die Hirntätigkeit an. Langsames Fahrrad?fahren kann beim Lernen von Vokabeln also durchaus eine Hilfe sein.

Wissen und können | **Zusammensetzungen mit einem Nomen als erstem Bestandteil**

Zusammensetzungen mit einem Nomen als erstem Bestandteil sind oft Verkürzungen von Wortgruppen. Es wird dabei ein Artikel oder eine Präposition eingespart. In solchen Fällen werden Nomen und Adjektiv **zusammengeschrieben**, z. B.:
Lernen wird systembedingt (= durch das System bedingt) *leichter, wenn man die Inhalte wiederholt.*
Bei sauerstoffreicher (= reich an Sauerstoff) *Luft lernt es sich besser.*
Achtung: Verbindungen, die ein Fugenelement enthalten, werden immer zusammengeschrieben, z. B:
freiheitsliebend, hoffnungslos, atmungsaktiv, antriebsarm.

2 **Verbinde die Wörter zu Adjektiven. Ergänze ein Fugenelement, wo nötig, und schreibe jedes Wort auf.**

Kenntnis	schädlich	kenntnisarm
Wunsch	gemäß	A ______
Verhandlung	fähig	B ______
Erwartung	arm	C ______
Gesundheit	bereit	D ______
Team	voll	E ______

Wissen und können **Wortgruppen aus Adjektiv und Verb**

Wortgruppen aus Adjektiv und Verb werden **meist getrennt** geschrieben, z. B.: *stabil zusammenbauen*.
Aber: Entsteht durch die Verbindung ein Wort mit **neuer Gesamtbedeutung**, schreibt man zusammen, z. B.: *schwerfallen* (= Mühe bereiten), *blaumachen* (= schwänzen), *schwarzfahren* (= ohne Ticket).

3 a **Markiere in den folgenden Beispielen zwei Wortgruppen aus Adjektiv und Verb, die immer getrennt geschrieben werden müssen.**

schwarz ? malen • frei ? halten • glücklich ? sein • grün ? anstreichen • näher ? bringen • frei ? setzen • fertig ? machen • fern ? bleiben • scharf ? einstellen • fern ? liegen • optimal ? einstellen • groß ? ziehen • tief ? stapeln • fest ? legen • fertig ? bringen

●●● b **Wähle zwei Wortgruppen aus, die man sowohl getrennt als auch zusammenschreiben kann. Formuliere anschließend Beispielsätze, in denen die unterschiedliche Bedeutung zum Ausdruck kommt.**

Wissen und können **Verbindungen aus Präposition und Verb/Adverb und Verb**

- **Verbindungen aus Präposition und Verb** schreibt man in der Regel **zusammen**, z. B.: *anlernen, hinführen, aufzeigen, vorbereiten.*
  Im Satz sind diese Verbindungen trennbar, z. B.: *Lerninhalte bereitet man in der Regel strukturiert auf.*
  Aber: Liegt die Hauptbetonung auf dem Verb, ist die Verbindung nicht trennbar, z. B.: *wiederhólen, durchbréchen, übersétzen.* Im Satz: *Vokabeln wiederhólt man am besten oft.*
- **Verbindungen aus Adverb und Verb** werden in der Regel
  - **zusammengeschrieben, wenn** die Hauptbetonung auf dem Adverb liegt, z. B.: *Das Gehirn lernt am liebsten sozial, darum sollte man in der Schule zusámmenarbeiten.*
  - **getrennt geschrieben, wenn** Adverb und Verb gleich betont werden, z. B.: *Konzentration hilft immer, wenn man zusámmen (an einem Projekt) árbeitet.*

4 a **Bilde mit jeder der folgenden Präpositionen zwei Verbindungen und schreibe sie in dein Heft.**
●●● b **Unterstreiche alle trennbaren Verbindungen und schreibe vier Beispielsätze dafür auf.**
c **Markiere alle nicht trennbaren Verbindungen und schreibe auch hierfür vier Beispielsätze auf.**

vor • nach • über • unter • hinter • mit • bei • durch • auf • ab

+

fragen • machen • sprechen • geben • denken • nehmen • führen • sehen • legen • kommen • laufen • schreiben • hören

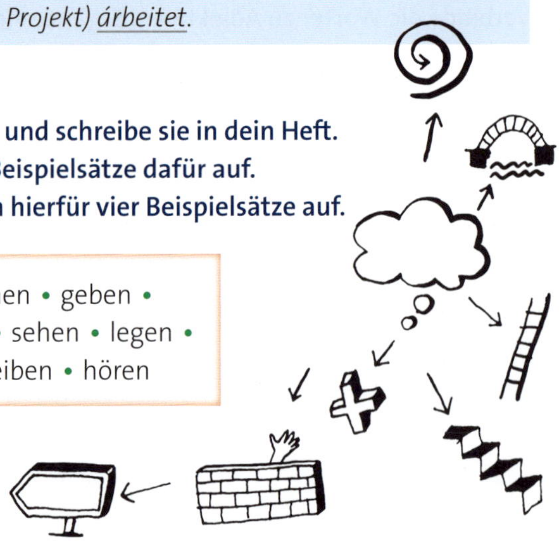

Wissen und können | **Erweiterungsprobe bei Wortgruppen aus Adverb und Verb**

- Wenn du unsicher bist, ob getrennt oder zusammengeschrieben wird, hilft dir die **Erweiterungsprobe:** Wenn du ein Wort oder eine **Wortgruppe zwischen Adverb und Verb einfügen** kannst, schreibst du getrennt, z. B.: *Lernende sollen in Ruhe mit anderen zusammen (an einer Aufgabe) arbeiten.*
- Werden **Wortgruppen aus Adverb und Verb** in einem Infinitivsatz **mit *zu* erweitert,** richtet sich die Getrennt- oder Zusammenschreibung nach der Grundform des Verbs: Wird zusammengeschrieben, gilt das auch für die Erweiterung mit *zu*, z. B.: *wéglaufen* → *Es lohnt nicht, wégzulaufen.*

5 a **Kreuze für jede der folgenden Verbindungen aus Adverb und Verb an, ob Getrennt- oder Zusammenschreibung richtig ist.**
b **Begründe die Getrenntschreibung.**

	zusammen	getrennt
Zwei Forscher haben ein Buch zusammen?geschrieben, das „Schlau wie ein Fuchs" heißt und über gehirngerechtes Lernen informiert.	☐	☐
Die Forschung hat heraus?gefunden, dass man Lerninhalte regelmäßig wieder?holen muss.	☐	☐
Vielen Menschen hilft es, wenn man dem Lernstoff eine Übersicht mit allen Inhalten voraus?schickt.	☐	☐
Manche unterstützt es beim Auswendiglernen, wenn sie dabei?stehen oder sogar herum?springen.	☐	☐

____

____

____

6 **Setze die Satzanfänge als Infinitivsätze mit zu fort.**

A Lernen funktioniert in eigenen Strukturen. Lernenden kann es helfen, ______________________

______________________ Lerninhalte in Mind-Maps • zusammen?stellen

B Es ist sehr sinnvoll, ______________________

______________________ neue Lerninhalte in geeigneten Abständen • wieder?holen

C Dazu sollte man den Lernstoff gut strukturieren und einteilen. So schafft man es, ______________________

______________________ die Lernintervalle vor Klausuren • voraus?planen

D Lernen im Team erscheint sehr sinnvoll. Es lohnt sich also, ______________________

______________________ Aufgaben zusammen?bearbeiten

E Damit die Arbeit im Team gelingen kann, ______________________

______________________ ist es wichtig • miteinander?sprechen

Wissen und können | **Bindestriche zur Hervorhebung und Verdeutlichung**

- Zur **Hervorhebung einzelner Bestandteile von Zusammensetzungen kann** man einen Bindestrich setzen, z. B.: *Ich-Sucht, Nord-Süd-Verbindung, Kaffee-Ersatzgetränk.*
- **Unübersichtliche Zusammensetzungen** können durch einen Bindestrich gegliedert werden, z. B.: *Mehrzweckhallen-Grundausstattung, Klausurtermin-Planungsprogamm.*
  Dies gilt auch für fremdsprachliche Fügungen, z. B.: *Desktop-Publishing, Learning-Center.*
- In unübersichtlichen oder sonst **schlecht lesbaren Zusammensetzungen aus gleichrangigen Adjektiven** wird ein Bindestrich gesetzt, z. B: *französisch-deutsches Wörterbuch* (auch möglich: frz.-dt. Wörterbuch), *römisch-katholische Kirche* (auch möglich: röm.-kath. Kirche).

7 **Notiere für die unterstrichenen Zusammensetzungen besser lesbare Bindestrich-Schreibweisen.**

Lernprozesse sichtbar machen

In der Neuropsychologie helfen bildgebende Verfahren, die Funktion bestimmter Hirnareale zu untersuchen. Beispielsweise zeigt eine Positronenemissionstomografie (PET) einen gelborangefarbenen Fleck, wenn im Gehirn gerade eine Aktivität herrscht. Wie diese farbigen Computerlandkarten des Gehirns zu deuten sind, darüber besteht jedoch keine Einigkeit. Je nach Interpretation sprechen Erziehungswissenschaftler/-innen zum Beispiel von visuellorientierten oder auditivorientierten Lerntypen. Neuropsychologische Einsichten helfen auch dabei, Funktionsstörungen wie die Leserechtschreibschwäche zu diagnostizieren.

Wissen und können | **Bindestriche bei Aneinanderreihungen**

- In **Aneinanderreihungen und Zusammensetzungen mit Wortgruppen** setzt man Bindestriche zwischen die einzelnen Wörter, z. B.: *das Sowohl-als-auch, Mund-zu-Mund-Beatmung, Latte-macchiato-Glas.*
  Das gilt auch, wenn **Buchstaben, Ziffern oder Abkürzungen Teile einer Zusammensetzung sind,** z. B.: *G-Dur-Tonleiter, 2.-Klasse-Abteil, 2-Zimmer-Wohnung, 1000-m-Lauf.*
- Auch **Zusammensetzungen mit Abkürzungen** werden meist mit Bindestrich geschrieben, z. B.: *IQ-Test, die 1980er-Jahre, US-amerikanische Forscher.*
  Achtung: Bei Nominalisierungen schreibt man nach dem Bindestrich groß, z. B.: *das 10-Fache.*

8 **Im Text fehlen in vier Zusammensetzungen die Bindestriche. Notiere sie in der richtigen Schreibweise in deinem Heft.**

VORSICHT FEHLER!

Selbst ein erfahrener Lehrer kann leider von außen nicht sehen, ob ein Gehirn gerade lernt. Aber das weiß er:

- Lernen ist kein linearer Prozess. Eher gleicht es einer Berg und Tal Fahrt. Immer wieder muss man die Lerninhalte wiederholen und immer neue Herausforderungen suchen.
- Die Social brain Forschung hat gezeigt, dass das menschliche Gehirn nicht nur ein Denk-, sondern insbesondere auch ein Beziehungsorgan ist: Menschen lernen am besten mit anderen zusammen.
- Um das Gehirn aus dem morgendlichen Stand by Modus zu holen, kann Bewegung helfen: Jonglieren beispielsweise kann helfen, Lernprozesse zu unterstützen.
- Jedes Gehirn denkt in Mustern und Strukturen. Die Struktur Lege Technik, bei der Begriffe in Zusammenhänge geordnet werden, ist dabei eine große Hilfe.

Teste dich!

Getrennt- oder Zusammenschreibung?

1 Notiere für jede Wortgruppe mit ? die richtige Schreibung. (8 Punkte)

Dem Gehirn auf die Sprünge helfen

A Wenn man beim Lernen viel falsch?macht, kann man leicht sitzen?bleiben.

B So sollten Schüler/-innen wissen, dass das Eis?kunstlaufen gute Noten fördert.

C Denn mit Bewegung kann das Lernen leicht?fallen.

D Das Auswendig?lernen von Daten in Geschichte kann große Mühe?bereiten.

E Den Einsatz eines Zeitstrahls sollte man zumindest über?denken.

F Auch Struktur hilft. Man sollte die wichtigsten Informationen zusammen?tragen und sinnvoll ordnen.

G Effektive Lernmethoden können einen wirklich weiter?bringen.

2 a Getrennt oder zusammen?
Streiche jeweils die falsche Form durch. (7 Punkte)
b Bei zwei Wortgruppen fehlen Bindestriche. Setze sie ein. (2 Punkte)

Hirnforschung trifft Schule

Englischunterricht in der Klasse 10 b: Michaela Sambanis, Forscherin am PIM Institut, wirft ihr Multimedia System aus Beamer und Laptop an, um damit den Kindern die Wörter näher zu bringen / näherzubringen. Aber mit Lesen ist es nicht getan. Beim szenischen Lernen geht es nämlich um Bewegungen und um gemeinsames Sprechen im Chor.

Beides soll einen gehirngerechten / Gehirn gerechten Lernprozess voranbringen / voran bringen. Beim Beobachten gewinnt man schnell den Eindruck, dass die Jugendlichen den Unterricht auf diese Weise schätzenlernen / schätzen lernen. Die Schüler/-innen setzen den gesamten Körper ein, um die Vokabeln szenisch wiederzugeben / wieder zu geben. Aber es zählt nicht nur der Spaß! Professor Spitzer, ein international bekannter Experte auf dem Gebiet der Hirnforschung, hat dazu eine Studie erstellt. Er konnte belegen, dass die Verfechtenden des szenischen Vokabellernens recht behalten / rechtbehalten: Kurze Zeit nach dem ersten Lernen sind die Kontrollgruppen zwar ähnlich gut, aber nach drei oder sechs Wochen beherrschen Kinder nach szenischem Lernen mindestens 15 von 20 Wörtern. Der Kontrollgruppe würde es schwer fallen / schwerfallen, sich an mehr als fünf Vokabeln zu erinnern.

Vergleiche deine Ergebnisse mit dem Lösungsheft. Für jede richtige Antwort bekommst du einen Punkt.

17–13 Punkte	12–8 Punkte	7–0 Punkte
Gut gemacht!	Gar nicht schlecht, aber lies dir die Informationskästen auf den Seiten 73 bis 76 noch einmal genau durch.	Arbeite die Seiten 73 bis 76 noch einmal genau durch.

Strategien zur Vermeidung von Rechtschreibfehlern

Ableitungs- und Verlängerungsprobe, Probe zur Großschreibung

Wissen und können **Tipps zum Rechtschreiben: Ableiten, zerlegen und verlängern**

- **Stammprinzip (Ableitungsprobe):**
  Bist du bei einer Schreibung unsicher, hilft fast immer die Suche nach einem **verwandten Wort.**
  Der Wortstamm wird in fast allen verwandten Wörtern gleich oder ähnlich geschrieben, z. B.:
  – *läuten – laut, Nähe – nah.* Gibt es kein verwandtes Wort mit **a** oder **au,** schreibt man mit **e** oder **eu:** *Werke, heute, Leute.*
  – *verjähren – Jahre, Wahl – wählen.* Ein **h** nach einem betonten langen Vokal steht besonders **häufig vor den Konsonanten l, m, n** und **r** und bleibt in verwandten Wörtern erhalten.
  – *Gehweg – ge-hen.* Das silbentrennende **h** (zwischen zwei Vokalen an der Silbengrenze) bleibt in allen Wörtern der Wortfamilie erhalten.
- **Zusammengesetzte Wörter** musst du **zerlegen,** um zu prüfen, ob es für den Wortstamm verwandte Wörter gibt, die die Schreibung erklären, z. B.: *ge | mäßigt → Maß, ehr | los → Ehre, Geh | gips → gehen.*
- **Verlängerungsprobe:**
  Wenn du nicht sicher bist, ob ein Wort am Silbenende mit **t** oder **d**, **k** oder **g**, **p** oder **b**, **ß** oder **s** geschrieben wird, hilft die Verlängerungsprobe, z. B. *(das) Rad – (die) Räder, (es) grast – grasen, heiß – heißer.*
  Zusammengesetzte Wörter musst du **zerlegen,** damit du den Wortstamm verlängern kannst, z. B.: *Bad | teppich → (die) Bäder; Flug | sand → (die) Flüge, sandig; Hub | raum → heben.*

1 **äu oder eu, ä oder e? Wende, wo sinnvoll, die Ableitungsprobe an und schreibe die Wörter richtig auf.**

~~erb?rmlich~~ • k?mmen • Geb?de • ber?en • gef?hrlich • L?te • h?fig • ausw?ndig • einbl?en

erbämlich → Erbarmen,

2 **a Begründe für folgende Wörter die Schreibung mit einem *h*, indem du das Stammprinzip anwendest.**
b Schreibe jeweils ein verwandtes Wort auf. Finde zwei eigene Beispiele.

A ~~Sehstärke~~ | B belohnen | C Ernährung | D Drehtür | E Drohgebärde

Seh | stärke → se-hen,

3 **Kläre die Schreibung des unklaren Lauts mit der Verlängerungsprobe.**
Tipp: Zusammengesetzte Wörter musst du zuerst zerlegen.

~~end/tgültig~~ • Standard/t • Betrieb/p • empfind/tlich • Korb/ptasche • unend/tlich • leng/kbar • unerträg/klich

end | gültig → Ende.

Wissen und können | **Probe zur Prüfung der Großschreibung**

Meist wird ein Nomen/Substantiv oder ein nominalisiertes Wort im Satz durch ein Nomensignal angekündigt. Ist dies nicht der Fall, wende die **Probe** an: Prüfe, ob du ein **Nomensignal ergänzen** kannst (z. B. einen Artikel). Dann schreibst du das Wort groß, z. B.: *Meist verringert (das) Trainieren von Strategien Fehler.*

4 **a** **Ergänze im Text die Lücken, indem du die Wörter in Klammern in der richtigen Groß- und Kleinschreibung einträgst.**
b **Unterstreiche bei den nominalisierten Wörtern die Nomensignale.**

Am __________ (BESTEN) wäre es, man müsste ums ______________ (SCHREIBEN) nicht so viel _________ (AUFHEBEN) machen. Letztlich lassen sich sicher ________________ (DREI VIERTEL) aller Texte mit etwas ____________________(NACHDENKEN) verstehen, auch wenn sie den _______ (EINEN) oder __________ (ANDEREN) Fehler enthalten. Dennoch möchte man es den Lesenden nicht zu schwer machen und eine Vielzahl an Fehlern verspricht nichts _________ (GUTES) . Mangelhaftes _________________ (RECHTSCHREIBEN) ist ein Zeichen dafür, dass über _____(KURZ) oder _______ (LANG) mehr geübt werden muss. Denn dank einer einheitlichen Regelung kann man Missverständnissen vorbeugen. Jedoch haben viele kein _____________ (EINSEHEN), sondern nehmen lieber ihr Unwissen in Kauf.

5 **Der folgende Text enthält 13 Rechtschreibfehler.**
a **Markiere die Fehler.**
b **Notiere das korrigierte Wort unten bei der Probe, die die Schreibung erklärt.**

VORSICHT FEHLER!

Im Mittelalter waren sprechen und schreiben noch sehr vielfeltig. Erst im Spätmittelalter machte der prechtig aufblühende Handel eine einheitliche Sprache möglich. Heute sind im deutschen hingegen verbintliche Regeln für Grammatik und Orthografie selbstverstendlich. Zum schaffen unserer heutigen Standartsprache trug zum einen Martin Luthers Bibelübersetzung in der ersten Hälfte des 16. Jahrhunderts bei. Zum anderen erachtete der Lehrer Konrad Duden die Entwicklung einer einheitliche Rechtschreibung als nötik. Das veröffentlichen seines Wörterverzeichnisses viel mit der Gründung des Deutschen Reichs 1871 zusammen. Dieses Regelwerk war durchaus im interesse der damaligen Politik, denn ein geeintes Reich sollte eine einheitliche Sprache erhalten

A Ableitungsprobe: ______________________________

____

B Verlängerungsprobe: ______________________________

C Artikelprobe: ______________________________

____

das oder *dass*?

Wissen und können **Relativpronomen *(das)* oder Konjunktion *(dass)*?**

- Das **Relativpronomen** *das* leitet einen Relativsatz ein, der sich auf ein Bezugswort im Hauptsatz bezieht, z. B.: *Rechtschreibung ist ein Thema, das die meisten Menschen ihr Leben lang beschäftigt.*
  Probe: Ein Relativpronomen erkennt man daran, dass man es durch *welches* ersetzen kann, z. B.: *Rechtschreibung ist ein Thema, das (welches) die meisten Menschen ihr Leben lang beschäftigt.*
- Die **Konjunktion** *dass* leitet in der Regel einen Nebensatz ein, der auf die Fragen *Wer oder was?*, *Wen oder was?* oder *Mit welcher Folge?* antwortet, z. B.:
  Es ist bekannt, dass Rechtschreibfehler einen schlechten Eindruck machen.

1 **Erkläre, warum der erste Nebensatz mit *das* und der zweite Nebensatz mit *dass* eingeleitet wird.**

Das Problem, das viele nicht lösen können, ist die Frage nach der Schreibung des Wortes *das* mit einem oder zwei *s*. Dabei muss man sich nur klarmachen, dass die Unterscheidung gar nicht so schwierig ist.

Im ersten Nebensatz ______________________________

____

Im zweiten Nebensatz ______________________________

____

2 **a Prüfe bei den folgenden Sätzen, wo du *das* durch *welches* ersetzen kannst. Schreibe den Satz mit *welches* in dein Heft.**
b Streiche in den Sätzen die falsche Schreibung von *das/dass* durch.

A Besonders bei Bewerbungsschreiben sollte man darauf achten, das/dass die Rechtschreibung perfekt ist.

B Untersuchungen haben nämlich ergeben, das/dass fehlerhafte Rechtschreibung für die Personalverantwortlichen das wichtigste Kriterium für eine Absage ist. C Ein Anschreiben, das/dass Rechtschreibfehler enthält, braucht man also im Grunde genommen gar nicht abzuschicken.

3 **Setze in die Lücken *das* oder *dass* ein.**

Es lässt sich leicht erklären, A ________ Rechtschreibung für Personaler eine große Rolle spielt. Schließlich ist eine perfekte Rechtschreibung ein Hinweis darauf, B ________ der Verfasser seine Bewerbung sehr ernst nimmt. Das Entscheidende aber, C ________ noch hinzukommt, ist, D ________ viele Personaler aus einem fehlerhaften Anschreiben noch weitere Schlussfolgerungen ziehen. Sie denken zum Beispiel, E ________ jemand, der viele Rechtschreibfehler macht, auch bei anderen Aufgaben eher Fehler macht und sich insgesamt nicht gern an Regeln hält. Das Gute, F ________ man nicht vergessen sollte, ist, G ________ man solche Rechtschreibfehler leicht vermeiden kann.

Fremdwörter und Fachbegriffe

Wissen und Können **Fremdwörter und Fachbegriffe**

- Fremdwörter sind **Wörter**, die **aus anderen Sprachen** kommen, z. B.: *Grammatik* (griech.), *Loggia* (ital.), *konservieren* (lat.), *Bonbon* (frz.), *Cliffhanger* (engl.). Häufig erkennt man sie an der Aussprache und der Schreibung, wenn sie den Regeln ihrer Herkunftssprache noch folgen.
- **Häufig gebrauchte Fremdwörter** werden **eingedeutscht**, d. h. in ihrer Schreibweise dem Deutschen angepasst. In diesen Fällen ist sowohl die eingedeutschte als auch die fremdsprachige Schreibung korrekt, z. B.: *Biographie – Biografie, Spaghetti – Spagetti, Friseur – Frisör*. **Tipp:** Die Wortbestandteile *graph, phon* und *phot* können grundsätzlich auch *graf, fon* und *fot* geschrieben werden.
- Die meisten Fremdwörter aus **Fachsprachen (Fachbegriffe)** werden dagegen nicht eingedeutscht und behalten die typischen fremdsprachigen Buchstabengruppen bei, z. B.: *Strophe, Metapher, Enjambement.*

1 **Streiche bei den folgenden Fremdwörtern jeweils das falsch geschriebene Wort durch und ergänze die jeweilige Bedeutung. Nutze ggf. ein Wörterbuch.**

A Akkustik – Akustik ______________________

B Algorhythmus – Algorithmus ______________________

C Allierte – Alliierte ______________________

D Chemiekalie – Chemikalie ______________________

E Emmission – Emission ______________________

F Hypotenuse – Hypothenuse ______________________

G Progrom – Pogrom ______________________

H Reflektion – Reflexion ______________________

I Resourcen – Ressourcen ______________________

J Rythmus – Rhythmus ______________________

K symetrisch – symmetrisch ______________________

2 **Ordne die Fremdwörter bestimmten Schulfächern zu, in denen sie anzutreffen sind. Ergänze weitere passende Fachbegriffe, die aus anderen Sprachen stammen.**

3 **Überlege bei den folgenden Wörtern, ob neben der fremdsprachigen auch eine eingedeutschte Schreibung möglich ist. Notiere diese auf die entsprechende Schreiblinie.**

A Geographie ______________

B Exposé ______________

C Philosophie ______________

D synthetisch ______________

E essentiell ______________

F Mikrophon ______________

Teste dich!

Strategien zur Fehlervermeidung anwenden

1 **Streiche im folgenden Text die fehlerhafte Schreibung der hervorgehobenen Wörter. (10 Punkte)**

Rechtschreibung im Internet?

Das Kommunizieren / kommunizieren in sozialen Netzwerken ist ein Bereich, in dem Rechtschreib-, Komma-, und Grammatikregeln nicht für jeden als verbindlich / verbintlich gelten. Vor allem Jugendliche verwenden behende / behände Emojis, Abkürzungen und Auslassungen, teilweise sogar ohne Kenntniss / Kenntnis von deren vielvältiger / vielfältiger Bedeutung. Ob dies negative Folgen mit sich bringt, ist wissenschaftlich noch nicht entgültig / endgültig geklärt. Dennoch wird die Entwicklung von Sprachbewahrern im Allgemeinen / allgemeinen nicht als etwas durchweg positives / Positives gesehen. Stattdessen verweisen sie auf gewisse Unwegbarkeiten / Unwägbarkeiten die Schreibkompetenz Jugendlicher betreffend. Viele Bildungsforscher wollen hingegen nicht so schwarz malen / schwarzmalen.

2 ***Das* oder *dass*? Ergänze jeweils das korrekte Wort. (6 Punkte)**

Der Umstand, A __________ Rechtschreibregeln in Kurznachrichten nicht konsequent angewendet werden, wird von vielen Sprachwissenschaftlern jedoch nicht negativ bewertet. Sie erklären, B __________ diese Art der Kommunikation auch eine andere Art der sprachlichen Ausgestaltung erfordert. Das Positive, C __________ viele Kritiker übersehen würden, sei, D __________ dabei mit Sprache kreativ umgegangen wird. Außerdem müsse man bedenken, E __________ der Einfluss auf die Standardsprache sehr gering sei.

3 **Verbessere die falsch geschriebenen Fremdwörter. Schreibe in dein Heft. (5 Punkte)**

VORSICHT FEHLER!

retorische Frage • Poente • These • Gothik • Ethymologie • Hypotaxe • Antonym • Elipse

Vergleiche deine Ergebnisse mit dem Lösungsheft.
Für jede richtige Lösung bekommst du einen Punkt.

☺ 21-15 Punkte	😐 14-8 Punkte	☹ 7–0 Punkte
Gut gemacht!	Gar nicht schlecht, aber lies dir das Merkwissen auf S. 78 bis 81 noch einmal genau durch.	Arbeite S. 78 bis 81 noch einmal genau durch.

Texte überarbeiten: Zeichensetzung

Die Kommasetzung in Satzreihen und Satzgefügen

Wissen und können — **Das Komma in Satzreihen (HS + HS) und Satzgefügen (HS + NS)**

- Die **Hauptsätze einer Satzreihe** werden durch **Komma** voneinander getrennt, z. B: *Schon im Mittelalter war die Selbstdarstellung beliebt, Porträts leisteten sich vorwiegend Reiche.* Häufig werden Hauptsätze durch nebenordnende Konjunktionen wie *und, oder, aber, doch, sondern, denn* miteinander verbunden. Nur vor den Konjunktionen *und* bzw. *oder* darf das Komma entfallen, z. B.: *Wer wichtige Menschen oder Vorbilder trifft, möchte den Moment gern festhalten (,) und er möchte sich dabei auch selbst abbilden.*
- **Zwischen Haupt- und Nebensatz** muss immer ein **Komma** stehen. Wird ein Nebensatz in einen Hauptsatz eingeschoben, dann setzt man vor und hinter den Nebensatz ein Komma, z. B.: *Die Frage, ob man Selfies mit Staatsvertretern verbieten sollte, wird immer wieder diskutiert.* Ein Satzgefüge kann mehrere Nebensätze enthalten, die alle mit Komma abgetrennt werden.

1 a **In den folgenden Sätzen fehlen sechs Kommas. Trage sie ein.**
b **Entscheide jeweils, ob die von dir gesetzten Kommas Haupt- oder Nebensätze voneinander abtrennen.**

VORSICHT FEHLER!

Selfies? Nichts wirklich Neues ...

Porträts haben unterschiedliche Funktionen die wesentlich von ihren Gebrauchskontexten abhängen. Diese sind durch den Erinnerungswert des Porträts bestimmt sie sind also an einen individuellen Menschen gebunden der durch seinen sozialen Rang, seine Persönlichkeit oder seine besonderen Taten bildniswürdig ist. Als Beispiele dafür sind ägyptische Mumienporträts ebenso wie Stifterbilder und Totenmasken zu nennen, aber auch Porträts mit zeremoniellem Bezug wie Hochzeitsfotos oder Inthronisationsporträts von Monarchen. In der Politik wird ein Herrscherbild oder das Porträt eines Regierungschefs oft als staatliches Symbol gebraucht es ziert öffentliche Gebäude, Münzen, Banknoten oder auch Briefmarken. In der bürgerlichen Briefkultur von der Aufklärung bis zur Moderne dienten Porträts die einem Schreiben beigelegt wurden zur Festigung der Beziehungen.

2 ●●● a **Verbessere den folgenden Text, indem du fehlende Kommas ergänzt sowie falsch gesetzte durchstreichst.**
b **Markiere Kommas farbig, die gesetzt werden können, aber nicht gesetzt werden müssen. Begründe diese Festlegung mit Hilfe des „Wissen und können"-Kastens.**

VORSICHT FEHLER!

Selfies sind meist mit dem Smartphone am langen Arm aufgenommene Selbstporträts sie werden, vor allem über soziale Netzwerke verbreitet. Mit der rasanten Ausbreitung der Smartphones mit Frontkamera begann ein wahrer Handyfoto-Boom, und das „Selfie" zog in den allgemeinen Sprachgebrauch ein. Das Oxford English Dictionary, wählte den Begriff 2013 zum Wort des Jahres. Selfies werden bei jeder Gelegenheit geschossen ob es vor Sehenswürdigkeiten, oder beim Feiern mit Freunden ist auch, Prominente machen mit. Jedes fünfte Selfie entsteht Umfragen zufolge in einer Gruppe, bekannt sind vor allem Fotos jubelnder Fußballer aus der Mannschaftskabine nach einem Sieg. Es scheint als gebe es kaum noch jemanden der, kein Selbstbild von sich postet.

Das Komma bei Infinitivkonstruktionen

Wissen und können — **Das Komma bei Infinitivkonstruktionen**

Ein **Komma muss** stehen,
- wenn die Infinitivkonstruktion mit *um, anstatt, statt, außer, ohne, als* eingeleitet wird, z. B.:
  *Ich mache Selfies, **um** eine Urlaubserinnerung zu haben.*
- wenn die Infinitivkonstruktion von einem Nomen/Substantiv oder einem hinweisenden Wort wie *dazu, daran, darauf* oder *es* im Hauptsatz abhängt, z. B.:
  *Das Posten von Selfies während des Urlaubs dient **dazu**, die eigene Reisefreude mitzuteilen.*

Bei einfachen Infinitiven (*zu* + Infinitiv) kann das Komma entfallen, z. B.: *Ich hoffe(,) zu gewinnen.*

Tipp: Bei Infinitivkonstruktionen empfiehlt es sich, immer Kommas zu setzen, weil sie die Gliederung eines Satzes verdeutlichen, niemals falsch sind und Missverständnisse vermeiden helfen, z. B.:
Ich plane im Urlaub, coole Selfies zu machen. – Ich plane, im Urlaub coole Selfies zu machen.

1 a **Unterstreiche die Infinitivkonstruktionen und markiere einleitende bzw. hinweisende Wörter.**
b **Prüfe, ob die Kommas richtig gesetzt sind: Streiche falsch gesetzte Kommas durch, ergänze fehlende Kommas.**

VORSICHT FEHLER!

Bei Facebook & Co. Einbrecher einladen

„Und wo wart ihr heute Morgen um zu frühstücken?“, fragt Paul über einen Kurznachrichtendienst. Dazu postet er ein Selbstporträt um seinen Meerblick mit Palmen zu demonstrieren. „Das Posten von Urlaubsfotos dient leider nicht nur, dazu Urlaubsgrüße zu verschicken“, lautet der Kommentar der Polizei, „denn manche, geben sogar ihren Klarnamen preis statt persönliche Daten zu verheimlichen.“ „Natürlich nutzen Einbrecher soziale Netzwerke um Opfer auszuspähen“, sagt ein ehemaliger Täter. Mittlerweile, hält er Vorträge um Verhaltensweisen der kriminellen Szene zu erläutern. Anstatt, wie früher durch die Straßen zu schleichen und auf überfüllte Briefkästen oder geschlossene Rollläden zu achten, kundschaften die Kriminellen ohne große Anstrengung Opfer über das Internet aus. Ohne über mögliche Folgen, nachzudenken weisen nicht wenige durch automatische Antworten des E-Mail-Programms mit Angaben der Urlaubsdaten oder durch entsprechende Ansagen auf Anrufbeantwortern auf verlassene Wohnungen hin. Um solch unbedarfte Nutzer, mit einem Augenzwinkern aufzuklären hat die Polizei Hagen ihre Warnung bei Facebook gepostet.

2 ●●● **Lies die oben abgedruckte Kampagne der Polizei Hagen und begründe, warum bei der vorkommenden Infinitivkonstruktion das Komma korrekt gesetzt wurde. Schreibe in dein Heft.**

3 **Ermittele bei dem folgenden abschließenden Satz des Textes aus ▶ Aufgabe 1 Möglichkeiten, das Komma zu setzen. Beschreibe, wie sich dadurch die jeweilige Bedeutung des Satzes verändert.**

Infolge einer massiven Einbruchsserie begann die Polizei damit intensiv zu warnen.

Das Komma bei Appositionen und nachgestellten Erläuterungen

Wissen und können **Die Kommasetzung bei Appositionen und nachgestellten Erläuterungen**

- Die **Apposition** ist eine besondere Form des Attributs und besteht in der Regel aus einem Nomen oder einer Nomengruppe. Sie folgt ihrem Bezugswort, steht im gleichen Kasus wie dieses und wird **durch Kommas abgetrennt**, z. B.:
  Während der Jugendzeit, einer Zeit voller Abenteuerlust, gibt es manchmal ausgefallene Mutproben.
- Die **nachgestellte Erläuterung** wird oft mit Wörtern wie *nämlich, also, teils, und zwar, vor allem, das heißt (d. h.), zum Beispiel (z. B.)* eingeleitet. Sie wird **durch Komma(s) abgetrennt**, z. B.:
  Eine riskante Situation kann auf den ersten Blick imposant erscheinen, vor allem für andere.

1 **a** **Setze im folgenden Text die fehlenden Kommas.**
b **Unterstreiche bei den nachgestellten Erläuterungen jeweils die einleitenden Wörter.**

VORSICHT FEHLER!

Broschüre warnt vor gefährlichen Selbstinszenierungen

Base Jumping in Kuala Lumpur, 2014

Immer mehr Jugendliche vor allem Hasardeure[1] klettern ungesichert auf Wolkenkratzer oder surfen auf fahrenden Zügen und zwar für ein vermeintlich cooles Selfie. Das russische Innenministerium trug eine schockierende Bilanz vor: Seit Jahresbeginn 2015 d. h. von Januar bis Juli sind in dem Land zehn Menschen bei dem Versuch gestorben, ein „cooles“ Selfie also ein Foto von sich selbst in einer gefährlichen Situation zu machen. Mindestens weitere 100 Abenteuersüchtige wurden verletzt und zwar in erheblichem Umfang. Das Innenministerium will dem tödlichen Trend jetzt entgegenwirken nämlich mit der Broschüre „Sichere Selfies“. „Ein cooles Selfie kann dich dein Leben kosten“, heißt es da. Piktogramme von Grafikern zeigen zahlreiche Situationen teils absurd gefährlich, in denen man auf keinen Fall auch nur an ein Selfie denken sollte.

1 der Hasardeur: jemand, der verantwortungslos handelt und alles aufs Spiel setzt

2 **Erkläre die Kommasetzung in den folgenden Sätzen.**

A Auch in Deutschland ist die gefährliche Selbstinszenierung längst angekommen, laut Bundespolizei schon seit einigen Jahren. B 2011 hatte ein Zug im schwäbischen Memmingen zwei Jugendliche getötet, und zwar beim Fotografieren. C Die beiden Mädchen, eine 13- und eine 16-Jährige, hatten zuvor schon verschiedene Fotos von sich auf Bahnschienen über ihre sozialen Netzwerke verbreitet. D Für ein Selfie kletterten drei Mädchen, teils leicht angetrunken, die Böschung an einer Eisenbahnbrücke in Bremen hoch und posierten auf den Gleisen. E Der Lokführer des Regionalzuges, ein erfahrener Mann, konnte rechtzeitig bremsen und kam kurz vor den beiden Teenagern zum Stehen, und zwar nicht ohne Schockerfahrung.

A ______________________ B ______________________

C ______________________ D ______________________

E ____

____

Die Zeichensetzung bei Zitaten

Wissen und können **Richtig zitieren: Textstellen wörtlich wiedergeben**

Wörtlich wiedergegebene Textstellen (Zitate) müssen durch **Anführungszeichen** gekennzeichnet werden. Innerhalb des gekennzeichneten Zitats darf der **Originaltext nicht verändert** werden. Geringfügige Änderungen werden durch [eckige Klammern], Auslassungen durch [...] gekennzeichnet.
Treffen **Punkt**, **Frage- oder Ausrufezeichen** mit den Anführungszeichen zusammen, stehen die Satzschlusszeichen

- **außerhalb der Anführungszeichen**, wenn sie nicht zu der zitierten Äußerung gehören, z. B.: *Sollte man die kommerzielle Verwertung von Aufnahmen bekannter Bauwerke im öffentlichen Raum „uneingeschränkt erlauben"?*
- **innerhalb der Anführungszeichen**, wenn sie zu der wiedergegebenen Äußerung gehören, z. B.: *„Können Fotografen in öffentlichen Parks wie von Schloss Nymphenburg ohne Genehmigung fotografieren und diese Fotos in Bilddatenbanken zum Vertrieb anbieten?", fragt man sich bei der Bayerischen Schlösser- und Seenverwaltung.* Den Schlusspunkt lässt man bei einem zitierten Satz am Ende des Zitats weg, z. B.: *Eigentümer von Gärten und Parkanlagen können Fotoaufnahmen reglementieren.* *„Eigentümer von Gärten und Parkanlagen können Fotoaufnahmen reglementieren", entschied der Bundesgerichtshof (BGH) am 17. Dezember 2010.*

1 **Prüfe die Zitierweise des folgenden Paragrafen: Unterstreiche die Fehlerstellen mit Rot und verbessere im Heft.**

Paragraf 59 des Urheberrechtsgesetzes (UrhG)
(1) Zulässig ist, Werke, die sich bleibend an öffentlichen Wegen, Straßen oder Plätzen befinden, mit Mitteln der Malerei oder Grafik, durch Lichtbild oder durch Film zu vervielfältigen, zu verbreiten und öffentlich wiederzugeben. Bei Bauwerken erstrecken sich diese Befugnisse nur auf die äußere Ansicht.

VORSICHT FEHLER!

A Paragraf 59 des Urheberrechtsgesetzes (UrhG) gestattet es, Werke, die sich „bleibend an öffentlichen Wegen, Straßen oder Plätzen befinden, mit Mitteln der Malerei oder Grafik, durch Lichtbild oder durch Film zu vervielfältigen, zu verbreiten und öffentlich wiederzugeben." Klärend heißt es weiter, dass dies jedoch bei Bauwerken „nur für die äußere Ansicht" gelte.

B Laut Paragraf 59 des Urheberrechtsgesetzes (UrhG) ist es nicht untersagt, bleibende „Werke an öffentlichen Wegen, Straßen oder Plätzen durch Lichtbild oder durch Film zu vervielfältigen, zu verbreiten und öffentlich wiederzugeben". Weiter heißt es: „Bei Bauwerken erstrecken sich diese Befugnisse nur auf die äußere Ansicht".

2 ●●● **Schreibe den folgenden Text in dein Heft, indem du alle fehlenden Zeichen (Anführungszeichen, Komma, Satzschlusszeichen) setzt.**

VORSICHT FEHLER!

Recht auf Panoramafreiheit

Schlagzeilen wie Verwertung bleibt legal oder EU-Parlament zu Panoramafreiheit Klicken und Posten – kein Problem oder „Selfies vor öffentlichen Gebäuden bleiben erlaubt kursierten im Juli 2015. Entscheidungen trifft die EU-Kommission. Und die, verspricht EU-Kommissar Günther Oettinger, hat nicht vor, die Panoramafreiheit einzuschränken: Was man als Bürger auf öffentlichen Plätzen und Straßen in Europa sehen darf, sollte man auch mit der Kamera fotografieren dürfen. Aber: Panoramafreiheit gilt nicht überall. Mancherorts können historische Bauwerke abgelichtet werden, moderne Kunst nicht. Sollte die Panoramafreiheit beschränkt werden, wäre Wikipedia massiv davon betroffen, schreibt Jimmy Wales in der britischen Tageszeitung „The Guardian". Und weiter: Hunderttausende Bilder auf Wikipedia wären Gegenstand dieser Urheberrechtsrestriktionen und der Gefahr ausgesetzt, entfernt zu werden.

Teste dich!

Zeichensetzung

1 **Im folgenden Text fehlen Kommas. Trage sie ein. (8 Punkte)**

VORSICHT FEHLER!

Biometrie

Das Gesicht eines der wichtigsten biometrischen Merkmale des Menschen steht im Fokus der Identifizierungsmöglichkeiten. Gesichtserkennung meint die Analyse der Ausprägung sichtbarer Merkmale im vorderen Bereich des Kopfes also die geometrische Anordnung und Eigenschaften der Oberfläche. Fachleute unterscheiden zwischen der Erkennung eines Gesichts im Bild und dessen Zuordnung zu einer bestimmten Person: Im ersten Fall wird geprüft ob und wo ein Gesicht zu sehen ist im zweiten um wen es sich handelt. Im englischen Sprachraum wird bei einer Gesichtserkennung durch Menschen von *face perception* gesprochen eine Gesichtserkennung durch Maschinen wird als *face recognition* bezeichnet. Es ist möglich Überwachungskameras im öffentlichen Raum mit Systemen der Gesichtserkennung auszustatten.

2 **Prüfe die Kommasetzung. Schreibe die entsprechende Ziffer hinter das Komma: 1: muss stehen, 2: darf nicht stehen. (8 Punkte)**

VORSICHT FEHLER!

Selbst, ☐ wer auf Facebook sein Gesicht nur schemenhaft präsentiert, ☐ hat möglicherweise keine Chance auf Nicht-Erkennen. Facebook-Forscher entwickelten einen Algorithmus, ☐ der Menschen auf Fotos auch dann erkennen kann, ☐ wenn ihr Gesicht nicht klar zu sehen ist. Der Algorithmus verwendet demnach Eigenschaften, ☐ z. B. Frisur, Kleidung, Figur und Körperhaltung, ☐ um eine Person zu identifizieren. In den USA, ☐ und einigen anderen Ländern setzt Facebook auch Verfahren der klassischen Gesichtserkennung ein, ☐ aber in Deutschland verzichtet das Netzwerk bisher darauf.

3 **Die Kennzeichnung von Zitaten im folgenden Text weist Fehler auf. Markiere sie und schreibe den Text korrekt ins Heft. (5 Punkte)**

VORSICHT FEHLER!

Bei der Bilderkennung sollen heute nicht nur Gesichter, sondern viele verschiedene Dinge erkannt werden.“, erklärt Prof. Ortwin Kox vom Lehrstuhl für Bildverarbeitung der Universität Herfurt“. Die Algorithmen würden zwar mit Millionen von Einzelbildern trainiert und verbesserten sich stetig, doch Fehler ließen sich bei dieser „komplizierten Aufgabe“ nicht ausschließen.“ Denn, so Kox „nach wie vor verstehen Computer die Welt bei Weitem nicht so gut wie Menschen.“

Vergleiche deine Ergebnisse mit dem Lösungsheft. Für jede richtige Lösung bekommst du einen Punkt.

☺ 21–17 Punkte	😐 16–11 Punkte	☹ 10–0 Punkte
Gut gemacht!	Gar nicht schlecht, aber lies dir das Merkwissen auf S. 83–86 noch einmal genau durch.	Arbeite S. 83–86 noch einmal genau durch.

Teste deinen Lernstand!

Wie kannst du mit der folgenden Einheit arbeiten?

1 Der folgende Test (S. 88–95) hilft dir zu erkennen, was du im Fach Deutsch schon alles gelernt hast: Was weiß ich? Was kann ich? Wo bin ich noch unsicher? Wo habe ich Lücken?
Du kannst mit dem Test verschiedene Bereiche prüfen:
– das **Verstehen von Sachtexten und literarischen Texten** (Aufgaben Teil A),
– **Grammatik** und **Rechtschreibung** (Aufgaben Teil B).
– Diesen Test kannst du entweder in der Mitte oder am Ende des Schuljahres nutzen, um deinen Lernstand zu überprüfen.

2 Lies die Texte und die **Aufgabenstellungen** immer sehr aufmerksam und überlege, bevor du z. B. vorschnell ankreuzt, ob du jeweils **genau verstanden** hast, was verlangt wird.

3 Du kannst deine Antworten mit Hilfe des Lösungshefts selbst prüfen und anhand der erreichten Punktzahl deinen **Lernstand bewerten**.
Vielleicht kannst du den Test auch zusammen mit einer Partnerin / einem Partner schreiben. Abschließend könnt ihr eure Fehlerschwerpunkte feststellen und beraten, was noch einmal geübt werden sollte.

A Einen Text verstehen

Lies den Romanauszug über die Kommunikation zwischen einem Jungen und verschiedenen Mädchen und löse die folgenden Aufgaben auf den nächsten Seiten.
Beachte: Bei Multiple-Choice-Aufgaben ist immer nur eine Lösung richtig.

Daniel Kehlmann

F *(2013)*

Lisa ging in meine Klasse und saß schräg vor mir. Wenn sie kurze Ärmel trug, sah ich ihre Sommersprossen, und wenn die Sonne im Fenster stand, spielte das Licht auf ihrem glatten braunen Haar. Fünf Tage hatte ich gebraucht, um mir die richtigen Worte zurechtzulegen. „Wollen wir ins Theater gehen? Wer hat Angst vor Virginia Woolf?“
„Wer hat ... was?“
Nicht, dass ich gerne ins Theater gegangen wäre. Ich fand es langweilig, immer war es stickig und man verstand die Leute auf der Bühne schlecht. Aber jemand hatte mir gesagt, dass Lisa sich dafür interessierte.
„So heißt das Stück.“
Sie betrachtete mich freundlich. Ich hatte nicht gestottert, und es fühlte sich auch nicht so an, als ob ich rot geworden wäre.
„Welches Stück?“
„Im ... Theater.“
„Was ist das für ein Stück?“
„Wenn wir es sehen, wissen wir es.“
Sie lachte. Es lief gut. Vor Erleichterung lachte ich auch.
Sie wurde ernst.
Tatsächlich war etwas nicht richtig gewesen an meinem Lachen; ein wenig zu laut und zu hoch, ich war nervös. Schnell versuchte ich, es zu korrigieren und so zu lachen, wie es sich gehörte, doch ich hatte auf einmal vergessen, wie das ging. Als ich merkte, wie seltsam ich klang, wurde ich nun doch rot: Meine Haut prickelte heiß. Um über den Moment hinwegzukommen, lachte ich noch einmal, aber diesmal klang es sogar schlimmer, und plötzlich sah ich mich vor Lisa stehen und sie anstarren und immer noch lachen und mich dabei beobachten, wie ich lachend vor ihr stand und starrte und lachte.
Die Röte brannte auf meiner Haut.
Heute gehe es leider nicht, sagte Lisa.
„Aber gerade hast du –“
Leider, sagte sie. Es sei ihr eben eingefallen. Keine Zeit.
„Schade", sagte ich heiser. „Und morgen?“
Sie schwieg eine Sekunde. Leider, sagte sie dann. Auch morgen nicht.
„Übermorgen?“
Leider habe sie viel vor in den nächsten Wochen. Danach wagte ich es kaum noch, sie von hinten anzusehen. [...]

Ein paar Monate später kam ich auf einer Party mit Hanna Larisch aus der Nebenklasse ins Gespräch. Ich hatte schon die zweite Flasche Bier getrunken, die Luft nahm eine samtig weiche Konsistenz an und mit einem Mal unterhielten wir uns über den Würfel[1]. Sie besaß auch einen, jeder besaß einen in diesen Jahren, aber wie fast alle hatte sie nie mehr als eine Seite geschafft. Es sei ganz leicht, erklärte ich, man beginne am besten mit der weißen Fläche, dann setze man auf der blauen und der roten ein T zusammen: Grundkante und Mittelstein. Dann vervollständige man den zweiten Ring, indem man das Mittelstück nach rechts oder links eindrehe, dann bringe man das Mittelstück des dritten Rings an die richtige Stelle, wofür es wiederum mehrere Möglichkeiten gebe: So und so und so, ich zeigte die Handbewegungen. Der Trick liege darin, schnell zu entscheiden, welche Kantenstücke man kippen müsse, dafür gebe es keine Formel, das gehe nur mit Übung und Intuition.

Sie hörte mir zu. Der Würfel war damals auf seinem Zenit, im Fernsehen sprachen Experten über ihn und in den Magazinen gab es Artikel über die Gewinner der Meisterschaften. Meine Stimme stockte sogar dann nicht, als ich wie absichtslos ihre Schulter berührte; und als ich einen Schritt näher trat, um sie besser hören zu können, denn die Musik war laut, strich sie ihre Haare zurück und sah mich aufmerksam an. Ja, dachte ich plötzlich, so kann es gehen, so macht man es wohl. Ich nahm eine neue Flasche, das Sprechen fiel mir leicht. Und das war das Unglück.

Ich redete und redete. Ich sprach davon, wie schwierig es war, ganz am Schluss noch die Ecken zu drehen. Ich sprach davon, dass ich mit etwas mehr Übung Chancen auf den Landesmeistertitel hatte und dass dann sogar die nationale Meisterschaft in Reichweite war. Ich spürte, dass Zeit verging und bald etwas geschehen musste, und um zu verstecken, wie nervös ich war, redete ich weiter.

Sie strich sich durch die Haare, sah auf den Boden, sah mich wieder an, und jetzt war etwas Gezwungenes in ihren Bewegungen. Besorgt redete ich schneller. Sie strich sich wieder durch die Haare, aber sie sagte nichts

mehr. Und ich redete. Ich wartete darauf, dass ein Instinkt mir verraten würde, was ich jetzt tun musste, aber dieser Instinkt blieb stumm. Woher wussten andere, wie man vorging, wo stand es geschrieben, wie lernte man es? Ich sah auf die Uhr, um mich zu überzeugen, dass wir noch genug Zeit hatten, aber sie missverstand den Blick und sagte, sie müsse auch heimgehen. „Schon?“, rief ich, und: „Nein!“, und: „Jetzt noch nicht!“, aber dann fiel mir nichts mehr ein. Beide schwiegen wir ins Dröhnen der Musik. Neben uns tanzten betrunkene Schüler, die Leiber aneinandergepresst im dichten Zigarettenrauch, am Fenster küssten sich zwei. Hanna ging zögernd hinaus.

1 Würfel = sogenannter Zauberwürfel; mechanisches Geduldsspiel, bei dem man durch Drehen farblich einheitliche Flächen schaffen soll

Aufgabe 1

Jeweils ein Satz fasst den Inhalt / die Hauptaussage des Textes treffend zusammen. Setze ein Kreuz. 1 Punkt

A ☐ Der Auszug aus Daniel Kehlmanns Roman zeigt das typische Kommunikationsverhalten von Jungen.

B ☐ Der Textauszug handelt davon, wie sich Jungen und Mädchen gegenseitig korrekt verhalten.

C ☐ Der Romanauszug handelt von typischen weiblichen Verhaltensweisen im Bereich der Kommunikation.

D ☐ Der Textauszug handelt von Kommunikationsstrategien, die von der Hauptfigur nicht immer passend eingesetzt werden.

☐ Punkt

Aufgabe 2

Entscheide, ob die folgenden Aussagen bezüglich des Textes richtig, falsch oder nicht enthalten sind. **10 Punkte**

		richtig	falsch	nicht enthalten
A	Der Ich-Erzähler ist ein Draufgänger, der Mädchen problemlos anspricht.	☐	☐	☐
B	Lisa ist erst freundlich und offen, dann wird sie ernst und abweisend.	☐	☐	☐
C	Der Ich-Erzähler lacht unnatürlich, weil er zu viel über richtiges Lachen nachdenkt.	☐	☐	☐
D	Er kann durch Selbstbeobachtung falsches Verhalten weitgehend abwenden.	☐	☐	☐
E	Dass ihm das Sprechen bei Hanna leichtfällt, erkennt er später als sein Unglück.	☐	☐	☐
F	Hanna reagiert nonverbal, indem sie sich mehrfach durch die Haare streicht.	☐	☐	☐
G	Der Ich-Erzähler redet immer mehr, weil er sich zunehmend sicherer fühlt.	☐	☐	☐
H	Der Ich-Erzähler und Lisa haben von da an keinerlei Kontakt mehr.	☐	☐	☐
I	Er hält es für einen Instinkt, richtig kommunizieren zu können.	☐	☐	☐
J	Der Ich-Erzähler lernt aus seinem Misserfolg.	☐	☐	☐

☐ Punkte

Aufgabe 3

Der Gedanke „Woher wussten andere, wie man vorging, wo stand es geschrieben, wie lernte man es?" (Z. 96 f.) sagt viel über den Gemütszustand des Ich-Erzählers aus. Entscheide, welche der folgenden Aussagen dies am ehesten unterstreicht. **1 Punkt**

Der Ich-Erzähler in dem Romanauszug ...

A ☐ denkt zu viel über Ratschläge nach.

B ☐ ist ratlos.

C ☐ fühlt sich als Opfer falscher Ratschläge.

D ☐ lehnt den Rat anderer ab.

☐ Punkt

Aufgabe 4

Im Romanauszug wird deutlich erkennbar Komik erzeugt. Entscheide, welcher der beiden folgenden Erklärungen hierfür du zustimmen würdest und begründe deine Meinung im Heft. **2 Punkte**

A ☐ Der Romanauszug erzeugt dadurch Komik, dass der Ich-Erzähler sein Ziel in den Gesprächen gerade deshalb verfehlt, weil er intensiv darüber nachdenkt, wie er es erreichen kann.

B ☐ Komisch ist, dass der Ich-Erzähler zweimal in dieselbe Situation gerät und die Leserschaft so vorher weiß, was als Nächstes passiert. Er kann quasi „zusehen", wie der Erzähler ins Fettnäpfchen tritt.

☐ Punkte

Lies das Interview über die Kommunikation beim Flirten und löse die nachfolgenden Aufgaben.

Männer reden zu viel über den Job

von Alexander Kohnen

Margit Steiner führt seit fünf Jahren in Düsseldorf eine Flirt-Schule. Hier sollen Männer und Frauen lernen, wie man leichter miteinander ins Gespräch kommt und welche Fehler es zu vermeiden gilt.

Flirten ist für Sie also ein Forum der Kommunikation.

Steiner: Flirten ist für mich nichts anderes als eine andere Art der Kommunikation. Früher hieß es immer: Ich flirte doch nur mit jemandem, den ich mag, von dem ich glaube, er wird der Mann meines Lebens. Also zielgerichtet. Doch da streiten sich die Verhaltensforscher: Manche sagen heute noch, Flirten ist zielgerichtet. Aber ich vertrete den Standpunkt: Nichts ist zielgerichtet, alles sollte man erst einmal aus Spaß machen, aus Freude. Also ist Flirten für mich, so wie es auch die Italiener verstehen, nichts anderes als: einer alten Frau Komplimente zu machen – weil ich einfach Lebensfreude habe. Flirten kann ich ja nur, wenn ich eine positive Grundeinstellung habe.

Welches Problem haben Frauen?

Steiner: Frauen werden meist angesprochen – haben also das Problem: Wie löse ich mich aus einem Kontakt, wenn ich sehe, dass es doch nicht der Richtige ist? Dann gehen sie lieber nach Hause, obwohl sie noch in der Bar bleiben möchten – statt einfach die Wahrheit zu sagen.

Wie sollten sie das machen?

Steiner: Sich für das Gespräch bedanken und sagen: Ich bleibe noch etwas hier, mal sehen, ob ich noch andere Leute kennen lerne. Oder, falls er hartnäckig bleibt, wirklich sagen: Sie haben doch bestimmt auch schon mal ein Gespräch angefangen und festgestellt: Es ist nicht so, wie ich es mir vorgestellt habe. Wenn er es bis dahin nicht geschnallt hat, müssen sie so hart sein. Auf jeden Fall ist es ganz schlecht fürs Selbstbewusstsein zu lügen, falsche Telefonnummern zu geben. Das machen Frauen gern falsch. Aber wichtig ist für Frauen immer, dass sie da ehrlich rauskommen. Dann fühlen sie sich selbst auch gut!

Was macht Männern Probleme?

Steiner: Das Ansprechen, auf Frauen zuzugehen. Und Männer reden oft zu viel über ihren Job – die hören gar nicht mehr auf. Vor lauter Unsicherheit. Weil sie so froh sind, dass sie ein Thema gefunden haben. Fragen zu stellen ist wichtig. Und deutsche Männer tun sich sehr schwer mit Körben. Dabei muss man sich erst einmal klarmachen: Was ist denn ein Korb überhaupt?

Und was ist ein Korb?

Steiner: Körbe wird man sein Leben lang bekommen. Das ist nichts, was man persönlich nehmen muss. Möglicherweise hat das Gegenüber Stress mit seinem Boss. Oder seinen Job verloren. Oder man sieht jemandem ähnlich, den er oder sie nicht mag, einem Lehrer, der immer eine Fünf gegeben hat. Das hat aber nichts mit Ihnen zu tun. Der andere kennt Sie ja überhaupt nicht. Und noch etwas: Für Männer ist Rotwerden ein Problem. Die Teilnehmerinnen empfinden das hingegen immer als etwas Positives.

In Ihrer Broschüre stehen verschiedene Übungen. Was ist eine „Haltestellenübung"?

Steiner: Ganz einfach! Zwei Teilnehmer stehen auf – ein Mann und eine Frau – und warten auf den Bus. Sie müssen ins Gespräch kommen. Es ist nicht vorgegeben, wer wen anspricht. Es ist kein Rollenspiel – sondern spontan.

Und was fällt Ihren Schülern so ein?

Steiner: Ganz unterschiedlich. Meistens: Wartest du schon lange auf den Bus? Oder: Ich bin neu hier, wo kann man denn hier abends weggehen? Und so kommen sie ins Gespräch. Wenn man wirklich locker ist, kann man auf vieles eingehen. Und es ist auch gar nicht so wichtig, was ich sage. Wichtig sind zunächst: Mimik, Gestik, Augenkontakt. Körpersprache ist ganz wichtig. Darüber gibt es auch eine Menge Untersuchungen: Das, was ich sage, kommt viel weniger beim anderen an als wie ich es sage. Man sollte einfach einmal üben, Menschen an der Haltestelle anzusprechen. Umso leichter fällt es dann, wenn einem ein Mensch wirklich sympathisch ist.

Aufgabe 5

Diese Zusammenfassung des Sachtextes enthält fünf inhaltliche Fehler. **5 Punkte**
Unterstreiche diese im Fließtext und verbessere sie auf den Linien unter dem Text.

Frau Steiner bietet Workshops an, die helfen, falsche Scham in der Kommunikation zwischen den Geschlechtern abzubauen. Diese entsteht oft, weil Männer und Frauen falsche kommunikative Erfahrungen nutzen. Frau Steiner weist ihre Teilnehmer/-innen z. B. darauf hin, dass Männer Frauen nicht deutlich genug signalisieren, dass sie kein weitergehendes Interesse an ihnen haben. Aus missverstandener Ehrlichkeit lassen sie ihr Gegenüber im Unklaren und machen damit falsche Hoffnungen. Männer hingegen neigen dazu, positive Reaktionen ihrer Gesprächspartnerinnen zu sehr auf sich zu beziehen. Um Unsicherheiten abzubauen, empfiehlt die Trainerin, das Flirten in unverfänglichen Sondersituationen zu üben.

☐ Punkte

____

____

____

Aufgabe 6

Die Formulierung „einen Korb kriegen" (Z. 42 ff. und Z. 47 f.) ist eine Redensart. **1 Punkt**
Finde gemäß der Verwendung im Text die passende Bedeutung.

A ☐ mit anderen verglichen werden
B ☐ beleidigt werden
C ☐ abgewiesen werden
D ☐ eingeladen werden

☐ Punkt

Aufgabe 7

Im Interview (S. 91) werden häufige Probleme von Frauen und Männern genannt, wenn sie miteinander ins Gespräch kommen. Diese finden sich auch im Romanauszug wieder. Benenne die Probleme und führe jeweils passende Textstellen in Roman und Interviewbeitrag an. **8 Punkte**

☐ Punkte

____

____

____

____

Aufgabe 8

Eine Aussage beschreibt das Motiv von Margit Steiner, das Interview gegeben zu haben, am besten. **1 Punkt**

Margit Steiner will mit ihrem Interview ...

A ☐ Werbung für ihren Workshop machen.
B ☐ zeigen, wie man richtige Partner findet.
C ☐ auffordern, unverbindliches Flirten zu üben.
D ☐ auffordern, stets freundlich zu sein.

☐ Punkt

Aufgabe 9

Sieh dir das Balkendiagramm an. Es zeigt Unterschiede in der Wahrnehmung geschlechtsspezifischer Kommunikation.

Kreuze für jede der folgenden Aussagen an, ob sie richtig, falsch oder aus dem Diagramm nicht zu entnehmen ist. **6 Punkte**

	richtig	falsch	nicht enthalten
A Männer denken, Frauen und Männer seien ähnlich zurückhaltend.	☐	☐	☐
B Beide Geschlechter finden, dass Männer oft die Gesprächsführung übernehmen.	☐	☐	☐
C Viele Männer meinen, dass Frauen leichter andere Meinungen übernehmen.	☐	☐	☐
D Viele Frauen meinen, dass Männer gern ungefragt Ratschläge erteilen.	☐	☐	☐
E 91 % der Frauen sind davon überzeugt, dass Männer die besseren Zuhörer sind.	☐	☐	☐
F Beide Geschlechter finden, dass Männer häufiger Gespräche beenden.	☐	☐	☐

☐ Punkte

Gesprächsverhalten von Männern und Frauen:
Unterschiedliche Wahrnehmung der Gesprächsdominanz

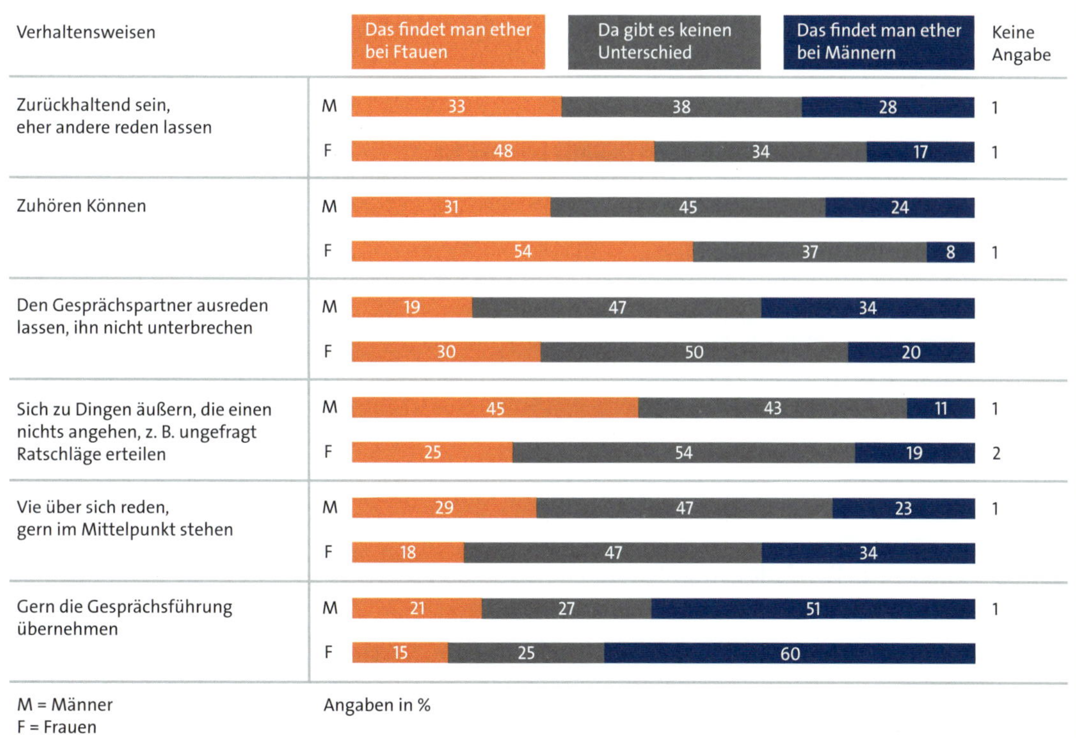

Basis: Deutschland, Bevölkerung ab 16 Jahre © Ifd Allensbach 2010

Aufgabe 10

Benenne eine Aussage des Diagramms, die auch im Romanauszug (▶ S. 88 f.) eine entscheidende Rolle spielt. Gib entsprechende Textstellen an. Schreibe in dein Heft. **2 Punkte**

☐ Punkte

B Grammatik und Rechtschreibung

Aufgabe 11

Bilde aus den folgenden komplexen Satzgefügen übersichtliche und gut verständliche Sätze bzw. Satzgefüge. Nutze hierfür passende Konjunktionen. Schreibe in dein Heft. **4 Punkte**

A Im Zeitalter der Globalisierung ist, weil in internationalen Geschäftsbeziehungen, in denen es besonders darauf ankommt, die Körpersprache des Gegenübers zu verstehen und angemessen darauf zu reagieren, unbewusst eingesetzte Gesten eine besondere Rolle spielen, die Verständigung zwischen Menschen aus verschiedenen Kulturen wichtiger denn je.

B Nicht nur Geschäftsleute sollten Kommunikationsprobleme, die entstehen, weil Menschen dazu neigen, eigene kulturelle Normen auf andere zu übertragen, vermeiden, sondern auch Touristen, damit keine Missverständnisse aufkommen.

☐ Punkte

Aufgabe 12

Trage die Wortgruppen im Rahmen im richtigen Kasus in die Lücken ein.
Bestimme für jede: D für Dativ, G für Genitiv oder A für Akkusativ. **6 Punkte**

Menschen verschiedener Kulturen zeigen ______________________ intime Gefühle

☐ mehr oder weniger deutlich. So verbergen Menschen ______________________

asiatische Herkunft ☐ ihre Gefühle eher, während Südeuropäer sie ______________________

ihr Gegenüber ☐ offen zeigen.

☐ Punkte

Aufgabe 13

Entscheide, welcher Numerus in den folgenden Sätzen jeweils korrekt ist und streiche die falsche Form. **3 Punkte**

Mimik und Gestik spielt / spielen in allen Kulturen eine wichtige Rolle, wenngleich auf sehr verschiedene Weise. Die Mehrzahl der Menschen setzt / setzen den Blick in kommunikativen Situationen gezielt ein. Bei dem einen oder anderen kann / können es dabei zu Missverständnissen kommen.

☐ Punkte

Aufgabe 14

Setze die folgenden Aussagen eines Psychologen vollständig in die indirekte Rede. Nutze hierfür den Konjunktiv I. **4 Punkte**

„Der Blick eines Menschen ist ein äußert wirkungsvolles Signal an sein Gegenüber. Jn verschiedenen Kulturen erfährt der Blickkontakt aber eine unterschiedliche Auslegung. So gilt es in Japan als Zeichen des Respekts, wenn man den Blick senkt, während sich die Bewohner arabischer Staaten meist tief in die Augen sehen."

VORSICHT FEHLER!

____

____

____ ☐ Punkte

Aufgabe 15

Forme die abgedruckten Sätze ausgehend von ihrer Form jeweils ins Aktiv oder Passiv um. **2 Punkte**

A Westliche Kulturen empfinden einen direkten Blickkontakt als vertrauensbildend.

B Die Vermeidung des direkten Blicks wird dort als Signal von Unehrlichkeit wahrgenommen.

A ____________________

B ____________________ ___ Punkte

Aufgabe 16

Der folgende Text enthält 14 Fehler. Unterstreiche diese und verbessere sie auf den Leerzeilen. **(je ½ Punkt) 7 Punkte**

Fremde Länder, fremde Sitten

VORSICHT FEHLER!

Wenn man sich in fremden Ländern unter einander verstehen möchte, muss man die Gepflogenheiten einheimischer kennen. Dass beginnt schon mit den Ritualen beim begrüßen. Deutsche schütteln sich die Hand, die Inuit klopfen sich auf die Schulter und Japaner zelebrieren das verbeugen.

Unterschiedliche kulturelle Auffassungen von räumlicher Distanz sorgen häufig dafür, das Missverständnisse entstehen. Wer hier dass jeweils angemessene nicht kennt, erzeugt schnell Irritationen. So gibt es Kulturen, die Berührungsfreudigen entgegen kommen. Japaner vermeiden Körperkontakt ebenso wie Engländer, während Südeuropäer sich beim sprechen gern einanderannähern und sich an zu fassen. Allerdings suchen eher Männer oder Frauen untereinander Nähe. Nordeuropäer erwarten, das man diese nur bei vertrauten sucht.

___ Punkte

Aufgabe 17

Notiere, welche Fehlerschwerpunkte der Text enthält. **3 Punkte**

____

____________________ ___ Punkte

Autoren- und Quellenverzeichnis

S. 5: https://www.sueddeutsche.de/wirtschaft/cookies-werber-und-sammler-1.4958294?print=true*, vom 06.07.2020 [17.02.2021]; **S. 6 oben:** Quelle: https://www.fluter.de/welche-daten-sammeln-websites*, vom 10.01.2018 [17.02.2021], **S. 6 unten:** Quelle: https://www.sueddeutsche.de/wissen/technik-webbrowser-als-allround-werkzeuge-dpa.urn-newsml-dpa-com-20090101-190204-99-848225*, vom 05.02.2019 [17.02.2021]; **S. 14 f.:** https://www.dw.com/de/kommentar-ego-shooter-gehören-zur-alltagskultur/a-18634252?maca=de-EMail-sharing*, vom 08.08.2015 [25.02.2021]; **S. 20 ff.:** https://www.spiegel.de/netzwelt/netzpolitik/coronakrise-2021-wird-das-jahr-des-gelabers-kolumne-von-sascha-lobo-a-eac7027d-cb63-4f4a-b022-88601ff3deaf*, vom 30.12.2020 [20.05.2021], **S. 27 ff.:** Dieser Text wurde eigens für das Arbeitsheft verfasst, **S. 33 f. 35, 37:** Hartmut Lange: Der Lichthof. Diogenes Verlag AG, Zürich 2020; **S. 39:** Alfred Lichtenstein: Doch kommt ein Krieg. In: Alfred Lichtenstein: Gesammelte Werke. Auf Grund der handschriftlichen Gedichthefte von Alfred Lichtenstein kritisch herausgegeben von Klaus Kanzog, Verlag Die Arche, Zürich 1962, S. 93; **S. 43 f., S. 46:** Marieluise Fleißer: Pioniere in Ingolstadt. Aus: Ingolstädter Stücke, Suhrkamp Verlag: Frankfurt am Main, 1977, **S. 53:** Dieser Text wurde eigens für das Arbeitsheft verfasst, **S. 55:** https://www.tagesspiegel.de/gesellschaft/medien/mediennutzung-von-jugendlichen-immer-online-nie-mehr-allein/9652054.html* vom 22.03.2014 [08.04.2020]; **S. 88 f.:** Daniel Kehlmann: F. Aus: Ders. Rowohlt, Reinbek bei Hamburg, 2013, S. 65–69; **S. 91:** https://www.welt.de/regionales/nrw/article155389/Maenner-reden-zu-viel-ueber-den-Job.html*, von Alexander Kohnen, vom 25.09.2006 [20.05.2021]

* Einzelne Formulierungen im Text wurden aus didaktischen Gründen gekürzt, umgeformt oder vereinfacht.

Bildquellenverzeichnis

S. 10: mauritius images/imageBroker; **S. 21:** Shutterstock.com/Corona Borealis Studio; **S. 29:** Shutterstock.com/Blue Planet Studio, **S. 50:** stock.adobe.com/alexyndr; **S. 52:** Shutterstock.com/marketlan; **S. 53:** stock.adobe.com/bokan; **S. 57:** stock.adobe.com/sylv1rob1; **S. 64:** Mawil: Schttotttern. Reprodukt Verlag, Berlin 2005; **S. 65:** Abbildung aus Mawil: Kinderland. Reprodukt, Berlin 2016; **S. 66:** Kreitz, Isabel: Rohrkrepierer – Eine Jugend auf St. Pauli. Graphic Novel nach einem Roman von Konrad Lorenz. Carlsen Verlag 2015; **S. 69:** stock.adobe.com/StockPhotoPro; **S. 70:** stock.adobe.com/eugenesergeev; **S. 71 oben:** bpk/Deutsches Historisches Museum/Sebastian Ahlers; **unten:** stock.adobe.com/LiliGraphie; **S. 84:** Polizei NRW Hagen (www.facebook.com/polizei.nrw.ha); **S. 85:** Shutterstock.com/Zanariah Salam; **S. 86:** stock.adobe.com/Rasulov; **S. 91:** stock.adobe.com/Antonioguillem

Die enthaltenen Links verweisen auf digitale Inhalte, die der Verlag bei verlagsseitigen Angeboten in eigener Verantwortung zur Verfügung stellt. Links auf Angebote Dritter wurden nach den gleichen Qualitätskriterien wie die verlagsseitigen Angebote ausgewählt und bei Erstellung des Lernmittels sorgfältig geprüft. Für spätere Änderungen der verknüpften Inhalte kann keine Verantwortung übernommen werden.

Impressum

Teile einiger Kapitel wurden erarbeitet von: Petra Bowien, Michael Germann, Cordula Grunow, Angela Mielke, Deborah Mohr, Birgit Patzelt, Irmgard Schick, Sandra Simberger, Gerhild Schenk und Andrea Wagener

Redaktion: Federlese GbR – Christina & Boris Kühne, Grevenbroich
Coverfoto: mauritius images/alamy stock photo/MITO images GmbH

Illustrationen: S. 38, 42: Cornelsen/Nils Fliegner; **S. 67, 68, 73, 74:** Cornelsen/Bianca Schaalburg; **S. 44, 48:** Cornelsen/Susanne Kuhlendahl; **S. 59, 62, 80, 81:** Cornelsen/Marie Geißler; **S. 12, 18, 19, 89, 90:** Cornelsen/Sulu Trüstedt

Umschlaggestaltung und Layoutkonzept: werkstatt für gebrauchsgrafik, Berlin
Layout und technische Umsetzung: SPi Global

Weitere Bestandteile des Lehrwerks

Schulbuch 10	978-3-06-062781-3
E-Book zum Schulbuch	978-3-06-062621-2
Servicepaket 10	978-3-06-062799-8
Servicepaket 10 auf USB-Stick mit Unterrichtsmanager	978-3-06-200174-1
Unterrichtsmanager (Onlineversion)	978-3-06-200229-8
Schulaufgabentrainer 10	978-3-06-205277-4
interaktive Übungen 10	978-3-06-205277-4

www.cornelsen.de

Druck: Athesiadruck GmbH

Ausgabe ohne interaktive Übungen
1. Auflage, 1. Druck 2021
ISBN 978-3-06-062787-5

Ausgabe mit interaktiven Übungen
1. Auflage, 1. Druck 2021
ISBN 978-3-06-062793-6

PEFC/18-31-166

PEFC zertifiziert
Dieses Produkt stammt aus nachhaltig bewirtschafteten Wäldern und kontrollierten Quellen.

www.pefc.de